Avec
les
VAINQUEURS.

ou

a chance d'être alsacien.

ROMAN
de
Jean-Jacques ORTLIEB

Illustration page précédente :
manuscrit original.

Illustration page de droite :
découpe aux ciseaux
du profil de Jean-Jacques Ortlieb
à l'âge de 10 ans, 1930.

Jean-Jacques & Mathieu Ortlieb

Avec les vainqueurs...
ou la chance d'être alsacien

Récit posthume
adapté par Mathieu Ortlieb

À mes deux pères[1] :
Frédéric Ortlieb
et Maurice Mayer

---

[1] Dédicace présente sur le premier cahier de notes de Jean-Jacques Ortlieb.

Vous, apprenez à voir, plutôt que de rester
Les yeux ronds. Agissez au lieu de bavarder.
Voilà ce qui aurait pour un peu dominé le monde !
Les peuples en ont eu raison, mais il ne faut
pas nous chanter victoire, il est encore trop tôt :
Le ventre est encore fécond,
d'où a surgi la bête immonde.

Bertolt Brecht
La résistible ascension d'Arturo Ui
Traduction Armand Jacob

Première partie

De la grenaille dégoupillée à Versailles,
J'ai reçu un minuscule éclat égaré.
Il est temps, à travers ce livre, de l'arracher...

Jean-Jacques Ortlieb

Préface

La rédaction de ce livre remonte aux années quatre-vingt. À l'époque, je savais que mon père, Jean-Jacques Ortlieb, écrivait sur une période particulièrement tourmentée de sa vie, mais sans plus. Quand je le questionnais à ce sujet, il me disait travailler sur un récit lié à ses origines alsaciennes et à l'Occupation. Il ne m'en disait pas davantage. J'insistais. Je voulais connaître son histoire. Il éludait ma demande, ajoutant qu'un jour, il m'en dirait plus… Malheureusement, ce jour n'est jamais venu et, à la suite de sa tragique disparition dans un incendie, ses écrits ont été totalement détruits. Des années plus tard, dans les archives familiales, j'ai retrouvé un exemplaire de ce livre, disons plutôt un ensemble de photocopies disparates, parfois difficiles à déchiffrer, ainsi que plusieurs cahiers manuscrits ; une sorte de journal où il avait consigné des notes liées à cette période. J'allais enfin découvrir cette part d'ombre qu'il n'avait pas souhaité me révéler de son vivant. Quelle ne fut pas ma surprise : j'ignorais pratiquement tout de ces événements qu'il avait traversés durant sa jeunesse ! Lorsque je lui rendais visite, je ressentais chez lui une solitude et une tristesse profonde ; son visage reflétait son monde intérieur si tourmenté ; un désarroi de vivre ; une révolte rentrée. Aujourd'hui, je comprends mieux pourquoi…

Après un survol de son enfance en Alsace, le récit se déroule en Allemagne, entre 1939 et 1945. Au début de la guerre, mon père a dix-neuf ans. Déchiré, ballotté entre ses affinités et ses deux cultures confrontées, et ne voulant pas adhérer aux idées nauséabondes qui sévissaient durant cette période en Alsace ; réfractaire à son incorporation de force dans la Wehrmacht, il va tenter de fuir mais échouera. C'est comme cela qu'il se retrouve emprisonné deux années dans le camp de sûreté de *Labroque-Schirmeck* ; un séjour supposé le remettre dans le *droit chemin*.

Je me suis efforcé de restituer ce témoignage le plus fidèlement possible, construisant l'ensemble pour le rendre audible, en y apportant, chaque fois que cela était nécessaire, des corrections qui du reste s'imposaient d'elles-mêmes, comme *adapter* quelques passages restés à l'état d'ébauche.

L'aspect documentaire du texte, comme ce chapitre sur le quotidien des prisonniers dans le camp de concentration de Schirmeck, la tentative d'enrôlement forcé par la Wehrmacht, sont autant de témoignages saisissants de ces années de guerre et d'occupation. Ils mettent en lumière ce dilemme terrible que vécurent les Alsaciens, souvent enrôlés de force dans l'armée Allemande, et qui se nommèrent eux-mêmes *les malgré nous*, Alsaciens qui ne furent reconnus que fort tardivement par la Nation. Il faudra attendre septembre 2013, pour voir François Hollande, chef d'État, leur rendre hommage, depuis Oradour-sur-Glane.

Enfin, pour qu'il n'y ait pas de confusion à la lecture de ce témoignage, je tiens à préciser que la voix que l'on entend au tout début de ce roman rédigé à la *première personne*, est bien celle de mon père.

Mathieu Ortlieb

I

Mulhouse

Le destin de mon père est en marche. Il monte en courant l'escalier ciré, fait vibrer la rampe, entre comme un boulet, embrasse ma mère.

« Regarde, fait-il en lui collant le journal du soir sous le nez. Ils l'ont enfin signée ! ». Ses yeux bruns, au regard fascinateur, en partie caché par de lourdes paupières tombantes et des lunettes à monture ronde, fixent intensément son regard en attendant une réaction qui ne vient décidément pas.

« Mais regarde donc ! Cette République de Weimar s'est finalement décidée… C'était moins une… Un peu plus elle repartait, la guerre ! Tu te rends compte ? Dix-neuf minutes avant que l'armistice expire !

– Le dîner n'est pas encore prêt », reconnaît-elle, absente.

Le traité de Versailles signé dans la galerie des Glaces le 18 juin 1919 faisait de mon père, né allemand dans l'Alsace allemande depuis 1870, un Français à part entière. Directeur de l'école de Filature, il a rongé son frein durant la Grande Guerre : son école était fermée depuis 1914. Ce jour-là, il n'admire pas les grands bâtiments, ni les beaux hêtres rouges du parc. Il voit au-delà ; au-delà de ce vaste terrain vague qu'il a su acheter à temps : c'est là que l'École Supérieure prendrait son essor. Depuis le 11 novembre 1918, il assiégeait le ministère de l'Éducation nationale. Il finit par obtenir gain de cause. Il convainc le Directeur Général de l'Enseignement technique ; celui-ci lui promet que l'école jouerait un rôle primordial, non seulement sur le plan régional, mais encore sur le plan national. Elle serait subventionnée en conséquence. On sait que la générosité de la France à l'égard des provinces recouvrées allait être facilitée par les cinq milliards de marks-or que l'Allemagne devait lui verser, entre 1919 et 1921. Mon père militera toujours pour élever le niveau de l'enseignement, et obtiendra enfin qu'il soit sanctionné par le diplôme d'ingénieur textile. Le rayonnement de l'école sera mondial. Documents à l'appui, il expliquait : Mulhouse serait la Manchester de l'Est, la ville du coton. Ma mère, que cette politique n'intéresse pas, demande d'un air las : « Tu ne manges pas ton dessert ?» Sans lui répondre, il redescend l'escalier en sifflotant. Puis, jusqu'à minuit, il élabore dans son bureau les plans d'une nouvelle section de tissage complètement indépendante, d'une superficie de sept cent vingt-cinq mètres carrés. Cette victoire l'enchante. Il n'en n'est plus à teindre, dans une ardeur secrète, les draps de lit en bleu, blanc et rouge, comme en octobre 1918, ni comme en novembre, où, armé de son violon descendu du grenier, il apprenait tous les soirs avec fièvre La Marseillaise à ses deux filles. Huit mois s'étaient écoulés. L'euphorie aussi. Le traité de Versailles sera le Nil qui fécondera l'Alsace. Mon père n'exulte plus, mais cette victoire le comble, il honore sa femme. Le désir d'avoir un fils balaie la peur de le faire porter par une mère de quarante ans. Il le veut absolument cet enfant de la paix ! On l'appellera d'un prénom bien français et alsacien à la fois : Jean-Jacques.

2
Bâle

Ce mercredi 24 mars 1920, pressé qu'on était de me voir débarquer en ce monde, et pendant que les masques braillent dans la rue et que les fusées pètent, je pousse mon premier cri parce qu'on m'a presque écrasé la tête en tirant dessus. Le pouvoir des cris, je n'étais pas le seul à en faire l'expérience. À Munich, à trente et un ans, Adolf Hitler venait de se rendre compte que ses hurlements avaient le don d'hypnotiser ses auditeurs. Lorsqu'il en fut sûr, il laissa ses pinceaux, démissionna de l'armée et entra dans le monde de la politique. Il voulut même qu'on paie pour l'écouter se mettre en transe. Il psalmodiait très longuement, sur des thèmes qui traînaient partout, mais que sa mise en scène transfigurait :

« Le peuple n'avait pas été vaincu, mais trahi par les Juifs. Le traité de Versailles assassinait l'Allemagne ». Se tordant les bras, Hitler incarnait l'agonie de sa patrie. Puis, il se redressait et clamait que : « [...] rien n'était perdu, à condition que, tous unis, nous chassions du pays les seuls coupables : les Juifs et leurs pantins du gouvernement de Weimar. »

D'emblée, mon père adore la chose fripée qu'on lui présente. Ce sera le dauphin. Jusqu'ici, il n'a su faire que des filles : Marie, quatorze ans, Madeleine, sept. Il m'embrasse avec fureur puis s'arrête, me repose dans mon berceau et tonne : « Je veux un vrai garçon : il faut qu'il soit méchant ! » Ma mère avait beaucoup souffert en accouchant. J'ai les larges épaules de mon père ; ce sont elles qui ne voulaient pas passer. Ma mère était comme folle après. Le dauphin était surprotégé dans cette clinique *select* de Bâle, et mon père rivalisait de tendresse avec ma mère. Cet excès de tendresse ramollissait le dur. Je criais pour qu'on m'embrasse. De surenchère en surenchère, on tomba en pleine inflation de baisers et de cris. Ils eurent raison des nerfs de l'homme d'action. À cette tyrannie des cris de son petit prince, contre laquelle sa tendresse s'était avérée impuissante, il opposa sa violence. Le succès l'étonna tellement qu'il en fit une théorie : « Quand un bébé crie, il faut le taper. Le réflexe conditionné joue, et comme il n'aime pas les coups, il s'arrête de crier. » Ainsi, devant ma mère muette, il me fesse copieusement jusqu'à ce que je me taise. Il réussit presque toujours : je me taisais et cette terreur effaça la tendresse, pour toujours. Mon père aime l'ordre et la discipline et son fils sera un dur. Il continue de me fesser scrupuleusement jusqu'à l'âge d'un an. Un jour, je souffre d'une otite. Bien sûr, il ne peut le savoir. Vexé que, malgré la rossée, je continue de brailler, il frappe plus fort. Soudain, il s'arrête : ma paroi abdominale se déchire et projette mes intestins sous la peau ; sale histoire. Mais on m'a très bien recousu et je suis encore là.[2]

En 1923, Hitler aussi exagère : tirant un coup de revolver au plafond, il saute sur l'estrade, proclame la révolution nationale et la déchéance du gouvernement du Reich, puis se nomme lui-même chef du nouveau gouvernement. C'était du bluff et on lui tira dessus. Seize jeunes ou vieux fous qui marchaient à ses côtés furent tués. Lui se démit l'épaule en se jetant à terre. Tandis que je grandissais, Hitler écrivait *Mein Kampf*. En 1926, le deuxième tome paraît, il clame à chaque page : *Deutschland erwache. (Allemagne réveille-toi !)*

Je ne crie plus quand mon père me bat. Je grimpe vite au grenier y retrouver mon petit livre pour pleurer. Un livre allemand tout en images : *Hänschen im Blaubeerenwald.*[3] Je suis ce Petit Jean, pleurant sur une souche avec ses paniers vides. Il n'a pas trouvé de myrtilles pour l'anniversaire de sa mère. Ce n'est pas la saison… Mais soudain voici : le Roi des Myrtilles paraît…

---

2 L'auteur est décédé le 28 janvier 1991.
3 « Peter au pays des myrtilles » d'Elsa Beskow

Je ne savais pas qu'il était interdit d'avoir deux amours. Mon grand César me laissait entrer dans sa niche. Un jour, jaloux, il mordit Gertrude, ma tortue. Deux trous violets dans sa carapace. Les grosses mouches bleues y ont pondu. Maintenant elle refuse mes plus tendres salades. Tout un mois, les asticots me la dévorent vivante. Dès lors, entre César et moi, il y a Gertrude. Ce n'est pas rien. Il a bien fallu qu'il me morde aussi. J'y ai gagné de reconnaître ma main droite ! On l'a tué pour ça, mon bon César. Bouche inutile d'ailleurs.

Mon père ne chasse plus. Pas le temps. Tous les quarts d'heure, il tire sur sa montre Gousset en or et, des heures durant, il me répète :

« Tout cela sera à toi un jour. Suis mes instructions. Si je t'inculque tout cela, c'est pour ton bien. N'écoute pas les femmes, tu es un homme maintenant. Fais ce que je dis : pas de mais, pas de si. Je veux que tu bannisses de ton vocabulaire les mais, les si et les pourquoi. »

Parfois, il veut que je l'accompagne à Hartmannswillerkopf [4]. C'est l'enfer ici. Il ne reste plus un arbre, plus un brin d'herbe. Il y a un silence pesant. Mon père fouille la terre qui sent le cadavre. Il retrousse avec soin ses bas de pantalon, puis me fait signe de l'attendre. Avec prudence, il tâte de sa canne l'entrée d'un abri pour en éprouver la solidité. « Huit ans qu'ils dorment là-dessous ! » Sa lampe de poche à la main, il hésite. Mais c'est plus fort que lui : il se courbe, descend, plonge et disparaît. Au fond, je l'entends remuer et étouffer quelques jurons. Le voilà qui remonte en clignant des yeux. Il tient une musette pleine de cartouches. « C'est défendu », dit-il fièrement. Il me montre un bras qui semble pousser hors d'un talus. Je l'avais pris pour une racine. À la maison, j'ai été bien déçu. La poudre a tout juste roussi le papier. Il y avait versé avec précaution le contenu de deux cartouches et, l'allumette à bout de bras, il y a

---

4 *Hartmannswillerkopf* : sommet sur lequel s'est déroulé la bataille la plus emblématique des Vosges. Dominant la plaine d'Alsace et la trouée de Belfort, le mont, aussi appelé le Vieil Armand, a été le lieu de redoutables combats jusqu'au début de l'année 1916. Classé monument historique depuis 1921, le *Hartmannswillerkopf* est l'un des quatre monuments nationaux de la Grande Guerre, statut de « haut lieu français ». Il est désormais un lieu de mémoire et de réconciliation franco-allemande.

eu seulement un « Wouf » et une brève flamme orange. « La poudre n'a pas souffert ! » Ce n'était pas mon avis : mon pistolet à amorces faisait plus de bruit. « Tu verras quand tu seras soldat », grommelle mon père.

3
Il était une fois
(1926)

À la fin de l'été, mon grand-papa est couché. Il est très froid et blanc. Maman a les yeux rouges. Elle me tourne le dos devant la fenêtre ouverte. La vieille maison allemande de Wiesbaden sent le vin. Des clairons sonnent dans la rue. On dirait que l'on bat un tapis : clac, clac, clac, clac... Ils ont l'air méchant avec leurs fusils.

Je demande : « Qu'est-ce que c'est maman ?

– Des soldats, des Français ; l'armée d'occupation. »

Hildegarde, mon amie allemande, lâche ma main et s'enfuit. Des portes claquent dans la rue en se fermant. Quelque chose de froid me passe dans le dos.

« Je ne serai jamais soldat, n'est-ce pas maman ? »

Elle me sourit et tente de me rassurer.

« Ils ne sont pas méchants. C'est la paix, tu sais. »

Le soir dans mon lit, ma mère me lit les contes de Grimm. J'ai le temps de fabriquer des images. « Encore ! Juste une petite histoire. » Maman hésite. Je l'agrippe par les cheveux, pas trop fort. Quand elle cède, elle repose le livre et éteint ma lampe. C'est là que la féerie commence. À peine a-t-elle refermé la porte de ma chambre que sa voix résonne encore : « Il était une fois, un roi et une reine qui vivaient en paix ensemble... » Comme ma mère a dit cela ! Qu'ai-je à me les répéter, ces mots ? Le lendemain, je n'entends pas le réveil. À sept heures une, fin du rêve. Mes draps sont arrachés, les coups de canne pleuvent dru sur mon dos, sur mon ventre. Il n'y a pas à dire, ça réveille ! La douceur de la nuit se paie comptant au matin. Je n'en chérissais pas moins la nuit et ses sortilèges mais, de plus en plus, je détestais le matin. Je ne sais encore aujourd'hui qui a raison. Mais la vie m'a eu ; les coups reçus le matin ont peu à peu gâché mes rêveries nocturnes. La peur s'est installée.

Dès que je sors de l'école, notre chauffeur Greder m'attend. Comme cela on est sûr que je n'aurai pas de mauvaises fréquentations. Greder a l'air d'un catcheur et son aspect fait fuir mes petits copains. Pourtant ses yeux bruns sont doux. Lorsque je reviens, je dois me présenter à mon père. Il regarde sa montre et calcule : « Tu as du retard », gronde-t-il. Alors si je veux jouer aux billes, pas question. Il ne calcule pas qu'entre sa porte capitonnée et la vraie porte, j'ai attendu une bonne minute, parfois deux, avant d'oser toquer. Mon père découpe le temps en rondelles. Que deviendrait-il sans chronomètre ? Il est toujours à l'exercice. Une-deux, une-deux... L'ennui c'est qu'il veut que je fasse pareil. Je n'y arrive pas : mon chronomètre s'arrête souvent entre une et deux ; entre une et deux je guette l'ouverture verticale vers l'éternité. Il est sûr d'être dans le vrai mon père. Parfois il se présente pour qu'on l'admire. Pour la dixième fois il nous raconte qu'un confrère qu'il estime lui a dit un jour : « Monsieur le directeur, ce n'est pas *Ortlieb* que vous devriez vous appeler, mais *Ordnung* (l'ordre) ». Il est très fier de cette remarque. L'ordre est bien ennuyeux. Et il fait si mal quand il vous passe dessus. Je regarde ma mère et ses longues pauses méditatives. Je suis un peu jaloux. Ce n'est pas à moi qu'elle pense dans ces moments-là, je le sens bien...

Quand mon père est absent, ma mère s'assoit devant son piano. Elle n'ouvre pas le couvercle. Elle reste là, prostrée, de longues minutes, et je la regarde sans comprendre. Un jour je trouve une pile de partitions. Je lui en rapporte quelques-unes. Elle ne veut rien savoir :

« Tu vois, Jackele, le piano est du passé pour moi. »

Je la supplie tant de jouer, qu'elle finit par céder. Je suis au ciel. Assis sur un petit coussin, je regarde ses yeux qui se ferment par instants. Mais au bout d'une demi-heure, elle s'arrête brusquement : « Surtout ne dis rien à ton père », me dit-elle tristement en refermant doucement le couvercle. Je promets. Au grenier, je découvre une trappe. Je grimpe sur l'échelle et la pousse avec ma tête. Je me retrouve dans un long couloir qui court juste sous le toit, situé deux étages au-dessus de notre corridor. C'est le cimetière de l'ancienne usine. Sur des claies repose tout un trésor de bobines, de tringles de verre, pas cassées du tout, des anneaux, des trucs et des machins : en fer, en cuivre, en bois, en carton ; de quoi fabriquer des sarbacanes pour équiper toute l'Alsace. C'est tellement bas de plafond que j'arrive à peine à me tenir debout, sauf au milieu de ce capharnaüm. Je suis Aladin. Toutes ces richesses accumulées là et qui dorment depuis des années ! Sûr que de ce gigantesque méccano, on pourrait faire des constructions époustouflantes. Un avion peut-être…

4
Ribeauvillé

Chaque samedi nous allons à Ribeauvillé, petite ville du vignoble où mon père est né. Je dois réciter à mon père dans l'ordre, la liste des nombreux villages que nous avons traversés depuis Mulhouse. Je place toujours Riquewihr[5] avant Zellemberg[6]. Sur le chemin, nous nous promenons le long du Strengtbach[7], petite rivière qui chante sous les arbres. Mon père râle sec si notre place est occupée par d'autres pique-niqueurs. Il y a toujours des choses à cueillir : champignons, fraises, mûres, framboises, myrtilles ou fleurs. Nous avons nos places secrètes. Je cueillais pendant que mon père digérait à l'ombre, dormant, fumant son cigare ou lisant son journal. J'aurais bien joué dans la petite rivière…

Avant d'arriver à la maison, mon père arrête la voiture. Il veut voir les vignes. Après, il a toujours quelque chose à mander à Mink, le vigneron. Il m'envoie en me faisant répéter le message : « Un compliment de la part de mon père… » Mink ressemble à un Russe et sent fort le cuir et les pieds. La maison est devant l'Église protestante et les fenêtres de derrière donnent sur le jardin de l'hôpital. Ce sont des sœurs diaconesses et des vieillards. Il y a du mystère dans ce jardin ; de grands arbres tranquilles, des mares croupissantes où

---

5 Riquewihr surplombe légèrement la plaine d'Alsace et offre une vue magnifique sur la vallée du Rhin, depuis les Alpes jusqu'à Sélestat.
6 Village insolite juché sur une colline de 285 mètres de haut, en plein vignoble, ce qui lui confère une forme originale et pittoresque.
7 Rivière française, seule à traverser le département du Haut-Rhin. Elle s'écoule dans la ville de Ribeauvillé, avant de se jeter dans la Fecht.

agonisent des poissons rouges. Les sœurs n'aiment pas beaucoup m'y voir traîner. Il est inquiétant ce jardin. Dans un murmure continu, des abeilles invisibles volent autour des fleurs. Qu'ont-elles à baisser la tête sous leur cornette, ces sœurs ? On ramène des vignes d'énormes paniers de raisins dorés. On en mange, on en donne aux gens importants et le reste, on le suspend au grenier pour la conservation.

Après les vendanges on pressait le raisin sur l'immense pressoir carré de notre cave voûtée. Les cuves y descendaient par des glissières. Après avoir moulu les grappes, on versait toute la récolte sur le plancher du pressoir. Le jus commençait déjà à couler un peu. Ensuite on posait les planches et plusieurs couches de poutres croisées, et enfin la grosse vis. Sous ce poids, ça coulait de plus en plus. Au pied du pressoir, dans l'énorme cuve ovale, un gros tuyau en partait et on se relayait pour pomper le moût dans les tonneaux préalablement soufrés. Deux hommes debout sur les poutres tournaient la manivelle. Le moût coulait à flots épais et trouble. C'était une fête. Mais ce jour-là, je dois avoir fait une chose qui a déplu, puisque mon père me dit : « Demande pardon ou tu n'iras pas voir couler le moût. » Il insiste, mais je ne veux pas demander pardon. Il descend puis remonte. « Ça commence à couler… allons, demande pardon ! » J'ai très envie mais je tiens bon. Il revient un peu plus tard. « Décide-toi ! Ça coule comme le Rhin. » Je vois le moment où il va échanger le pardon contre une rossée, mais il n'en fait rien. Je ne descends pas au pressoir cette année-là.

De retour à Mulhouse, avant de passer le pont de Nesle à cinq cents mètres de chez nous, mon père actionne le puissant klaxon de route de la Hotchkiss[8]. La grande porte cochère s'ouvre comme par enchantement. Le portier Kraft et sa femme se tiennent de part et d'autre, chapeau bas. Les pneus crissent sur le gravier. Les portes du garage s'ouvrent elles aussi toutes seules. Le jardinier-chauffeur Greder est là, casquette à la main.

---

8 Hotchkiss fut un des derniers constructeurs français à confier l'habillage de ses modèles à des carrossiers de renom. Ses automobiles étaient réputés pour allier élégance et sportivité.

« Monsieur le Directeur a fait bon voyage ?

– Alors ? demande sèchement mon père sans répondre.

– Tout est en ordre, Monsieur le Directeur, tout est en ordre »,
répond comme d'habitude Greder.

Mon père lui fait regretter son optimisme en soulignant la chose
qui justement n'est pas en ordre. Ce n'est pas grave, c'est un rituel.
Après avoir refermé la porte cochère, les Kraft restent bien droits
immobiles, attentifs jusqu'à ce que mon père ait disparu dans son
bureau avec ou sans vague salut circulaire. Ma mère pousse un long
soupir et je monte avec elle. On dînait vite et mon père allait se coucher sur le canapé de la salle à manger… Il restait là jusqu'à deux
heures puis gagnait le lit conjugal quand tout le monde dormait.

Je connaissais les heures où Greder entrait dans la chaufferie
pour alimenter l'immense foyer qui chauffait la filature, le tissage,
les amphithéâtres, les pavillons du concierge, du jardinier et notre
maison. Il ouvrait la porte du four et y jetait d'énormes pelletées de
coke. Il me prenait par le fond de culotte et l'épaule, puis me balançait vers la gueule rouge en criant *Ho Houp !* Je faisais semblant de
hurler d'épouvante. J'aimais bien descendre à l'atelier de menui-
serie de Monsieur Kraft. C'était un bon gros chien tout en poils,
roussis autour de la bouche à cause de la bouffarde. Il craignait que
je mette ma main dans la scie circulaire et ne voulait jamais la faire
marcher devant moi. Il me montrait le doigt qu'il avait perdu. L'atelier sentait bon le bois, la colle forte et la peinture. Les Kraft avaient
adopté un garçon, long, maigre qui ne riait jamais. Rien à faire pour
jouer avec cet échalas blême : il était plus vieux que moi de trois ou
quatre ans. Un jour mon père se fâcha en disant qu'il ne pouvait plus
voir ces Luxembourgeois et qu'il allait les foutre à la porte. Le soir
même, en douce, je prévins Madame Kraft. La vieille asperge tout
en os, – elle avait un dentier qui tombait à chaque fois qu'elle disait
merci – me regarda sans rien dire en dodelinant de la tête. Le lendemain le martinet fut à la fête. Je ne pus m'asseoir de deux jours. Le
couple Kraft était venu pleurer dans le bureau de mon père en le suppliant de leur pardonner. Je n'ai jamais su sur quoi il passa l'éponge

ce jour-là. Eux non plus je pense. J'ai seulement appris qu'il m'était sévèrement interdit de divulguer ce que je pouvais entendre à la maison. Normal. Le triste Marcel s'était construit une hutte sur le terrain vague entre l'École de filature et la Fonderie. Une hutte en bois, petite mais fignolée. Elle ressemblait à un de ces cabinets qu'on voit dans les jardins à la campagne et s'ornait d'une fenêtre avec des rideaux, d'un volet et d'une vraie serrure. Taciturne il y restait des heures sans rien y faire. Il disposait pourtant d'une table et de toutes espèces de ciseaux, de pinces, de règles suspendues en rang à des clous au mur où brillaient des cartes postales illustrées. Il possédait même une sonnette, en cas de visites. J'ai voulu en avoir une de cabane, comme Marcel. On m'a donné une énorme caisse dans laquelle était arrivé un métier à tisser. Ce n'était pas pareil. Lui, il avait assemblé planche à planche et il l'habitait. Ma cabane a toujours ressemblé à une boîte. Je m'y perdais, je m'y ennuyais ferme. Je ne l'aimais pas. Elle possédait pourtant une porte et une fenêtre et était beaucoup plus grande que celle de Marcel. Monsieur Kraft m'avait même fait une table, une chaise et un petit guéridon.

Mulhouse a un grand jardin zoologique. Nous étions abonnés. Je parlais aux bêtes. Elles ne me répondaient pas. Le jeudi parfois, ma mère et moi nous prenions le train pour une excursion au Thanner Hubel[9] au-dessus de Thann. Dans le grand pré tout là-haut, les vaches en liberté ne me faisaient pas peur puisque maman était avec moi. S'il pleuvait, nous partions tout de même en excursion. La nature boudait : nous faisions alors luire le soleil dans la cuisine. Sac au dos nous marchions et tournions cent fois autour de la table. « Oh ! Un bouton d'or ! » Vite on se baissait.

« J'ai soif maman…

– Attends un peu, nous allons bientôt arriver à la source ; tu sais celle qui chante joliment, un peu plus bas.

– Maman, je suis fatigué.

– En sortant de la forêt on se reposera dans l'herbe. »

---

9 Sommet du massif des Vosges. Il culmine à 1 183 mètres d'altitude, dans la région de Thann, dans le département du Haut-Rhin.

Assis sur un coin de table nous grignotions les provisions. En suçant ma tablette de chocolat, je me disais que je renoncerais à tous les chocolats pendant un an si par ce sacrifice je pouvais faire que mes parents rient ensemble une seule fois. Depuis des mois ils ne se disputaient plus, mais le silence brûlait. Mon père disait : « Je ne lui parlerai plus pendant vingt-quatre heures ». Et il tenait parole. Dans ma prière du soir, ma mère me dit d'ajouter après « Rends-moi sage, amen » une phrase qui demandait à Dieu son aide particulière pour elle.

Entre mes parents, l'orage mûrit lentement. Un soir, après le dîner, je dis bonsoir à mon père. Je me souviens de la buée sur ses lunettes. Il ne me dit rien. Les yeux dans le vague, il répétait pour lui-même :

« Après vingt-cinq ans de mariage ma femme a décidé de me quitter. »

Devant le juge qui conseillait de confier l'enfant de dix ans à ma mère, mon père s'était écrié :

« Prends-le, garde-le ! De toute façon c'est un idiot ! »

Je partais le soir même. Malgré tout cela, commencèrent les mois heureux…

5
1930

Jusqu'ici, malgré la ferveur déployée et l'agitation organisée, Hitler n'était jamais sorti de l'ombre de la République. Le 14 septembre 1930, coup de théâtre, tremblement de terre : le résultat du scrutin signifie la fin de la République de Weimar et annonce l'agonie de l'État. Le national-socialisme passe brusquement de la dernière place à la deuxième. L'histoire des partis ne connaît pas de percée comparable. Le nombre de ses sièges au Parlement est soudain décuplé. Le rideau se déchire. La démocratie est abattue. Ma mère divorça cette année-là.

Désormais, à l'autre bout de la ville, je couchais dans le grand lit de ma mère, rue d'Illzach. Chaque matin je mendiais cinq minutes, puis deux, puis encore une petite minute. J'arrivais en retard à l'école avec une excuse griffonnée. Tout l'appartement neuf sentait la colle de tapissier et le plâtre frais. Notre poubelle était la plus jolie du quartier. Ma mère l'avait revêtue d'une belle peinture argent. Le soir, nous enveloppions une briquette noire dans un épais papier journal et la posions délicatement sur les dernières braises rouges. Le matin – ô miracle – le papier enlevé, la briquette trônait seule, toute neuve, rouge et rayonnante dans le fourneau de la cuisinière. Elle en savait des magies, ma mère. Ah, la bonne odeur de briquette, le matin, dans notre petite cuisine où chante le canari ! « Ce matin j'ai eu une hallucination », dit ma mère pendant que je confiture tranquillement ma tartine. « J'ai senti tout à coup une forte odeur de kugelhof, mais le facteur n'a rien apporté. Aucune visite. Même aujourd'hui, ajoute-t-elle. Mes filles ne sont pas venues depuis que nous sommes ici. Ma sœur ne m'a pas écrit une seule fois. Ça ne fait rien, puisque tu es avec moi, toi… C'est peut-être ma sœur qui m'a envoyé cette odeur de kugelhof. Peut-être…» Moi, je ne comprenais rien de rien. En Alsace, les anniversaires sont de véritables fêtes, les décennies des festivals, les demi-siècles des apothéoses. « J'ai cinquante ans aujourd'hui », avait-elle fini par murmurer en m'embrassant tendrement avant d'éteindre. Je m'endormis sans comprendre. Le lendemain, en m'éveillant, j'eus soudain un éclair :

« Mais c'était ton anniversaire ?

Elle me sourit faiblement.

– Allons, tu vas être en retard, Jakele. »

L'odeur du kugelhof ! C'était donc ça, me disais-je en courant sur le chemin de l'école. Ce silence n'était pas de la négligence, c'était une condamnation. Je maudissais l'école imbécile qui me tenait éloigné d'elle. Le jeudi, je partais à l'assaut de ses jupes, mais je devais battre en retraite. « Descends donc jouer avec Thibaut ». Le soir, quand elle venait se coucher à côté de moi, je dormais, malgré les efforts pour l'attendre ; et le matin, sa place était vide. Elle n'était pas froide ma mère, non. Elle chantait pour moi, elle me jouait du piano, elle me souriait et me traduisait des contes de Grimm. Pourtant je n'étais pas satisfait. Qu'avais-je à espérer ? « Tu sais, j'ai demandé à l'avocat combien de temps nous pourrions coucher dans le même lit. Jusqu'à ce que tu aies quatorze ans. Encore trois ans et demi… Ce n'est pas beaucoup. »

Après l'été pourri de 1931, l'automne fut radieux. Ce samedi d'octobre, le soleil ne voulait pas se coucher sur notre Thanner Hubel ; moi, je ne voulais pas rentrer. Ma mère regardait sa montre avec inquiétude. « Nous avons deux heures en forêt à traverser, viens donc ! »

Elle avait tout emballé, sauf la petite casserole. Je soufflais sur le feu pour la chauffer : je voulais faire du cacao. « C'est bientôt prêt », avais-je dit, fébrile. Sans se fâcher, ma mère envoya un grand coup de pied dans la casserole. Le pré était en pente, et elle roula, roula, roula… Quand je remontai la pente en soufflant, ma mère marchait déjà. Je dus courir pour la rattraper. « Viens vite pendant qu'on y voit encore un peu. Mais dépêche-toi donc », dit-elle sans s'arrêter. Le soir berçait la forêt. Maintenant elle courait. J'avais peine à la suivre. Un brouillard léger enveloppait la montagne comme un manteau de nuit. De loin en loin, des chênes solitaires montaient la garde, géants immobiles. À travers les buissons, j'avais l'impression que plusieurs paires d'yeux me fixaient. La nuit créait mille monstres étranges, silencieux. « Si la lune se lève, nous sommes sauvés », dit ma mère pour me rassurer. À chaque tournant je me retrouvais à quatre pattes dans les broussailles. Une allumette frottée nous permettait de faire cinq mètres, mais lorsqu'elle s'éteignait la nuit semblait deux fois plus noire. Pourtant, comme il était clair le ciel, lorsque la haute voûte des sapins s'entrouvrait un peu. Ma mère capte cette lueur céleste dans la boîte à lait pensant la refléter sur le sentier. Remède héroïque. Je fais un vol plané dans le ravin mais je me relève sans encombre. Nous avons peut-être fait cent mètres en une demi-heure.

« Tu risques de te faire très mal en tombant. Nous allons passer la nuit ici…

– Ici ?

– Eh oui, ici. »

Avec la dernière allumette, j'essaie de faire un feu, mais il n'y a plus de papier et le bois est humide. Ma mère me recouvre de son manteau. Je m'endors tout de suite. Lorsque je me réveille, ma mère, debout, bat la semelle. On entend siffler le train dans la vallée.

« Ce n'est pas le nôtre ?

– Mais si, il n'est pas si tard que ça.

– J'ai faim, maman. »

C'est vrai qu'on devait manger à la gare. Sans rien dire, maman déballe une tarte aux myrtilles, pas une tartelette, une vraie grande tarte. On a oublié le couteau. On la découpe avec les doigts. Une fine pluie tombe doucement. Le vent se lève et la chasse. Une chouette hulule longuement… L'aube est là. Je me rendors.

Quand je me réveille, ma mère est encore debout. J'ai bien dormi. Suprême coquetterie du confort, comme à la maison, je lui demande encore cinq minutes, puis deux, puis une. Elle rit. Elle est un peu pâlotte. À la gare, nous buvons de grands bols de café au lait. Le train siffle. Dans le wagon ma mère somnole, la tête posée sur l'épaule d'un ouvrier rougeaud.

6
Tante Anne-Marie

Je rate l'examen de passage en cinquième. C'est embêtant, mon père l'apprend et ça ne traîne pas : le juge décide que j'ai besoin de la férule paternelle. La nouvelle venue, ma belle-mère, géante au nez verruqueux a tout changé. De la chambre de ma sœur Marie elle a fait son boudoir, plein de cochonneries en porcelaine. Changé les tapis, les lustres, les rideaux, les chaises, le papier peint des murs. Deux fois par jour il faut que je l'embrasse : « Bonsoir, tante Anne-Marie. Bonjour, tante Anne-Marie ». Elle a aussi congédié Maria, la bonne. Maintenant je n'ai plus personne. Cette grande bringue, mon père l'appelle : « Ma petite chérie. » Quand il met son manteau d'Astrakan, je suis bien content. C'est que les amoureux sortent. Vite je me couche et m'enfouis la tête dans un linge de ma mère que je cache soigneusement pour qu'on ne le lave pas. Je le respire longtemps en pensant à elle. Le jeudi après-midi, j'ai le droit de la visiter. Elle est toute pâle. « Tu sais, je ne dors jamais la nuit d'avant ton arrivée. » Elle me tient les mains. Elle voudrait que je parle. « Tu ne parles pas ? » me dit-elle plusieurs fois. Quoi dire ? Maria, la bonne, est venue la voir une fois. Personne d'autre. Mon goûter, ma mère y a travaillé toute la semaine. Les crèmes, les glaces, les gâteaux, les confitures et les compotes. Jusqu'à mon départ, je les déguste en silence. Le soir mon père fronce les sourcils, surpris que je ne redemande pas du ragoût :

« On voit d'où il vient… Tu pourrais répondre quand je te parle !

– Un vrai bout de bois » dit la marâtre.

Cette nuit, je mordrai longtemps mon oreiller.

Pour mettre fin aux fabuleux goûters, mon père à l'idée de faire de moi un scout. J'arrive chez ma mère à une heure et quart pour en repartir à deux heures. Dès le premier étage j'entends le piano. Je lève la tête en grimpant les marches du plus vite que je peux. Il s'arrête quand j'arrive essoufflé au deuxième. Au troisième, ma mère se tient devant la porte grande ouverte. Je lui saute au cou. Ses yeux sont immenses maintenant, et si tristes. Parfois dans mon cou je sens une larme couler. Elle essaie de me trouver des fièvres pour m'empêcher d'aller aux éclaireurs. Elle ne réussit pas souvent. Quand je pars elle ne pleure pas, mais ouvre la bouche comme si elle allait crier.

Un jeudi, à mon retour d'un camp, j'entends le piano dès le premier étage. Tiens, me dis-je, il ne s'arrête pas ? À l'étage, je sonne. Il s'arrête. Reprend, s'arrête à nouveau et reprend plus fort. Inquiet, je tambourine sur la porte, mais le piano joue trop fort, elle ne peut pas m'entendre. Je crie : « Maman, maman ! » Le piano s'arrête mais la porte reste close. Je sonne encore en vain pendant trois quarts d'heure. Elle resta en asile psychiatrique pendant quinze mois. Elle ne revint plus jamais rue d'Illzach. Je ne la revis qu'en juillet 1934 chez ma sœur à Strasbourg. Ses beaux cheveux étaient devenus tout blancs. Ses yeux au fond des grands trous noirs essayaient de me sourire. L'asile avait libéré une ombre.

Désormais, ma mère a perdu tout pouvoir. Je la visite aux fêtes comme on fait d'un monument du passé. Elle m'embrasse encore mais, pour mon père, elle a cessé de vivre et de compter. Elle ne constitue plus une menace permanente. Mon père règne seul à présent sur ma personne. Le cordon ombilical est coupé. J'ai quatorze ans. « Vous ne me ferez plus aller contre mon désir. » Mon père laissait passer cette pompeuse proclamation que je n'utilisais d'ailleurs que pour repousser un toast. Je ne bois pas une coupe de champagne à la fête de ma confirmation. Le pasteur, flairant en moi une vocation, me donne un verset très court qui me monte à la tête dès que j'en comprends le sens : *Je me dois*. Une vraie devise. L'idée de sacrifice qu'il implique m'échappe tout à fait. Du prophète je ne retiens que la gloire. Il a diablement bien fait, le pasteur, de me juger plus digne de cette devise que son propre fils. Il ne me l'a dit qu'au dernier moment : il en avait privé André pour me l'attribuer. Dès lors, ma farouche abstinence se trouve renforcée : elle fait désormais partie de mon visage prophétique.

Fête pour ma mère chez sa sœur Marthe. Abstinence triomphante. Il y a les voisins : ils habitent juste en face de la petite maison de ma tante : Monsieur Weber, brave chemineau, sa femme et leur fille Marguerite. Il a préparé une excellente bouteille. Il ne sait pas qu'il reçoit un prophète. Il remplit les verres ; tous les verres. *Prost !* Il est content et rit de tout son cœur. « Vous m'en direz des nouvelles. » Il attend impatiemment. Je balbutie quelque chose. Il est un peu sourd. Un prophète doit-il tuer la bonne humeur ? Je bois un verre, puis deux, une autre bouteille. C'est bon. Sept ans d'abstinence s'écroulent. Il n'est pas si facile d'être prophète chez les braves gens non prévenus.

Il y a six mois déjà que je suis costaud et qu'on me le dit. Mon père marche d'un pas de sénateur le long du canal qui borne ses possessions. Je vais à ses côtés. Je bondis en avant. Je ramasse un caillou que je veux lancer. « La main », crie-t-il. Jusqu'à ce jour, cet ordre, comme une laisse invisible me faisait toujours revenir mettre ma main dans la sienne. Mais ce jour-là, quelque chose a changé. Je ne jure que par le livre que mon ami et chef de patrouille Yves Chambaud m'a donné : *Sois un chef.* Résister, résister à l'oppression, voici ce que raconte ce livre. Je reviens en courant, tourne autour du tyran et repars comme un lévrier. « La main ! » répète à nouveau mon père, furieux. Je lui demande pourquoi. Il ne me répond pas, ne répète pas : *la main*, mais rentre la tête dans les épaules, retrousse la lèvre sur ses canines. Je commence à regretter cette vaine révolte. Il presse le pas ; la promenade sera courte aujourd'hui. Il opère de préférence à chaud et fait un moulinet menaçant avec sa canne. Passé les deux portes de son bureau, il dit d'une voix sourde : « Viens ici tout de suite ! » Je ne sais ce qui me prend, mais cette fois je lui fais face. Je saisis d'une main ferme le poignet qui tient la canne et m'aperçois avec surprise que je suis plus fort que lui. Il éructe littéralement :

« Comment oses-tu porter la main sur ton père ! Malheureux ! Veux-tu baisser pavillon ! »

Une page est définitivement tournée : il a beau trépigner, il ne brisera plus sa canne sur mon dos. Il faut croire que l'insoumission était dans l'air cette année-là. La Sarre se libère par un plébiscite de la tutelle de la Société des Nations.

7
La famille Höhne

En me conduisant en vacances chez ses amis Höhne en juillet 1934, mon père m'avait tenu un discours d'information politique farci de recommandations de bonne tenue. « C'est très bon pour ton allemand », avait-il ajouté. On aurait dit un cours d'histoire. Mais baste ! L'école est finie. Georges Milton me chante dans la tête : *Amusez-vous, foutez-vous de tout...*

« Oh ! Tu m'écoutes ou tu rêves ?

– La politique ne m'intéresse pas.

– Mais misérable idiot, dans ce pays les enfants font de la politique à six ans. La politique est leur religion. Tu vas nous faire passer pour des demeurés ! » Il s'arrête sur le bas-côté, se prend la tête à deux mains. Le désespoir, c'est sa nouvelle manière : « Qu'est-ce que j'ai fait au bon Dieu ? Ce n'est pas possible, je suis maudit ! » Finalement, j'y ai pris goût à la politique. Ce n'était pas rasoir du tout.

Le dimanche soir, la table vite débarrassée, la famille Höhne se réunit autour de la radio. Recueillement général. Karl Daniel et Albert portent l'uniforme de la Hitlerjugend[10]. Leur père, dans son fauteuil, arbore l'insigne du parti bien astiqué. Madame Höhne a les mains jointes. Tout le monde attend que *Der Führer spricht*[11] Ah ça ! Pour parler il parle. Je ne comprends pas tout, mais l'effet sur les visages est stupéfiant : Madame Höhne se tord les bras ; elle pleure de joie. Quand elle n'en peut plus, elle meuble les longues

---

10 Jeunesse Hitlérienne.
11 *Que le Führer parle.*

37

pauses oratoires en murmurant, émue : *Unser aller Hitler* (Notre Hitler à tous). Étonnant que son mari ne soit pas jaloux. Mais non, il hoche la tête en disant : *Sehr richtig* (très juste). Ils nagent dans la béatitude. Tout le monde est exalté. Je me sens tout drôle. Je crois que je les envie d'avoir un Christ chez eux. À la maison, mon père aussi écoute la radio. Mais Hitler semble l'inquiéter : « Il va venir ici. Il va tout bouffer. Qu'est-ce qu'on attend pour lui sauter dessus ? » Plus tard, en 1936, c'est le Front populaire qui le scandalise : « Voilà la fin de tout ! Tu vas voir quand les communistes seront au pouvoir ! Ils pendront ton père ; oui, ils me pendront, tu verras. Ils ont déjà dressé une liste. C'est une honte ! » Plus tard, il découvre la fameuse liste où figure les *200 familles* dénoncées par Édouard Daladier. Il est à la fois vexé et rassuré de ne pas y figurer.

1937. La guerre d'Espagne fait rage. Hitler essaie ses Stukas sur Guernica. Pourtant la guerre ne fait pas bouger les cours de la Bourse. « Qu'ils se débrouillent », dit mon père avec mépris. Lorsqu'on en vient à évoquer les congés payés ; la semaine de quarante heures, sa réaction est sans équivoque : « La semaine de quarante heures ? Et quoi encore ? Ils veulent notre peau ! Mais où allons-nous ? C'est une catastrophe d'avoir un Blum au pouvoir ! » C'est aussi l'année du premier bac. Je suis tout occupé à comparer Corneille à Racine.

1938. Notre professeur de philo sort de ses gonds pour protester contre l'Anschluss [12]

---

12 Annexion de l'Autriche par l'Allemagne nazie le 12 mars 1938.

8
Ô Suzanne !

Ma sœur Marie m'embrasse, non parce que j'ai assez brillamment passé mon deuxième bac, mais parce que Chamberlain et Daladier reviennent de Munich où ils ont sauvé la Paix en faisant cadeau à Hitler d'un gros morceau de la Tchécoslovaquie. Mon père, toujours pessimiste, dit que ce n'est que partie remise. J'avais été excité, moi, par ces frémissements de guerre. Je suis déçu. J'en ai marre de la paix. D'autant plus que mon père a décidé que je serai médecin. Quelle barbe ! Je voulais faire de la philo… Des cours de P.C.B[13] je ne retiens que l'abondante chevelure brune de Suzanne. Je suis malade quand je ne peux m'asscoir derrière elle. Elle m'obsède. Je lui cisèle de longs poèmes d'amour que je n'ose lui remettre. Elle est toujours avec un grand type maigre et vulgaire qui sourit bêtement en se penchant à son oreille quand il me voit. Ô Suzanne… Ô lui parler une fois. Vraiment je ne peux pas. Je dévore les poètes, je pille les poètes. Quel tourment ! Quel bonheur si elle savait. Non, il ne faut pas qu'elle l'apprenne. Il faut que je puisse encore l'approcher. Ses cheveux tombent sur mon cahier. Je les effleure en soupirant. J'habite une chambre isolée chez mon oncle Charles, pasteur à Strasbourg. Quelle chance, je ne vois mon père qu'aux vacances. Des valises pleines de livres le rassurent. Le pasteur m'ignore. Je peux penser à Suzanne ; personne ne me dérange.

Le jour de mes dix-neuf ans, Hitler avale d'une seule bouchée le reste de la Tchécoslovaquie. Moi, je suis tout à Suzanne. Je fais

---

13 Physique-chimie-biologie.

mille rêves pour notre bonheur. Je suis sûr qu'à la longue mon amour va la contaminer. Les fruits des marronniers qui grossissent sous leurs piquants verts me rappellent tout à coup quelque chose… Les examens sont dans huit jours. Suzanne ne vient plus aux cours, elle révise chez elle. Je découvre avec stupeur la table des matières. Tout se paie. Résultat : zéro partout. Mon père, les lèvres pincées me traîne en maugréant à la caserne. « Enfant de troupe tu seras. Il y en a bien qui sont devenus généraux. » Le capitaine n'est pas d'accord ; il propose qu'on me laisse une chance. Debout à six heures : j'ai mon père sur le dos du matin au soir. Je passe – brillamment, non – le P.C.B à Dijon.

C'est la paix à Dijon en septembre 1939. Tout de même, on aurait pu m'informer. Pas pour l'Espagne d'accord. C'était cuit. Mais pour la Pologne. Hein, la Pologne tout de même ! Seulement, la Pologne c'était la lune et bien plus loin encore. Mangée en trois semaines par Hitler. Qui s'en soucie ? Qui le sait ? Mobilisation générale ? Quelle blague ! L'an dernier Munich a fait plus de bruit. On m'aurait dit : « C'est la guerre », je l'aurais cru. Mais qui le disait ? La tournée Baret, Edwige Feuillère, *la Dame aux Camélias*. Voilà un événe-ment ! Mais la guerre ? Pfft ! Pas l'ombre de l'idée. Tout en surface. Après Hiroshima, c'est là qu'elle est morte, la paix. La déclaration de guerre ? Oh ! Virtuelle. Oui, virtuelle. Un geste. Rien de sérieux. Les actualités cinématographiques répétaient : « Mais c'est tout de même la guerre. » C'est ce qu'ils avaient trouvé pour enflammer l'ardeur guerrière. Ah ! Daladier n'est pas Hitler. Jamais paix ne s'était mieux portée. Les froides Dijonnaises froufroutaient. Chacun avait sa chance. Il y avait de vagues bruits que la guerre s'envolait vers le nord : Danemark, Norvège. Jamais, jamais elle ne viendrait en douce France. Musons… Musons.

9
Dijon
(1939-1940)

Première année de médecine à Dijon. C'est aussi la guerre paraît-il… Surtout la liberté totale. Bourgogne. Pension Chevalier. Madame Chevalier nous dit : « Ces Allemands sont des monstres ; si un Allemand agonisant me demandait un verre d'eau, je lui dirais : *Arrière Monsieur, il y a un cadavre entre nous !* Puis son regard éloquent se fixe sur la photo du troufion croix de guerre 1918 qui sourit martial dans son cadre posé bien en évidence sur la cheminée.

Je me ruine en séances de cinéma avec ma Zabeth, élève sage-femme. Mon ami Gauthier, très averti, me montre des photos de sa petite coiffeuse parisienne.

« Juliette a été ma maîtresse. Et oui, mon vieux !

– Pas possible ! »

Je le regarde avec envie ; pour moi c'est Napoléon.

« Je n'ai même pas osé embrasser Zabeth, je dis faiblement.

– Pauvre vieux ! C'est n'est pourtant pas compliqué. Écoute, voilà comment tu vas faire : tu prends une loge au cinéma ; sur son fauteuil, tu mets ton bras, puis tout à coup… »

Mon cœur bat comme après un 110 mètres haies. Je transpire. Sur le dossier de son fauteuil, mon bras s'ankylose. Une heure déjà… Enfin, je m'effondre sur son cou. Formidable, ça marche : elle tourne la tête et me présente sa bouche. Rapide coup de bec timide. Puis cette bouche semble dire comme une leçon : « J'aurais préféré que nous restions camarades. » Mais qu'importe, je m'enflamme : je l'embrasse sur toute la figure et les lèvres. Elle ouvre la bouche, la mâtine ! Je lui lèche la figure. On continue dans la rue. Tous les trois mètres.

Gauthier me félicite. Il me donne une nouvelle instruction :

« Maintenant, deuxième acte : tu l'invites dans ta chambre…

– Si vite ?

– Oui, pendant que c'est chaud… »

Des après-midi entiers je me vautre sur Zabeth.

« Tu me chatouilles », me dit-elle en gloussant.

Mais sa culotte mordorée – bien serrée – ne tombe jamais. Ah ! Que mon pucelage me pèse…

10
Blitz

C'est le printemps. Le 10 mai : premier jour du Blitz[14].Ce soir-là, j'escalade la fenêtre d'Henriette, la bonne de Madame Chevalier, et, dans l'ombre parfumée de *Soir de Paris*, je me glisse dans son lit. Ô brûlure. Ô sanglots de bonheur… Henriette rit : « C'est la première fois, hein ? », me dit-elle émue et flattée par ma candeur. L'idylle ne dura que huit jours, car le 18 mai je rencontrais l'amour de ma vie : Marie-Jo… Je puis le certifier aujourd'hui : pour moi et pour bien d'autres, la drôle de guerre continua après le 10 mai 1940. On avait tellement pris l'habitude. On n'avait pas vu que tout à coup ce n'était plus drôle du tout. La France ouvrit les yeux et se trouva par terre. L'armée française, qualifiée quelques mois auparavant de *première armée du monde*, fut laminée en six semaines par la guerre éclair des divisions blindées allemandes. Le 14 et le 15 juin : c'était la débâcle. Une horde de soldats, hagards sans fusils ni chansons, passait devant l'hôpital. Alors que la veille, ni vus ni connus, les gradés s'étaient taillés en bagnoles. Quant à ces soldats, semblables à des clochards, ils traînaient la savate, tout boueux, pas rasés, pas jolis du tout. La même nuit, ce fut un concert de motos filant dans les rues en tous sens, sans un

---

14 Le « Blitz », est le terme allemand qui signifie « éclair ». Le soir du 10 mai 1940, le roi George VI invite Winston Churchill à former le gouvernement britannique. Quelques heures plus tôt, Hitler a rompu le front de l'Ouest et lancé ses armées sur les Pays-Bas, la Belgique et la France... Le Blitz, désigne la campagne de bombardement stratégique menée par la Luftwaffe, l'aviation allemande, contre le Royaume-Uni du 7 septembre 1940 au 21 mai 1941. C'est l'opération la plus connue de la bataille d'Angleterre.

seul coup de fusil. Et, je l'appris plus tard : c'était l'avant-garde de reconnaissance allemande. Et le 17 juin à 12h30, la France, réveillée par la voix chevrotante du Maréchal Pétain, demandant qu'on arrête.[15] Ah ! C'était déjà fini ! On pouvait se recoucher. Le cœur n'y était plus. La majorité des Français accueillaient cette déclaration avec soulagement... Le lendemain de ce jour funeste, qu'est-ce que l'on voit défiler à nouveau dans les grandes avenues, en tenue de parade avec tambours et fifres ? Les Allemands. C'est ainsi qu'ils prirent la ville de Dijon. Des fleurs par les fenêtres ? Non, pas encore tout de même ! Interdits, ils étaient les Dijon-nais. C'est ça les barbares ? Ils étaient bien rasés. Ils étaient bien propres sur eux en tout cas. L'Italie n'était dans le coup que depuis huit jours. Pas fou Mussolini ! Prudentissimo, Il Duce. Mainte-nant ils s'amusaient à canarder les réfugiés sur les routes, en rase-mottes. À l'hôpital, les enfants nous arrivaient par camions. Ils ne criaient même plus. Ils étaient vides ; des écumoires. On coupait tout de même quelques jambes quand ça bougeait encore un peu. Sans anesthésie : ils étaient trop faibles. Deux fois par nuit, les camions arrivaient. On s'y mettait tous ; même les *première année*. Une petite fille de dix-huit mois anone faiblement : « Soif...Soif... Soif. » On lui coupe les deux jambes au haut des cuisses. On n'en peut plus, on glisse sur les flaques de sang. Les cadavres sont ali-gnés par terre dans le couloir. La vermine les fuit quand ils sont froids ; ça laisse des auréoles sur le sol. Un chien était arrivé dans un camion en compagnie de sa petite maîtresse que j'avais tenté de sauver de ses blessures. Depuis sa mort, il ne m'avait plus quitté. Des services rendus pendant les prouesses de l'aviation italienne, j'avais hérité d'une chambre à l'hôpital. Dans ma turne, j'enlevais ses crottes avec une raclette. Mais depuis sa diarrhée, il chiait jour et nuit le long des murs. Je laissais sécher. Sec, ça puait moins. Il avait l'air coupable chaque fois qu'il me voyait nettoyer. Ce n'était pourtant pas sa faute. Au sol, c'était du carrelage, ça partait

---

15 Sur la suggestion de Paul Baudouin, ministre des Affaires étrangères, la formule fut rectifiée de la manière suivante : « C'est le cœur serré que je vous dis aujourd'hui qu'il faut tenter de cesser le combat ».

bien. De toute façon personne ne venait me voir dans ma chambre située dans les combles de l'hôpital. Les Italiens continuèrent ce massacre jusqu'au 24 juin. Le dernier camion était arrivé cette nuit-là, jour même de l'armistice avec l'Italie. Cette fois, on avait fignolé les amputations. Mais le 26, il n'y avait plus rien à faire. Durant ces événements, j'avais quand même pris le temps de me balader dans la ville. Je voulais voir ça de près. Ah, mes amis ! Mais ils étaient chez eux. Chacun avec sa chacune ; des Dijonnaises qu'on ne voyait jamais : des jeunes, des vieilles, des belles, des laides. Chacune son Fritz sous le bras. Ils envahissaient les pâtisseries. Pas moyen d'être servi : « D'abord, Messieurs les Allemands ». Authentique. Un lieutenant très correct se tourne vers moi : *Ach, nein bitte.* (Non, je vous en prie.) Servez d'abord ce jeune monsieur. » Puis, s'adressant à la jeune femme qui m'accompagne : « Puis-je vous offrir quelque chose, jolie demoiselle ? » Je suis avec Marie-Jo, et mon sang ne fait qu'un tour. Je le foudroie du regard. Marie-Jo m'écrase les orteils. Elle fait un choix surprenant en désignant au lieutenant une table. Je suis consterné. Quoi ! Elle aussi alors ?... Pendant qu'il commande les boissons, très vite, elle me glisse : « Mais grosse bête, ne fait pas cette tête, il faut qu'il soit à la caserne à 6 heures. Il est cinq heures et demie, alors... » Le lieutenant Kurt revient et sort son meilleur français. Il en oublie sa religieuse. Il nous explique, en termes fleuris, son bonheur de nous avoir rencontrés, si sympathiques, si français et tout et tout... Voilà qu'il parle en vers en nous citant du Ronsard. Mais l'heure, c'est l'heure. Un officier doit montrer l'exemple. Peut-être nous verrons-nous demain, nous dit-il. Marie-Jo, la première, décline l'invitation : elle doit partir ce soir. « Vraiment ? *Ach, wie schade !* » (Quel dommage !) En guise de salut, il claque des talons et sort. Nous mettons une heure à finir les gâteaux. Madame Chevalier n'a plus une table. Rien que des Allemands. Nous ne venons pas pour dîner. On ne pourrait pas d'ailleurs. Juste dire bonjour. « Alors, comment sont-ils vos barbares ? » La réponse de Madame Chevalier ne se fait pas attendre : « Quoi, vous osez ?... Ils sont très bien, très corrects ces Allemands. » On s'en va. Moi, je fulmine. J'espérais quoi ? Ah l'opportuniste ! La pute !

II
Mon père, ce tyran

De ma vocation contrariée de philosophe, j'avais pris l'habitude de fréquenter la fac de lettres. Bachelard[16] débutait son cours de philo comme en s'excusant. Vers la demie, soudain il s'enflammait, secouant sa crinière de lion et ses doux yeux lançaient des éclairs. L'esthétique de Schopenhauer devenait un opéra wagnérien. Il était un orchestre à lui tout seul. L'heure ne l'arrêtait pas, il continuait son récital devant les bancs qui se vidaient. Ça aussi, c'était fini. Tous en vacances. Je me laissais vivre un peu dans ma chambre. Les crottes de mon chien finissaient par cocoter dur… J'y songeais de temps en temps à ce problème. Mais je me laissais vivre, jusqu'au jour où mon père était arrivé sans crier gare alors que je paressais sur mon lit. Son air charmeur me faisait encore plus peur que ses colères. Arthur, le chien, ne s'y trompa pas : il fila la queue entre les pattes pour ne plus revenir. « Lève-toi et allons déjeuner », dit-il. Au retour, plus de traces de crottes. La chambre nettoyée à fond. Il avait dû faire sa petite enquête, avant de monter et payer grassement une femme de ménage. Il s'assit sur mon lit.

« Tu emballes tes affaires. Tout de suite. Toutes tes affaires. Tu reviens avec moi. Nous prenons le train de 6 heures.

– Mais…

– Pas de *mais*. Je t'expliquerai plus tard. »

---

16 Gaston Bachelard, philosophe et épistémologue français, naît le 27 juin 1884. Après des études d'ingénierie, il se lance dans une licence de philosophie en 1920, puis un doctorat en 1927, et devient professeur. Il est connu pour être l'inventeur de la psychanalyse de la connaissance objective, et pour avoir étudié les rapports qui existent entre les sciences et la littérature. Il meurt à Paris, le 16 octobre 1962.

Je dévale l'escalier et file comme un zèbre. Dans la cour, je regarde vers le toit. Il est à la fenêtre. L'air bien tranquille. Je connais Dijon comme ma poche. Il ne m'attrapera pas. Depuis une semaine je prépare en secret mon passage en zone libre. Ma petite valise est déjà chez le passeur. J'avais tout prévu, sauf l'air ennuyé de ce dernier quand il m'ouvre. Je comprends vite pourquoi : mon père trône au milieu de la salle à manger en tirant sur son gros cigare. « Prends ta valise, le taxi est devant la porte. » Je ne lutte plus. Je n'essaie même pas de comprendre. Il m'avait fallu des jours pour trouver ce passeur. Est-ce cela qu'on appelle avoir le bras long ? Cet homme est le diable. J'aurais bien dit au revoir à mon chien, mais Arthur a disparu. C'est drôle, dès que mon père arrive quelque part, les choses s'organisent. Du coup, je cesse d'exister. C'est ce qu'il veut : je suis une chose, un fil dans sa trame.

Nous sommes seuls dans un compartiment de 1ère classe, assis face à face. J'évite son regard. Le mien est tourné vers l'extérieur, sur le quai. Le train démarre. Mon père se détend tout à fait. Il avait donc cru que je sauterais sur le quai, laissant là ma valise ? Je n'aurais pas pu. J'étais rompu. L'opération charme commence. Il me tend un cigare bagué. Le voilà qui parle allemand tout à coup.

« Nous sommes allemands désormais, allemands à part entière.

– Mais… aucun traité…

– Hitler s'en fout. Il fait la loi. La rue principale de Mulhouse s'appelle désormais : *Adolf Hitler Strasse.* »

Je ne parviens pas à réprimer mon rire.

« L'ancienne rue du Sauvage ! C'est bien trouvé… »

Il se fâche.

« Attention, je n'aime pas les fortes têtes ! Tu te conformes et tu seras choyé. Plus que si tu étais né Allemand : *Sich fügen* (se conformer) Tu t'opposes et tu seras écrasé. À toi de choisir. »

Je détache la bague du cigare et la lui fixe au-dessus de sa Légion d'honneur.

« En attendant, l'insigne du parti ! » je lui fais.

Silence. Ça ne lui plaît pas du tout.

« La Wehrmacht, hein, c'est ça qui te fait peur ? Eh bien sois tranquille, les Alsaciens ne sont pas incorporés… Je t'ai inscrit en faculté de médecine à Heidelberg.

— Mais je n'ai rien signé !

— Tu oublies que tu es mineur… »

Comme un guide touristique, il me vante les charmes de la plus ancienne université d'Europe.

« Quelle bénédiction cette guerre. Avec les études accélérées, tu seras médecin deux fois plus vite. Mais, comme d'habitude, tu n'apprécies pas les bienfaits. »

Il se plonge dans la lecture du *Frankfurter Allgemeine Zeitung*.[17] Je me lève.

« Où vas-tu ?

— Aux toilettes.

— On arrive bientôt à Dôle. Tu pisseras plus tard ! »

Au rythme du train, mon poing fermé tape ma paume gauche, et je me dis intérieurement : *Je m'en irai. Je m'en irai. Je m'en irai.* Comme en écho, mon père ânonne en tournant la page :

Sich fügen. Sich fügen. Sich fügen…

— C'est bon, j'ai compris, dis-je fermement. Je réfléchirai à la question.

— Tu devrais t'estimer heureux d'avoir quelqu'un qui réfléchisse pour toi ! »

Puis il s'endort. Je l'avais sur l'estomac son : *Sich fügen.*

---

17 Quotidien de tendance conservatrice paraissant à Francfort.

12
Courage, fuyons…

En septembre, mon père avait devancé l'appel pour moi : deux mois de R.A.D.[18] « Tu comprends, avait-il dit, ainsi tu seras bien vu des autorités. Tu ne traîneras pas pendant deux mois. Tu auras discipline et grand air. Tu n'auras pas à interrompre tes études. Triple avantage… quadruple même, il n'y a pas à hésiter. »

Ce train ne m'était pas désagréable, après tout. Il m'éloignait de mon père.

J'y croyais encore un peu à nos ancêtres les Gaulois. Mais cette langue allemande pénétrait en moi par tous les pores. Facilement. Trop facilement. Je pensais en allemand. Je rêvais en allemand. Mon père m'avait ôté la France. Lui était né, avait vécu sa jeunesse et sa maturité en Allemagne. Facile, dans ces conditions de retourner sa veste. Et l'examen de ma première année de médecine approchait. Il faudrait lui rendre des comptes… J'avais laissé ma dernière conquête, Marie-Jo. Elle était maintenant à Montpellier. Eh bien soit, j'irai à Montpellier. Mettre une frontière entre mon père et moi ne faisait pas un mobile. J'aurais aimé que la décision de fuir soit aussi simple que celle de manger quand on a faim. Dans le train où mon père me ramenait de Dijon, c'était clair, évidemment. Seulement, après avoir attendu six mois, ce n'était plus impératif du tout. De moins en moins. J'aurais presque pu jouer ma décision à pile ou face.

J'ai l'impression que l'employé de la consigne de Mulhouse où je dépose mon *Rucksack*, me jette un regard suspicieux. « Qu'est-ce

---

18 Service de travail obligatoire.

qu'il fait là, semble-t-il se demander, il devrait être dans une salle de cours à Heidelberg ! » Des passants me dévisagent. Tant qu'ils ne me reconnaissent pas, je n'ai rien à craindre. Prudent, je rase les murs. La ville est pleine de gens qui connaissent mon père.

Je suis à quelques mètres de la boutique du cordonnier Geisser. Il est beaucoup plus de midi. Ça fait une demi-heure, au moins, que je fais les cent pas sur le trottoir d'en face, en attendant qu'il ferme boutique. Il aurait pu me faire un petit signe à travers sa vitre. Le voilà qui enlève la poignée de la porte. Toujours pas de signe. Je traverse vite la rue, et je frappe. Il m'ouvre. Ses sourcils touffus se lèvent. « Je suis fermé. Mais entrez un instant puisque vous êtes là. » (C'est trop fort, nous avons rendez-vous tout de même !) Je reste sans voix et demeure sur le pas-de-porte. Je vois sa maigre silhouette se faufiler à travers les chaussures empilées. Il se retourne et me fait signe de fermer la porte et de le rejoindre dans l'arrière-boutique. Il n'y a pas de fenêtre. Une forte odeur de colle rend l'air difficilement respirable.

« Alors, qu'est-ce que vous voulez ?

– Ce que je veux ? Elle est bien bonne ! Vous le savez, depuis le temps : je veux coucher en Suisse ce soir et arriver en zone libre demain !

– Mais pourquoi voulez-vous partir ?

– Ah, vous n'allez pas recommencer ! C'est la troisième fois que je viens. La première fois, vous étiez d'accord pour m'aider. La deuxième fois, vous m'avez fait la morale, mais vous avez fini par me dire que je pourrais partir aujourd'hui, si je voulais. Vous m'écoutez ? Eh bien nous sommes aujourd'hui et je veux partir.

– Est-ce bien sûr ? Vous savez, plus j'y pense, plus ma responsabilité me pèse.

– Vous n'êtes responsable de rien. Tout ce que je vous demande, c'est un renseignement : l'endroit où je peux rencontrer ceux qui passent ce soir.

– Je sais bien… Mais je me demande toujours ce qui vous pousse…

– Ce qui me pousse, pardi, c'est que je suis français et non allemand.

– Montrez-moi ce que vous avez dans votre poche droite. »

Je fais le geste de fouiller dans la poche de mon pantalon.

« Non pas celle-là. La veste ! »

Je tire à regret mon *Faust* et le lui tends. D'un air pensif, il le tapote.

« Vous voyez ?

– Eh bien quoi ?

– C'est votre bréviaire. Je vous ai vu l'ouvrir une dizaine de fois tout à l'heure, en face. Vous le fermiez en laissant le doigt pour y revenir, vous l'appreniez par cœur ?

– Et alors ?

– Alors quand vous serez en France, avec qui parlerez-vous de *Faust* ? Vous crèverez de nostalgie avant la fin du mois… Hein, ça vous embête ce que je vous dis là ? Vous êtes troublé, parce que vous avez été séduit après avoir été pris de force… Vous me faites penser à une pucelle effarouchée qui saute par la fenêtre, la nuit de ses noces, bien qu'elle meure de désir… Il est encore temps de renoncer. Réfléchissez. Vous jouez votre vie. Je ne vous sens pas mûr pour cette aventure…

– Ce n'est pas du tout une aventure. J'ai longuement médité ce départ. Si vous ne voulez pas m'aider, je passerai sans vous !

– J'ai bien envie de vous prendre au mot. Vous voyez ce que vous faites : vous me défiez ! Défendez à un enfant de se marier. Il court à la mairie. Il court à la catastrophe. Et vive la liberté.

– Ma liberté à moi, c'est de vouloir rester ce que je suis. Et pour cela, il faut que je parte ! » Geisser se tait. Il sourit, tire du placard une bouteille de riesling et deux verres, les remplit et dit :

« À votre départ. Je vois que vous n'avez pas de bagages. C'est bien.

– J'ai laissé mon *Rucksack* à la consigne. »

Il sursaute.

« Un sac à dos en cette saison, vous voulez absolument vous faire repérer ! Attendez… j'ai ce qu'il vous faut. »

Il revient avec une vilaine petite valise noire, en carton.

« Voilà un papier où je vous explique en détail les phases de l'opération. Lisez-le ici, dites-moi si c'est clair et détruisez-le. »

C'était clair. Il m'accompagne à la porte et remet la poignée.

« Il est temps que j'ouvre », me dit-il en me poussant gentiment dehors.

13
Drôle d'endroit
pour une rencontre

J'ai deux bonnes heures à attendre avant le départ. Enfermé dans les W.-C. de la gare, je suis face à un choix déchirant : la valise est archipleine et mon sac à dos n'est qu'à moitié vide. Le tri douloureux, je l'ai déjà fait à Heidelberg. Dois-je maintenant jeter ici les lettres de ma mère ? Ah, ça non ! J'hésite et tâte mon vieux *Rucksack*, si commode avec ses poches. Et si le cordonnier Geisser avait raison ? Je feins de réfléchir, mais ma décision est prise. C'est l'heure du départ. J'ai pris un aller-retour. Astucieux alibi. Geisser n'a pas mentionné ça dans son billet. Donc j'en déduis que c'est un âne. Sur le quai, je passe le contrôle. Les battements de mon cœur s'accélèrent. Je ne vois que musettes, serviettes où petites valises. Qu'ont-ils à me dévisager ? J'ai le droit de me promener, non ? Évidemment, un *Rucksack* sur un habit de ville… Ouf ! Deux minutes plus tard je suis dans le wagon. Je me sens mieux. Je cale mon sac à dos dans le filet et m'assois. Je pense à mes amis. J'imagine qu'à cet instant ils sortent du dernier cours. Personne n'est au courant de mon départ. Même pas Bruni.

Le train s'ébranle. La nuit tombe lentement sur l'Allemagne. Le contrôleur qui prend mon billet ne me regarde pas de façon bizarre. Il doit trouver tout naturel que je fasse une excursion. Tant mieux. Je finis par m'endormir. Lorsque je me réveille, il y a en face de moi un ouvrier qui dort la bouche ouverte, un mégot collé aux coins des lèvres. L'annonce sonore le réveille : « *Dürlingsdorf.* Terminus, tout le monde descend ! » Cette gare n'est pas sympathique. Ils éteignent tout déjà.

Allée des Tilleuls. C'est là. Aucun bruit. Il fait nuit noire et c'est désert. Une petite pluie fine tombe, glaciale. J'ai la désagréable impression que mes pas résonnent comme un tambour. Il me semble aussi que je suis épié derrière les volets clos. Je prends une ruelle sur ma droite. Six maisons. Encore une. Voici le café *Goldenen Hahn*. Deux vitres sont faiblement éclairées. Avant d'entrer, j'allume ma bouffarde pour me donner du courage. Il y a une marche. Je ne l'ai pas vu et j'ai failli m'étaler. Trois pas rapides pour me rattraper et je suis au milieu de la salle. Personne n'a ri. Pourtant c'était animé tout à l'heure. Je les entendais rire et parler fort à travers la porte. Et maintenant, plus un bruit. La salle est vide, à part ce groupe au fond. Ces huit paires d'yeux me fixent. Sur le zinc, à droite, deux nichons sont posés. Mon regard remonte et je découvre deux yeux albinos globuleux qui me visent. J'entends ma voix qui dit bonsoir. Pas de réponse. Le miroir du fond me renvoie l'image de mon air effaré. Je me colle au fond, ni trop loin, ni trop près du groupe. Et si c'était eux ?… Je tente ma chance avec la phrase que j'ai apprise par cœur. Elle devrait en principe détendre l'atmosphère.

« On m'a dit, qu'on trouve du bon vin blanc, ici. »

Ils ne me regardent plus. Ils chuchotent entre eux. Je me souviens de ce que m'a dit Geisser : « Un groupe doit partir ce soir. Vous verrez, ce sont des amis… » Comme personne ne me répond, je refais la phrase, précédée d'un « Bonsoir Messieurs » appuyé. Rien. Je n'ai pas vu s'approcher le mastodonte aux yeux albinos. Il me demande d'une voix éraillée ce que je veux boire. J'hésite, bière ou vin. Puis une idée me vient : « Neuf bières, s'il vous plaît. » Cette fois, ils me répondent. Tout le monde trinque en chœur en lançant un *Prost* vigoureux, puis j'entends : « Nous, c'est la bière qu'on préfère ! » C'est la réponse, enfin ! Moi qui n'attendais plus rien. Ce n'est pas par hasard tout de même ? Puis les voilà qui reparlent ensemble sans faire attention à moi. Je devrais me joindre à eux. Tout de suite. Maintenant. Ils vont se lever, m'entourer, me congratuler, m'appeler leur ami… Je n'imagine pas une seule seconde reprendre le train en sens inverse.

On n'entend plus le tic-tac de la grande horloge. Ils parlent plus fort. Je maudis mon habit sur mesure, mon air bourgeois, universitaire… Je lève mon verre avec espoir. Personne ne me regarde. Le *Prost* me reste dans la gorge. Plus la soirée avance, plus ils sont joyeux. Un petit gros à lunettes commence à chanter *la Madelon*. Tous en chœur, ils se prennent par les bras et font la chaloupe. Au zinc, deux imperméables nous tournent le dos. Attention… ça pue le flic. Mais les joyeux drilles s'en foutent. Le même petit gros entonne maintenant le chant du départ. Ils doivent les connaître les imperméables, sans cela ils se méfieraient… (Ne pas se faire remarquer, avait dit Geisser ; au café, pas de bruit, pas d'allusion, pas de chant surtout.)

Comment les alerter. Ils se tapent sur l'épaule. Ils rient. On voit bien qu'ils fêtent quelque chose. Ils vont se retourner, les arrêter, les embarquer et moi avec. Ça ne fait pas un pli. Mais je dois voir des espions partout, parce que justement à cet instant, ils partent. Ouf ! « Tu viens pisser, dit le petit gros à son voisin. » Ils sortent à trois, en titubant un peu et continuent de brailler dans la rue. On les entend d'ici. Puis c'est au tour des autres : toute la table y passe, par deux ou trois. Je me sens seul. La chaleur et l'odeur de la taverne seraient bien agréables, avec des copains. Quelques minutes plus tard, ils reviennent et rentrent à la queue leu leu dans le café en chahutant. La crinière rousse m'apporte une bière. À côté, ils se sont calmés. Maintenant ils s'attendrissent en chantant une mélopée que le blondin accompagne à l'harmonica. Je chanterais bien aussi, mais je n'ai pas le cœur à ça.

14
Entre chien et loup

Bruits de chaises. Tout le monde se lève. Je fais de même. Ma montre marque presque onze heures et demie. Le petit gros baille. J'enfile mon sac à dos pendant qu'ils serrent la main de la patronne. De quoi j'ai l'air moi, debout ? C'est maintenant qu'ils vont me dire quelque chose, comme : *Alors, vous venez !*, ou bien *Allons-y !* Mais non, je reste l'homme invisible. Je n'ai qu'une idée : ne pas les perdre. Je leur colle aux talons. Dehors, un froid piquant tombe du ciel noir. Ils filent sans bruit dans l'ombre. Ils courent presque. Sûr qu'ils connaissent le chemin. Ont-ils comploté de me semer ? On grimpe un remblai. Je bute dans un rail et m'étale en travers. Le temps de me relever, ils ont disparu. Je pense allumer ma lampe torche pour qu'ils me repèrent, mais j'y renonce. Non, ce n'est pas le moment. Je risque de tout faire rater. Dans la nuit absolue, je me mets à courir au hasard dans la direction que je crois être la plus probable. D'un instant à l'autre, je m'attends à rencontrer un mur, alors je cours. Je cours les mains en avant. Ce n'est pas possible qu'ils soient si loin. Je veux les appeler mais j'y renonce : je me dis qu'ils ne me répondront pas. Je reviens sur mes pas en zigzag. Je fais comme ça un kilomètre en zigzagant. Soudain ma tête bute contre quelque chose de mou. J'entends un juron. Je reconnais la voix du petit gros. Ça sent le tabac hollandais. Je les repère aux bouts incandescents de leurs cigarettes : ils sont tous assis dans l'herbe. Ils ne disent rien mais leurs savates raclent le sol d'impatience. Ils font comme si je n'étais pas là. Je m'assois discrètement près d'eux.

« Y'a qu'à y aller, dit l'un d'eux en chuchotant.

– Mais non, on attend.

– Il y a longtemps qu'il devrait être ici.

– Il n'est que minuit dix.

– Écoutez, dit un autre, la frontière est à cent mètres. Vous savez bien que c'est le moment ; si on le rate, il faudra attendre deux heures. Moi j'y vais, dit-il en amorçant un mouvement pour se lever.

– Ta gueule et reste là, chuchote le petit gros.

Il fait autorité, car celui-ci se rassoit sans broncher. À partir de cet instant, tout le monde se tait pendant cinq bonnes minutes. Je reconnais la voix du blondin qui recommence à plaider :

« Je le connais le passage. Je l'ai fait vingt fois.

– L'année dernière, oui. Mais avec les Fritz, ce n'est pas pareil, tu sais bien… De toute façon, c'est fichu, c'est trop tard. Faut attendre deux heures.

– Merde, chuchote le petit gros, les chiens ! »

Il a l'oreille fine. Je les entends aussi. Mais de très loin.

« Allongez-vous. Ne bougez pas. Éteins ta bouffarde, Auguste. On a passé un gué tout à l'heure, les chiens vont perdre la trace s'ils viennent par là. »

Les aboiements s'éloignent. On respire. Fausse alerte. Mais un quart d'heure plus tard une fusée éclairante, puis deux, puis trois déchirent l'air derrière nous. On y voit comme en plein jour. Mitraillette au poing, ils convergent vers nous de quatre côtés. L'herbe n'est pas bien haute et ils nous repèrent. Halte ! Puis menottes. Camion. Autre promenade ! Je crois reconnaître l'une des gabardines du café. Le *petit gros* me lance un sale œil. C'est trop fort. Est-ce moi qui ai chanté tout à l'heure ?

Une bourrade dans le dos me propulse au fond d'une cellule. La porte claque. La clé tourne une fois, deux fois, puis des pas résonnent. Tout est en fer dans cette prison. Ils cherchaient des armes, un couteau, ils m'ont juste pris mes lacets. Pas de questions. Pas de gifles. Un lit rabattu à gauche. Sur l'autre pan de mur, une petite table. La tinette est au fond. La fenêtre, inaccessible avec son plan incliné, ne laisse passer aucune lueur. J'avais vu ça de l'extérieur jadis. Elle est tout près de la rue d'Illzach la prison. La lumière s'éteint. Je marche à tâtons. Je bute, j'entraîne un tabouret dans ma chute. Je ne l'avais pas vu tout à l'heure celui-là. Je me pince les doigts en dépliant le lit. Lorsque je le pose sur le sol, l'armature en fer du sommier m'écrase l'orteil. C'est plein d'embûches ici. Il est plus de deux heures. Je suis en prison. Bon, me dis-je. Dormons maintenant. J'ouvre l'œil. Je n'ai pas l'impression d'avoir dormi. En vérité, je ne sais pas. J'entends comme un petit frottement à la porte. Un rond clair au milieu. Puis aussitôt, le rond s'assombrit. C'est un œil qui me regarde par le judas. Je ne bouge pas. Ils veulent voir si je dors. Ils ne vont pas m'embêter comme ça toutes les heures !

15
Cochon de chien !

Je suis réveillé par un tintamarre de casseroles. La lumière inonde la cellule. J'ai l'impression d'avoir dormi cinq minutes. Il fait nuit dehors. Je me pose des questions, je ne bouge pas. Fracas de serrures, la porte rebondit contre le mur. L'orchestre des casseroles joue fortissimo. Du seuil, un géant grisonnant me parle doucement. Soudain il rugit : *Der Kerl liegt ja noch !* (Ce type est encore couché !) Il se rue sur moi, me bourre les côtes de ses godillots ferrés. *Auf, los Mensch !* (Debout, animal !) Je ne suis pas réveillé du tout. Tout juste debout. Il me balance de grands coups dans les tibias. Impossible de les éviter : je sautille d'un pied sur l'autre mais les coups pleuvent. *Hinlegen !* (Allonge-toi !) (Faudrait savoir : je dois me recoucher ?) Il me fonce dessus, croc-en-jambe. Patatras, je m'étale de tout mon long. Il y a une forte odeur d'urine. Puis ça continue : debout, couché, debout, couché. Comme ça une douzaine de fois. Mais ce n'est pas fini : il reluque ma gamelle, la ramasse et me la jette à la tête. *Schweinehund !* (Cochon de chien !) Je la rattrape au vol. Il verse une louchée noirâtre dedans et hop, la porte se referme. J'essaie de laper. Ça n'a pas de goût mais ça brûle. J'entends le géant gueuler à nouveau : *Was soll das ?* (Qu'est-ce que vous foutez ?) Prudent, je pose la gamelle. La porte n'est que poussée. Son godillot envoie valser la gamelle dans une grande gerbe brune. *Raus. Raus. Raus !.* Il me pousse à coups de pied à l'extérieur de la cellule. Une façon à lui de m'enseigner le règlement. Une deux, une deux. Les détenus font du surplace devant leurs portes. Quand on se trompe de jambe, le quart de tour à droite donne un effet inattendu : c'est aussitôt un coup de matraque sur les tibias. Mes tibias apprennent leur leçon. Bien fait pour eux. L'escalier de fer tremble et résonne. Les gardiens montent et descendent le long du serpent, pressant ou freinant le mouvement.

Rez-de-chaussée. Arrêt. Sur place. Six prisonniers. Six portes. Jour gris au fond d'un puits. Ce ne sont pas des ours fauves qui tournent dans ces cages, mais des faces lunaires sculptées dans le saindoux. Ça leur donne un air de famille. Combien de temps pourrais-je y échapper à cette ressemblance ? Comment avoir de l'empathie pour ces faces lunaires ? Il y en a des blonds, des chauves, des petits et des grands, mais toujours avec les traits bouffis comme une pâte non cuite. Je voudrais accrocher mon regard sur un regard. Je tente un sourire à un petit brun. Il ne détourne pas la tête et son œil reste désespérément vide. Coup de sifflet. Rang par deux, on fait du surplace : une deux, une deux, une deux. Quart de tour à gauche. Quart de tour à droite. Marche ! Halte ! Retour en cellule. Est-ce moi, dans cette cellule ? Je voudrais tant parler à quelqu'un…

D'innommables souillures sont recouvertes d'une peinture fraîche. J'astique ma gamelle longuement. Elle brille. Il n'est pas encore huit heures du matin. J'entends les rumeurs de la ville. La vie grouille là-bas et bruit. J'aimerais y être là-bas. Rien qu'un moment. Dressé sur la pointe des pieds sur le dos de ma gamelle qui fait office d'escabeau, j'aperçois un coin de ciel bleu par-dessus le plan incliné. À la limite de mon champ de vision, je devine un bout de balcon à deux cents mètres à peine. Je descends et me repose un peu. Je remonte sur ma gamelle en m'étirant du mieux que je peux : le soleil frappe le balcon. Je bois cette lumière jusqu'à la crampe. Quand je repose le pied à terre, la cellule est encore plus sombre et plus sinistre, alors je remonte vite. (À ce rythme-là, j'aurai bientôt des mollets de coureur !) Une jeune femme est accoudée au balcon. Elle regarde par ici. Elle sourit. Je me nourris de cette image tant que je peux. C'est ma bouée, mon oxygène, mon tout. Mais mes mollets crient grâce. Je redescends de mon poste d'observation à contrecœur. J'ai beau chercher dans ma cellule un objet, quelque chose pour rehausser cet escabeau improvisé, mais rien. Je ne trouve rien. Lorsque je jette à nouveau un œil à l'extérieur, la jeune femme n'est plus là. Ce sont maintenant des draps qui pendent sur la rambarde. La voilà qui revient. Elle vient chercher le drap. Non. Elle s'accoude. Elle regarde l'horizon d'un air rêveur en fumant nonchalamment une cigarette. « Ne te presse pas, reste au soleil, reste », me dis-je plein d'espoir. Sortir d'ici ; la prendre par les épaules. La tourner vers moi, la serrer fort. Lui montrer là-bas la fenêtre où est né notre amour… Je ne suis plus seul. J'ai bien du bonheur tout à coup. Mais elle plie le drap et rentre chez elle. Je descends de mon perchoir et ferme les yeux pour que son image ne s'efface pas. Elle est là ; mon esprit déplie sa silhouette comme un linge parfumé. Maintenant je vois son visage. Ses gestes s'impriment en moi.

16
Benvenuto Cellini

La clé tourne. Le géant fait entrer un chauve qui pousse une sorte de petit chariot. « Vous avez droit à deux livres pour votre dimanche. » Je m'étonne : presque tous les ouvrages sont en français. Il m'explique : « La bibliothèque est bien plus vieille que la guerre. » J'ai en main la traduction que fit Goethe des *Mémoires de Benvenuto Cellini*. Deux tomes. Cinq minutes après je m'évade en pleine Renaissance italienne. Ah ! Cellini. Cellini, tu as éclairé ma prison pendant une semaine. Trente-neuf ans plus tard, tu brilles encore en moi. Ta statue de Persée, brandissant la tête de Méduse, a traversé quatre siècles dans un fulgurant instantané. Elle défiait la pesanteur, cette tête brandie à bout de bras. Cela basculerait… Jamais le bronze en fusion ne monterait jusque-là… Mais, Cellini est l'homme de l'impossible. Contrarié, il tue petits ou grands. Longtemps en fuite, depuis qu'il a abattu le Duc de Bourbon, parce qu'il avait osé piller Rome, son courage et son génie finirent par le rendre intouchable. L'ampoule s'éteint. Ce soir, Cellini remplacera la *jeune fille au balcon*. Cette prison me met à l'abri de la fureur paternelle, mais je voudrais bien savoir ce qui m'attend. On m'interrogera, c'est sûr. Il faudra plaider. Mais quoi ? J'avais fui. C'était clair. Ah non pas ça, ils me traiteront de *Flüchtling* (fuyard) et je dirai : *amen* ? Je ne vais pas m'avouer coupable parce que j'ai été arrêté et malmené. Ah, je vois dans leur jeu. Je ne serai pas le premier. Coupable par persuasion. Non, cent fois non… Qu'est-ce qu'il aurait fait à ma place Cellini, lui qui s'était tiré de tant de sales affaires. Pas seulement par la fuite. Acharné, il était parvenu à prouver à tous qu'il avait raison de poignarder les gens. Et ça marchait. Pas violent seulement, mais rusé. Orfèvre en la matière d'emberlificoter les gens. Orfèvre à Florence d'ailleurs. Ce n'est pas par hasard. Le bougre, il savait se faire protéger des grands quand il ne les tuait pas. Que celui qui a fait Persée ait pu faire la salière de François 1er, m'étonne… En or, c'est entendu. Mais une salière hein ? Tout cela ne me montre pas ce qu'il dirait à ma place. Si, tout de même. Il aurait sûrement d'entrée, pris la tête de ces rustres qui chantaient au café… Pas si fou que de les suivre comme un toutou, pour se faire piquer l'instant d'après. À l'avenir il faudra que j'y songe : prendre toujours la direction des opérations. Mais, qu'est-ce que je vais chercher : c'est la Renaissance italienne tout ça. Rien n'est pareil. Mon père s'en tirerait, j'en suis sûr. Je l'ai vu à l'œuvre. Comment fait-il ? Je ne le connais pas. Mais il y en a un que je connais, par le catéchisme d'Heidelberg qui a été artiste peintre, comme Cellini a été orfèvre et sculpteur ; un qui est allé en prison comme lui et moi, et qui a réussi à changer son procès en réquisitoire contre ses juges. Pour transformer la défaite en triomphe, il faudrait, comme lui, reconnaître ses responsabilités. C'est-à-dire trouver à mon acte un mobile violent, irrésistible et noble. C'est bien ce qui m'embête. Des raisons de filer j'en avais eu à la pelle, mais si mesquines… Suis-je donc vraiment sans envergure ? Allons, j'avance. Il faut, bien entendu, que je m'invente un caractère d'acier. Impitoyable.

17
À la France

Je les affronterai ces nazis. Ils me respecteront. L'amour de la France. Il n'y a que cela qui peut forcer l'estime. Qui sait, ils m'y reconduiront peut-être en France, avec les honneurs de la guerre. Ce n'est pas exclu… Mais la France est écrasée. Raison de plus ! Et s'ils me disent que je suis plus allemand que français, je leur répondrai : *Je voudrais n'être pas français pour pouvoir dire que je te choisis, France, et que dans ton martyre je te proclame, toi que ronge le vautour, ma patrie et ma gloire et mon unique amour !*[19] Voilà, je leur dirais ça. À la place de vautour je mettrais le malheur : … je te proclame toi que ronge le malheur… C'est bien ça. Comme l'Allemagne après 1918. Pas mauvais non plus, si je prétendais vouloir insuffler l'idéal nazi aux Français. Être ferme là-dessus. Ils seront impressionnés et n'oseront pas décider eux-mêmes. Les politiques, les grands, m'investiront d'un pouvoir, peut-être… Ah oui ! Leur affirmer qu'au bout de six mois d'Heidelberg – je pourrais aussi bien leur dire que c'était au tout début – j'avais eu le coup de foudre pour le nazisme, mais qu'en même temps je m'étais senti la mission impérieuse d'apporter cette bonne nouvelle à ma chère patrie. J'ajouterais qu'au contact des Allemands, je n'avais plus douté que ma patrie était la France. L'un ferait passer l'autre… C'était un peu gros cette deuxième partie, mais indispensable, oui, indispensable… Sans haute mission, le retour à la mère patrie donnerait le sentiment d'une fuite vers un giron douillet.

Bing ! C'est gagné ! Me voici nazi ; il faudra s'y faire. Thème de mon discours : fêter Hitler comme le plus grand chef de guerre de tous les temps. Laisser entendre que je ferais en France ce qu'Hitler a fait en Allemagne… Il est Autrichien, je suis Alsacien. Parfait. Un joli rôle que je m'apprête à jouer, ma parole. En général, ce genre de démarche, c'est de l'opportunisme. C'est très courant, je les avais repérés à Dijon et ailleurs ces petits profiteurs, collabos, magouilleurs. Il fallait voir. Ce n'est que chez les très gros requins que ça devenait de la haute stratégie.

Même farine alors ? Seulement une question de dimension ? Il faudra que j'y repense demain. Sérieusement. Je n'en eus pas le temps. *Raus ! Los Mensch !* (Dehors animal !), gueule mon geôlier. C'est son langage. Sa politesse à lui. Aujourd'hui, il est doux comme jamais. Au bas de l'escalier, il me remet à un sous-officier SS. *Bei jedem Fluchtversuch wird geschossen !* (À toute tentative de fuite, je tire !), assure-t-il.

18
Adolf Hitler Strasse

Des portes, des serrures, des portes qui claquent, et puis la rue. Les maisons, des gens, d'autres rues… Je ne m'y retrouve pas. Et c'est pourtant bien ma ville, depuis vingt ans même ! Cette petite place, avec son tilleul centenaire. Je ne la reconnais pas. Ça fait une éternité qu'on marche. Je n'arrive pas à me réchauffer. Je tremble… Pourtant tout ce monde en veston… Une plaque : *Adolf Hitler Strasse*. Quoi ? La rue principale que j'ai parcourue un millier de fois ? Je ne reconnais décidément rien de rien. Pas un café, pas une boutique, rien. On pénètre dans une cour pavée. Au sous-sol, un long couloir puis un banc. Je tremble de plus en plus. Mon gardien baille et s'évente. D'où viennent ces cris ? Pas de la porte capitonnée tout de même ? Ce n'est pas que je me trouve très à l'aise ici, mais comme je m'attends à voir des gens peu sympathiques, je voudrais que ça dure au moins jusqu'à midi. Quand ils auront mangé, peut-être seront-ils moins féroces. Et moi aussi je serai mieux peut-être, peut-être… C'est pour l'interrogatoire que je suis ici. C'est sûr. C'est probable. Enfin, peut-être bien… Ah mes élucubrations d'hier sont bien loin. Une idée me vient. Pour l'interrogatoire, je dirai : je ne parle que le français. Ils chercheront un interprète. Ça ralentira les questions et les réponses. Je n'aurai pas à chercher mes mots, mais le temps pour réfléchir. Oh, oui, bonne idée ! C'est ce qu'on recommande aux soldats s'ils sont faits prisonniers. Ne jamais parler la langue de l'ennemi… La porte capitonnée s'entrouvre. Un paquet est poussé dans le couloir. Un gardien le traîne vers la sortie. La porte s'ouvre largement.

On me prie fort poliment d'entrer. *Name, Alter, Beruf ?* (Nom, âge, profession ?) Ferme, j'affirme que je ne comprends pas. Je ne l'ai pas vu arriver la manchette, mais elle me dit bien des choses sur mon système de défense. Ils allument un spot. Même en fermant les yeux, je ne vois que lui. *Name, Alter, Beruf ?*, répète la voix. Cette fois je décline mon identité. « Qu'est-ce que vous faisiez à minuit, à cent mètres de la frontière ?

– Je voulais passer en Suisse… »
Aussitôt, une machine à écrire crépite à toute vitesse.
« Comment connaissez-vous l'endroit ?
– Je ne le connaissais pas. »
Du soleil, m'arrive un poing. En plein dans l'œil.
« Comment connaissiez-vous les huit voyous ?
– Je ne les connais pas. »
Instinctivement, je tourne la tête. C'est l'oreille qui prend.
« Eux disent que vous deviez les faire passer.
– Ils mentent. C'est moi qui les suivais.
– Ils sont huit à l'affirmer. »
On n'en sort pas. On tourne en rond. Ils sont patients, moi aussi. Ils se relaient, les vaches ! Ils reprennent l'interrogatoire du début. Je fais les mêmes réponses. Cela n'a pas l'air de leur plaire. Je ne l'ai pas vu venir celui-là : un magistral coup de poing m'envoie cogner le mur. Par terre il fait moins clair, je peux même les apercevoir un peu qui complotent… Le repos n'est pas long. Un quart d'eau à la figure et ça repart. Je suis le chef d'un réseau de résistance. Ils l'affirment. Ils veulent des noms. J'ai du sang plein la bouche et un œil fermé. La machine à écrire crépite toujours. Ils doivent en rajouter, je ne parle pas tant ! Je suis dans un rêve. J'entends mal les questions. Quelles qu'elles soient, je répète mécaniquement mes réponses du début. J'ai sans doute vomi, puisque le goût de bile l'emporte sur le goût de sang. Ils veulent savoir pourquoi j'ai quitté l'Allemagne. Je leur parle de Marie-Jo. Longuement. Ils écoutent. Bigre ! Je connais mon sujet. Eux pas. Je les égare. Mon nez saigne abondamment. Il prend une leçon de civisme. Ce mot revient systématiquement entre les coups. Je les invite à lire les lettres de

Marie-Jo. Le petit cahier vert : son journal de notre amour. L'interprète en traduit des passages. Quoi, l'Allemagne fait tant d'efforts pour débarrasser l'Europe des Juifs, des communistes et des ploutocrates, et moi qui oublie tout pour une amourette ? Scandaleux… Pourtant j'ai l'impression que le charme de Marie-Jo opère sur mes sbires…

19
Commissaire à la rééducation

Couché dans le couloir, j'émerge difficilement. Mon gardien me relève. Les murs dansent. Je ne reconnais pas la porte de la prison. Grâce aux bourrades, j'arrive devant ma cellule. Dedans, je m'affale. Un fracas de tôle. Ça doit être la soupe. Je hurle au contact de la cuillère chaude sur mes lèvres déchirées. Même refroidie, la soupe brûle comme du vitriol. Je reprends conscience. Mon nez me fait mal et peu à peu la peur s'installe. S'ils allaient recommencer ! De l'obscurité j'attendais l'oubli. Mais sur ma paillasse, les sensations me remontent à la gorge comme d'un égout. Aucun recours. Ils sont la force. Je suis à leur merci… Les heures passent, et la lumière s'allume enfin dans ma cellule. Je passe ma langue sur mes lèvres. Elles sont gonflées, énormes. Rien à faire pour le café, je ne pourrai pas l'avaler. Pas de promenade aujourd'hui. Est-ce une faveur ? Le deuxième interrogatoire fut beaucoup moins bavard. Je ne sais si je leur ai dit ou non cette phrase longtemps ressassée : « Vous pouvez me frapper, mais ça m'enlève tout moyen de vous répondre ». Je me souviens de leur rage : des coups qui pleuvaient de tous côtés sur ma bouche, mon nez, mes yeux… C'est plus douloureux, la deuxième fois. J'ai l'impression que ça a duré un siècle, et lorsque je me réveille dans ma cellule, la soupe est froide. De toute façon, je n'ai plus la force de bouger. L'ampoule s'éteint. La troisième fois, ce n'est pas la même chose du tout. Pas ce long trajet à pied, où me venaient tant d'idées lumineuses, mais le fourgon cellulaire. Pas le sous-sol, mais le troisième étage avec ascenseur. Huissier en grande tenue, moquette et tralala. Une pancarte : *Umschulungsleiter* (commissaire à la rééducation.) On me pousse dans un salon Empire, enrichi d'un tapis persan. Le commissaire trône, immobile, derrière un grand bureau acajou. Mon gardien se retire. Silence. J'ai le temps d'admirer son costume de gala. Le monocle vissé dans l'œil droit me regarde. Sans cela, son visage encadré de cheveux gris serait agréable. Presque doux. Derrière lui, monumental, le Führer en gabardine, les yeux profonds et inspirés. La statue de cire me fait signe de m'asseoir. À un briquet, logé dans un obus de 75, il allume une cigarette à bout doré. Il fume en suivant des yeux les volutes de fumée se dissiper dans le lustre. Le silence est souligné par le lent tic-tac d'une vaste horloge à balancier. Tout est si tranquille que mon œil unique se ferme. Avant de sombrer totalement, je l'entends juste me dire : *Ohne Reue ist die Busse zwecklos* (sans repentir, la pénitence ne sert à rien). Puis, un claquement me réveille en sursaut. Il vient d'abattre brutalement le lourd briquet sur son bureau. Il hurle : « Pas un mot de repentir ? Vous seriez-donc un cas sans espoir ? » C'est certain, il va se déchaîner. Intuitivement je me tasse sur ma chaise. Mais le silence retombe. Doucement, il reprend : « Est-ce par haine de l'Allemagne que vous avez voulu fuir ? » Diable ! À peu près la même question que celle du cordonnier Geisser. Je ne risque rien à répondre par la négative. Il se métamorphose, s'anime, se lève, contourne le bureau, vient vers moi, l'air radieux et les mains tendues. Le premier sourire depuis Geisser. « Je le savais, exulte-t-il, c'est donc que vous l'aimez ! » C'est trop fort. Mot pour mot ce qu'avait dit Geisser. Je suis secoué. « Oui, l'Allemagne est digne de votre amour », dit-il calmement en lâchant mes mains et en se tournant vers le portrait de son dieu. Il claque les talons en exécutant un salut fasciste en lançant un *Heil Hitler !* vigoureux. Après une courte pause, d'une voix étrangement posée, il enchaîne : « L'ennemi a raison. Sans vous, mon Führer, il n'y aurait pas de guerre. Oui, mais pas d'Allemagne non plus, dit-il en faisant volte-face, les yeux rouges de colère. Rayée de la carte et de l'histoire, l'Allemagne ! C'est ce qu'avait voulu la juiverie internationale par le diktat de Versailles. Le Boche paiera ! Pendant soixante ans, on voulait le saigner à blanc, le Boche.

Et l'Allemagne a bien failli en mourir. Mais Dieu ne l'a pas permis. Il l'a tiré de la rue où il gîtait, comme jadis d'une étable, un homme pauvre et pur en qui il s'est incarné ! En dix ans, Dieu l'a hissé sur le pavois. Il a mis ses paroles dans sa bouche, et l'Allemagne a été guérie. Les mains nues, notre Führer a libéré la Rhénanie et la Sarre... Il n'a eu qu'à paraître pour que l'Autriche se jette dans ses bras ; qu'à élever la voix pour que la Tchécoslovaquie capitule. N'est-ce pas la preuve que notre Führer est divin ? » Pensif, il arpente la pièce un long moment avant de poursuivre d'une voix aux intonations de prédicateur : « Mais tout cela était trop facile. Après avoir donné tous ces signes, Dieu a voulu éprouver la foi du peuple : les forces du mal se sont liguées contre les forces du bien. Elles nous ont persécuté. Une fois encore, elles ont voulu nous empêcher de vivre. Le Führer nous a alors demandé de nous unir, et de nouveau ça a été le miracle... En quelques semaines la France s'est écroulée et l'Angleterre a été chassée du continent. Que vous faut-il de plus ? Le combat du Führer est pour chaque Allemand sa raison de vivre ; il sait que sa cause est juste et que sa guerre est sainte. Prétendez-vous que les Anglais puissent en dire autant ? » Son visage est transfiguré ; ses lèvres bougent dans une espèce de marmonnement inaudible, comme s'il priait. Il redescend sur terre. C'est à moi qu'il daigne s'adresser maintenant :

« Vous nous êtes précieux entre tous. Vous m'êtes sympathique. Savez-vous que vous êtes le seul Alsacien a avoir essayé de fuir ? Il n'y a pas de quoi être fier, mais votre conduite doit être exemplaire. Vous comprenez, vos camarades ont les yeux sur vous. Faire de vous un martyr serait gênant. Dès l'instant où vous m'avez dit que vous aimiez l'Allemagne, j'avais décidé de vous sauver. Si je vous abandonnais, vous ne sortiriez pas du camp de concentration avant la victoire. Il vaudrait mieux pour vous n'être jamais né, car vous resteriez à vie : un paria, privé de tous les droits civiques. La victoire ne serait pas pour vous... »

Entre mes paupières tuméfiées, je devine sa silhouette imposante au-dessus de moi. Il retourne à son bureau, écrase longuement sa cigarette dans un cendrier en marbre, prend une feuille de papier puis saisi un imposant stylo-plume. Il commence à rédiger un courrier en murmurant entre ses dents. Il signe son courrier, le tamponne bruyamment puis le cachette.

« Le ministre Heydrich a toute confiance en moi… Je lui dois ce poste. Il n'est pas toujours facile de rééduquer la population du Haut-Rhin. Ils sont pourtant tous allemands de race et, au fond, de cœur. Heydrich ne me refusera pas votre grâce… Il n'y aura que quelques délais administratifs. » D'un tiroir, il sort mon *Faust*. « Je vous rends ceci. J'aime votre façon de vous attacher à la culture allemande ; on voit que vous l'avez lu et relu ce *Faust*… glousse-t-il. J'ai lu dans votre dossier que vous n'aimiez pas beaucoup les examens… Vous avez raison. Seule l'action compte. Le Führer méprise les diplômes. Mais ceux qui auront participé à la victoire, seront les seigneurs. À vous maintenant de gagner vos galons de maître du monde. Vous savez, chaque jour je remercie Dieu de m'avoir permis de participer au plus fantastique bouleversement de l'histoire, et de servir un homme comme il n'y en aura jamais plus. » Il tire promptement d'un sous-main une feuille de papier et me tend son stylo : « Écrivez : demande de levée de réclusion et d'incorporation dans la Wehrmacht. » J'ai un moment d'absence. Voici donc où visait son baratin ? La brute ! Je suis dans de beaux draps. Si je refuse, il est capable de me tuer, dans son excitation… Il me vient une idée : « Herr Umschulungsleiter… je ne suis pas digne ! » Ma remarque déclenche chez lui un éclat de rire. « Bien sûr que vous n'êtes pas digne ! Je ne dirai pas *ce scrupule vous honore*. Dans le dévouement fanatique à notre Führer, le scrupule n'a pas sa place. Vous verrez… Nous sommes tous les cellules d'un même corps, qui n'a qu'un visage et qu'une pensée. Voilà pourquoi l'Allemagne est invincible ! Le Führer a ramassé ce peuple dans la fange ; pendant 20 ans il l'a porté à bout de bras, et il va maintenant le mener de cime en cime… Bien sûr que vous n'êtes pas digne ! Personne n'est digne de lui ! Mais ayez la foi, et il vous sauvera. Voilà ce que les judéo-chrétiens décadents d'Occident ne peuvent concevoir. C'est le manque de foi qui a perdu la France. Mais le Führer que je représente ici et qui m'inspire peut vous rendre blanc ou noir. Il est le chef suprême de notre justice.

Son jugement infaillible condamne ou gracie sans appel. Qu'on ne lui parle pas de cours de justice. Les méchants, il les extermine de ses propres mains, comme il l'a fait des traîtres qui se disaient ses amis : Ernst Röhm et sa clique… S'il châtie sans pitié, sa générosité est inégalable. On n'imagine pas homme plus fidèle à ses idées et plus loyal envers ceux qui vivent pour elles… Acceptez ses dons, et montrez-vous digne de son amour, et c'est la fin de votre cauchemar. » Il me recolle son stylo dans la main. Je n'ai rien arrangé avec mon : *Je ne suis pas digne*… Nous voici en pleine guerre de religion. Que faire ? Assez lamentablement, je murmure : « Je ne peux pas. » Il met sa main en cornet en grimaçant : « Je n'ai pas bien entendu ? » Je répète plus fort : « Je ne peux pas… » Silence pesant. Il respire avec effort, renverse la tête vers le plafond. De ses yeux, je ne vois que le blanc. Il se prend le front à deux mains et ouvre la bouche comme pour vomir. « Vous ne voulez pas prendre la main que je vous tends ? » Il a l'air sincèrement outré. Il continue, plus sec :

« Libre à vous de vous enfoncer exprès dans la pourriture du camp. Mais, sachez-le : qui n'est pas avec nous est contre nous. Croyez-vous qu'après la victoire on fera de vous un citoyen ? Allons, vous êtes mort, vous puez déjà ! Quel désespoir et quelle honte pour votre père. Vous étiez son fils unique… » Il me tourne le dos et hurle de façon hystérique : *Raus Raus Raus !* De retour dans ma cellule, je pense m'en être bien tiré, mais dans l'après-midi, le dégoût s'installe.

20
Si seulement...

Ma prison est de glace et d'ombre... Je suis tombé au fond de cette crevasse. Je m'engourdis déjà. Et ce n'est que le marchepied. Le camp achèvera de me figer. De la victoire allemande, je n'avais rien de bon à attendre : le *Umschulungsleiter*, commissaire à la rééducation, me l'avait dit. Un seul espoir possible : la victoire des Alliés. Et ça n'en prenait pas le chemin. D'ailleurs, même s'il venait, ce printemps non plus ne serait pas pour moi... Le dégel ne rendrait pas la vie au bloc inerte. Et si l'Allemagne sombrait, elle m'entraînerait inexorablement, enchaîné dans son naufrage, comme un galérien. Renoncer à la vie à vingt ans ! Je ne pouvais m'y faire. Il fallait que je revoie ce commissaire. Je lui dirais que j'ai réfléchi. Tout valait mieux que cette nuit. Maintenant que ma liberté était réduite au minimum, j'allais utiliser ce qui m'en reste pour y renoncer tout à fait à ma liberté ? Eh bien non ! Si ma liberté est de bonne qualité, la prison peut seulement la purger de ses licences ; limiter à la portion congrue les choix qui se posent à chaque instant de la vie. Jusqu'ici, l'usage que je faisais de ma liberté ne produisait peut-être qu'un libertinage. Avais-je donc intérêt à ce qu'on me rogne les ailes ? Je ne connaissais rien des camps de concentration, mais j'avais là, certainement, la liberté d'en faire une école de caractère. Mais de quoi avais-je si peur ? De voir ma jeunesse s'envoler ? Je devais veiller au contraire à ce qu'elle durcisse. Quand je pense que j'allais me jeter dans les bras du commissaire de peur de me dissoudre dans un camp ? Le camp, ça ne serait pas drôle, sans doute. Mais j'avais appris à résister aux coups de mon père… C'était déjà ça. En bandant mes muscles ça ferait moins mal. J'étais peut-être plus dur que je ne pensais. Pourquoi ne pas essayer tout de suite ? Je m'étais laissé aller dans cette prison. Ce n'était pas la bonne méthode. Il fallait faire face, résister, exiger, et non pas se recroqueviller ; céder et se soumettre ; comme je faisais. Il fallait attaquer. Oui, attaquer ! Trois pas vers le mur, trois pas vers la porte. Je fais des allers-retours comme un lion en cage. Pour l'instant, je m'échauffe. Je me sens prêt. Je fonce vers la porte et tambourine à tout va. Je veux faire du bruit. Je n'ai pas d'idée bien précise mais je continue et je frappe encore et encore : Bam, Bam, Bam… Rien. Je recommence mais cette fois j'y mets toutes mes forces. Enfin, la clé grince et la porte s'ouvre brusquement. Je me raidis. Le géant est là. *Sind Sie verrückt geworden ?* (Vous êtes devenu fou ?) Il m'apparaît soudain tout petit. Je le regarde droit dans les yeux. Calme, j'articule :

« On ne m'a pas apporté de livres ce matin. »

De ses yeux ronds, il me regarde d'un drôle d'air. Je continue à le fixer sans faillir. Il bat en retraite en claquant la porte derrière lui. Je l'entends qui grogne dans le couloir : *Verrückt… Verrückt.* (Fou… Fou.) Je jubile.

21

Sang viennois

Après trois semaines passées dans cette geôle, je venais de signer le registre. Ils allaient donc me relâcher sans m'avoir jugé ? Vraisemblablement, car le géant, très correct pour une fois, m'ouvre les portes, l'une après l'autre. Mais une surprise m'attend : adossé à la dernière porte et fumant négligemment une cigarette, un soldat d'à peine vingt-deux ans (dotée d'une fine moustache à la Clark Gable et soulignant un demi-sourire crispé) me fixe d'un regard bleu et froid. Lorsque j'arrive à sa hauteur, il se redresse, jette sa cigarette qu'il écrase de son talon, et son regard devient dur : « À toute tentative de fuite, je tire ! » D'un coup d'œil, il m'indique sa mitraillette. « Un simple pas sur le côté suffit », précise-t-il au cas où je n'aurai pas compris. Il a un accent viennois si prononcé qu'on dirait une réplique d'opérette. Mais je n'ai pas le cœur à rire : je viens enfin de comprendre : on va me transférer.

Le compartiment réservé sent la sacristie, le linge sale et le tabac froid. Les effluves de parfum dont s'est aspergé mon gardien n'y peuvent rien. Pendant qu'il déplie son journal, je lorgne la porte du compartiment qui donne directement sur la voie. Ces vieux omnibus tout en bois s'arrêtent souvent en rase campagne pour laisser passer les express… Dès qu'il ralentira, je lèverai le loquet et hop… *Clark Gable* ne lit que d'un œil. Il a surpris mon regard. D'un geste, il m'ordonne de me repousser loin de la porte, et allonge les jambes à ma place, sur la banquette. Ce verrou supplémentaire ne m'arrange pas. Il faudra faire fondre sa méfiance.

83

Ici, je suis en pays ami. Il suffit qu'il ne tire pas tout de suite... ou qu'il me rate. C'est un Autrichien. Ça devrait pouvoir s'arranger. J'ai le temps. À mesure que les minutes passent, une sourde angoisse ronge mon optimisme. Il faut faire quelque chose, tout de suite. Depuis notre départ, il n'a pas ouvert la bouche. Je fouille dans mon sac et lui présente mon porte-cigarettes. Il accepte volontiers, tire quelques bouffées et bougonne : « Devriez les garder... ça peut être utile où vous allez. Ça ne sera pas gai, vous savez. En prison vous étiez tranquille. Là-bas ils seront sur votre dos du matin au soir. Fini la liberté.

– Ne vous inquiétez pas pour ma liberté. Quoi qu'il arrive, je veillerai à ne pas perdre la tête. À continuer à juger librement.

– Vous vous faites des illusions !

– Est-ce librement que vous m'amenez là-bas ?

– C'est mon devoir.

– Votre devoir... Vous êtes sûr ? »

Il se renfrogne. Je l'ai troublé. Je n'y arriverai pas comme ça. Je change de stratégie : je fredonne *Sang viennois*[19].

« Arrêtez ça tout de suite !

– J'aime les Viennois, et comme vous l'êtes, j'ai pensé...

– Comment le savez-vous ? », s'étonne-t-il, avec son accent qui vaut une carte d'identité.

Je décide d'enfoncer le clou. Je réponds par une chanson qui, à ce qu'on dit, fait pleurer les Viennois les plus endurcis...

Maï Moder'l woas a Wianerine droum liabi Wiane so goarn... (Ma petite maman était une Viennoise, c'est pourquoi j'aime tant Vienne).

L'œil attendri, il écoute les trois premières strophes, puis murmure, nostalgique :

« Enfant, ma mère me la chantait. On ne l'entend plus guère... Mais comment la connaissez-vous ?

– Par une étudiante, Hiltgund Sacher, je l'ai rencontrée à Heidelberg. »

Ses sourcils s'arrondissent.

---

19 « *Sang viennois* » est une valse de Johann Strauss.

« La fille de l'hôtel Sacher ! L'un des plus beaux partis de Vienne ! Elle devait vous aimer pour vous chanter ça. Autrement on ne la chante pas. Et vous êtes parti ? »

Il n'en revient décidément pas.

« Vous savez, je ne songe pas à me marier.

– Vous aviez-là une chance, dit-il rêveur. Une chance ! »

Je décide de profiter de ce parfum romantique qui flotte depuis un instant. Et comme si je lui tapais sur l'épaule, je dis :

« Vous voyez… les Autrichiens et les Alsaciens sont faits pour s'entendre. Nous avons été annexés les derniers, vous, les avant-derniers… et le Führer n'est-il pas Autrichien ? »

Il n'y a aucune logique dans tout cela, mais cela le trouble et le fait méditer. Il opine sympathiquement, et le silence se réinstalle entre nous.

Je commence à somnoler. Combien de temps ? Je l'ignore, mais lorsque j'émerge – sans doute réveillé par le train qui ralentit dans un crissement qui n'en finit pas –, je découvre en bâillant que nous venons de traverser une forêt qui masque les Vosges. Le train s'arrête dans une secousse. Silence. Un coucou chante. « Qu'est-ce qu'il fait ? On va rater la correspondance à Strasbourg ! dit-il inquiet en se penchant à la fenêtre. Je vais voir ce qui se passe. Soyez sage », me fait-il, avec un clin d'œil. La cheminée de la locomotive rejette sa vapeur en sifflant bruyamment. Des portières claquent. Je me dis que c'est le moment : je regarde fixement l'orée du bois qui se trouve à peine à trois mètres. Mon pouls s'accélère. Il faut que je saute et que je cours, ensuite je pourrai me terrer jusqu'à la nuit dans les sous-bois, et demain je serai à Ribeauvillé ! Mais je ne parviens pas à bouger. Mon cœur s'emballe. J'entends distinctement les battements dans ma poitrine. Je ressens ça comme un signal. Tant pis pour mon sac. C'est maintenant ou jamais : je passe dans le couloir, lève le loquet de la porte et saute du train. Je tombe sur les genoux mais ne ressens aucune douleur. Je me relève, puis je cours comme un dératé jusqu'à la lisière du bois. Au moment où je vais atteindre le premier arbre, j'entends dans mon dos un bruit sec de culasse. Je stoppe net.

Je jette un regard par-dessus mon épaule. Je le vois, là, à dix mètres, il m'ajuste. Va-t-il tirer ? Les bras en l'air, je reviens vers le compartiment. Le faux frère. Il s'était planqué à la tête du wagon au cas où. Ne jamais se fier à un Autrichien. Ah ! La charogne, me dis-je en me laissant tomber sur la banquette. Merde… Le train repart. « Dès votre arrivée, vous irez au cachot. Je parlerai au commandant de votre tentative de fuite. » Il fallait éviter ça à tout prix.

« Qu'est-ce que vous croyez ? Que je voulais m'échapper ?

– C'est clair, non ?

– Je me dégourdissais les jambes, c'est tout. Je n'aurais tout de même pas laissé mon sac qui contient ce que j'ai de plus précieux… Je vous ai dit qu'il m'était égal d'aller au camp de concentration, mais pour rien au monde, je n'abandonnerais mon sac ! »

J'ai l'air si sincère et outré, qu'il finit par douter. Profitant de l'avantage, je renchéris en lui poussant une botte sournoise :

« J'avais cru rencontrer un Autrichien intelligent, un homme, enfin. Je m'aperçois que vous êtes méfiant, menteur et sans scrupules… je vous avais parlé d'homme à homme. Je vois que je me suis trompé. Les Alsaciens ont le cœur sur la main. Ils ne sont pas prêts de s'entendre avec les Autrichiens. Ah, non ! Ce sont des fourbes… Pourtant vous m'étiez sympathique… J'ai cru vomir en vous voyant embusqué, prêt à m'abattre. Tiens, vous m'écœurez. Je ne vous parle plus… Ça m'est bien égal d'aller au cachot à l'arrivée. »

Je me cale dans mon coin et me plonge dans mon *Faust*. Silence. Au bout d'un moment, j'allume une cigarette, sans lui en offrir. C'est lui qui m'offre la deuxième en murmurant :

Nichts für Ungut ? (Vous ne m'en voulez pas ?)

Je hausse les épaules en disant d'un ton désinvolte :

« Vous m'avez profondément déçu… »

Décidément, cet Autrichien est un sentimental. Mon Viennois rumine en silence mes propos jusqu'à Strasbourg. Il est vrai que, de mon côté, je ne fais rien pour détendre l'atmosphère. Dans le hall central, en regardant le panneau d'affichage de l'horaire, son visage de jeune premier se plisse dans un effort de réflexion. Il me fait une proposition déguisée :

« Le train pour Schirmeck est dans dix minutes. Nous aurions très bien pu le rater… Il y en a un autre dans une heure et quart. Plus rapide, je crois. »

Il me consulte du regard. « On pourrait déjeuner en attendant ? » Je m'applique à une moue indifférente. Tout au long du repas, il multiplie les attentions. Je vois le moment où, à force de pousse-café, nous allons manquer le dernier train.

Dans le compartiment, il a l'air gêné. Il m'assure que ce n'est pas de gaieté de cœur qu'il va me livrer à ces *brutes*. Arrivés à Schirmeck, ce fut pire : il n'était plus pressé du tout. Il flânait dans les rues comme s'il voulait me faire visiter la ville. Dans une épicerie, il me bourra les poches de tous les chocolats qu'il put dénicher. Après tous ces détours, il m'entraîna sur une route située à l'extérieur du centre-ville. Au bout de dix minutes, on traversa un petit pont. Un virage plus loin, il se tourna vers moi sans me regarder. Il ouvrit la bouche mais se ravisa. Je compris : le camp était là. Tout à coup, l'air hostile, il accéléra le pas.

22

Schirmeck-La Broque

Des barbelés, entrecroisés en un épais grillage, forment une haute clôture tendue sur des poteaux de ciment. Une deuxième clôture, identique, court parallèlement à la première, à un mètre environ vers l'intérieur. Cette double clôture enferme un vaste rectangle, flanqué aux quatre coins de miradors. Deux rangées de grandes baraques de part et d'autre d'une avenue centrale. Le portail claque. Mon Viennois s'engouffre, sans me regarder, dans la première baraque à droite. J'étais parmi les vivants tout à l'heure ; je pouvais leur parler, les embrasser. Mais que ne l'ai-je fait ! *Du komm mal her !* (Toi, viens par ici !) Je me retourne : deux petits yeux rouges, rapprochés, percent un visage enflé aux épaisses lèvres violettes et humides. La grosse tête est posée sur des épaules tombantes prolongées de membres grêles.

Jawohl, dis-je, en me hâtant à sa rencontre.

– Qu'est-ce qui te prend ? On dit : Oui, Monsieur le gardien-chef. »

Il crache : *Los marsch, marsch*, en me dirigeant de sa cravache repliée. *Hinliegen !* (À terre !), rugit-il en m'envoyant son poing dans le dos. « Debout. Marche, marche. À terre. Debout. Marche, marche. » On arrive en haut du camp. On redescend de l'autre côté. Puis à gauche, entre les baraques et la clôture, les ordres fusent au rythme des coups. Il a plu et le sol est trempé. Lorsque j'évite une flaque, il hurle : *Hinliegen !* Prenant appui de mes deux mains, je m'allonge sur le sol en creusant mon ventre pour éviter qu'il rentre en contact avec la boue glacée. Les gravillons sont pointus et mes paumes sont en sang. Il pose un pied sur mon dos en l'écrasant pour que celui-ci soit parfaitement à l'horizontal. Un collègue s'arrête à sa hauteur et ils bavardent quelques instants. Je profite de ce moment de répit pour m'abandonner au cloaque en évitant de remuer. « Debout », hurle-t-il soudain en tirant sur mon col jusqu'à l'étranglement pour m'obliger à me relever. Plus loin, il me pousse dans une baraque et ressort en claquant la porte. Une chaleur moite mêlée d'une odeur écœurante de pieds sales et de chien mouillé me submerge : je suis dans une petite pièce délimitée par un comptoir où s'entasse une pile impressionnante de vestes. Deux yeux me scrutent dans la pénombre, sans bouger, derrière la pile. Ils disparaissent puis réapparaissent, puis disparaissent de nouveau. Un raclement de gorge, annonce une figure jaune, fendue d'un sourire commercial qui émerge lentement, suivie d'un thorax saillant. Il tend vers mon sac une petite main grasse et poilue. Je m'écarte un peu. « Je suis chargé de t'habiller. Tu vas me confier ton argent et tes cigarettes. Je te les garderai. Tu peux être tranquille. » Sa voix me surprend. Elle est nasillarde, aiguë, sournoise. Il chuchote presque comme s'il craignait que d'autres l'entendent. Pas convaincu, je lui remets tout de même mon porte-cigarettes chromé. « Tu sais, dans la baraque on te volera tout. Avec moi, ton argent est en lieu sûr. » Après quelques hésitations je sors de mon sac mon paquet de cigarettes et mon porte-feuille. Il vide prestement celui-ci de ses billets et me le rend dans un sourire humide. « Si tu veux garder quelques objets personnels sans valeur : c'est le moment. » Mais lorsqu'il voit mes compagnons de lecture : *Faust* et *Zarathoustra*, son visage exprime aussitôt un air mi-obséquieux, mi-dégoûté. Pendant l'essayage, je fais traîner : je redoute le moment d'enlever mes chaussettes. J'y ai dissimulé vingt marks. Me voyant hésiter, il m'autorise à les garder. Sur la veste militaire, on voit en plus foncé la trace des aigles. Deux grands carrés d'étoffe blanchâtre sont fixés à droite et dans le dos. Ils portent le numéro 1834. Ce sera désormais mon matricule. Les calots à bande verte – signe distinctif des passeurs de frontières – sont tous trop petits. « Vous êtes de grosses têtes, ricane-t-il en me collant un calot orné d'un carré rouge. C'est tout ce qui me reste. C'est un *politique* ; ça ne fait rien, il te va. Tu iras chez

Ruppert Robert pour qu'il te change la couleur… Voilà qui est bien »,
commente-t-il en prenant du recul pour m'observer. Il me remet enfin
deux couvertures rugueuses comme du papier de verre, puis disparaît
dans l'arrière-boutique.

Le sergent revient et me regarde d'un air satisfait : « Il ne te
manque plus qu'une coupe de cheveux », ricane-t-il bizarrement.
Égard pour l'uniforme neuf, sans doute, il me fait courir, revenir,
m'accroupir, sauter sur place, puis m'envoie chez le coiffeur.

Le coiffeur a un peigne sur l'oreille. Ce n'est qu'un vague souvenir de sa profession… Son art se limite aujourd'hui à la ton-
deuse. Cependant il y met les formes : avec cérémonie, il me noue
autour du cou une serviette d'une propreté douteuse. La coupe
terminée (la boule à zéro), il promène dans mon dos un miroir
ébréché pour me faire apprécier son ouvrage. Lorsque je reviens,
le sergent semble de plus en plus satisfait de ma métamorphose. Il
me pousse à l'extérieur puis en direction d'une baraque qui porte
le numéro 5, monte les trois marches en bois et ouvre la porte
qui cogne à l'extérieur. Un aboiement plaintif vient de l'intérieur.
Achtung ![20] Je m'attends à voir tous les occupants au garde-à-vous.
Un seul petit homme se tient raide dans le couloir central entre les
châlits. Un mètre soixante à peine. Maigre à faire peur. Ses yeux
noirs écarquillés fixent la porte, sans doute pour éviter de croiser
le regard du sergent.

« Où sont-ils tous ?

– Dans les commandos de travail, Herr Wachtmeister.

– Et le Blockältester ? (Chef de baraque)

– Aux carrières, Herr Wachtmeister, répond le petit, sans ciller.

– Et le Stubendienst ? (Responsable de l'ordre dans la chambrée)

– À vos ordres, Herr Wachtmeister. »

Le petit Stubendienst tient son calot de la main gauche. De la
main droite, il serre son balai comme une arme au pied. Dans un
silence pesant, le sergent remonte la rangée de lits. À chaque pas, on
entend couiner ses bottes impeccablement cirées. Il passe un doigt
sur un bois de lit, s'arrête, le regarde et continue son inspection cette

____

20 Achtung, signifie ici, à la fois : attention et respect.

fois en scrutant le sol. Tout à coup, il hurle : *Stubendienst !* Le petit accourt, totalement effrayé.

« Qu'est-ce que c'est ? dit-il en désignant la trace d'un cercle sur le plancher.

– C'est la marque du seau. J'ai frotté mais ça ne part pas, sergent.

– *Lecken !* (Lèche !), dit-il tranquillement.

Sans hésiter, le petit bonhomme pose son balai, tombe à plat à ventre et commence à donner de généreux coups de langue sur le plancher. Le sergent arpente la baraque entre les lits, arrachant au passage, par-ci, par-là, une couverture. En repassant devant le *lécheur*, il laisse tomber un *weitermachen* (continue). Le petit s'applique, et sa langue toute noire, entame son deuxième mètre carré… « Debout ! Garde-à-vous ! » Le petit se relève sans pour autant se mettre au garde-à-vous. « Garde-à-vous ! » Tremblant de tout son corps, le petit s'exécute. Moi je regarde tout ça comme au spectacle… « C'est valable aussi pour toi » me lance, hargneux, le gardien-chef. Je me redresse à mon tour. « Montre ta langue », dit-il au responsable de chambrée. Un petit chiffon sec et noir tremble entre ses lèvres. *Schweinehund !* (Chien de cochon !), glapit le garde. Puis aussitôt il se dirige vers la sortie solennellement. *Achtung !* crie le petit. Le sergent revient sur ses pas.

« Imbécile ! Au garde-à-vous on ne crie pas *Achtung*. Pour t'apprendre, cinquante *kniebeugen* (s'accroupir et se relever) »

Prudent, je reste bloqué au garde-à-vous. Le sergent compte. Les vingt premiers, ça va. Puis le petit se met à haleter ; à trente, il pâlit ; à quarante, il n'arrive plus à se relever. Le sergent fait « bien… bien » tout en le cinglant de sa cravache. Le petit s'effondre, évanoui, insensible aux coups qui pleuvent. *Femmelette !* dit le garde, dégoûté. Il sort en claquant la porte. Je prends le petit corps dans mes bras et le pose sur un lit. Comme il est léger ! Il respire à toute vitesse. Je caresse son crâne rasé. Il est toujours dans le cirage. Il a l'air si faible, presque un enfant. J'embrasse sa pauvre joue creuse. Lentement, il ouvre ses grands yeux noirs et me sourit faiblement. Soudain, il me jette ses bras autour du cou et ses lèvres sèches cherchent ma bouche… « Embrasse-moi », souffle-t-il en me suppliant des yeux. J'ai compris. J'écarte délicatement ses bras pour ne pas le blesser et l'incite à se rallonger. Il se laisse faire en me fixant. « Quel bonheur, je ne suis plus seul ! Tu sais, ils séparent les *bleus* autant que possible. Au 5, il n'y en a un autre, mais il est si méchant ! Mais toi... » Il se redresse avec l'idée sans doute de m'embrasser. Je le repousse doucement pour qu'il reste allongé. Il me regarde d'un air étonné.

« Parlons, plutôt, dis-je.

– Le lit au-dessus du mien est libre. Tu pourras venir ? dit-il en me lançant un regard plein d'espoir. Mais attention au chef de baraque Früh. C'est une peau de vache, il déteste les " bleus ". Si tu savais, il me persécute : il est aussi cruel que le sergent de tout à l'heure... Qu'est-ce que c'est ? dit-il, soudain sérieux, en désignant mon calot que j'ai posé sur le lit.

– Il n'y en avait pas à ma taille, Ruppert Robert doit m'arranger ça.

– Ah, j'ai eu peur, dit-il rassuré, en coiffant son calot à carrés bleus et en jetant ses jambes hors du lit pour se lever. C'est bien commode pour reconnaître les *175*[21] Malheureusement, on est tou-jours séparés... Allons le trouver. Tu verras, c'est un gentil garçon. »

---

21 L'article 175 du code pénal réprime les relations homosexuelles entre hommes.

23
La marmite

Rupert Robert est d'un abord plutôt glacial. Même quand Michel s'approche de lui, tout frétillant, il n'arrête pas sa machine à coudre. Son sourire est figé dans une face pâle, surmontée d'un crâne en forme d'œuf étiré. Il est assis entre deux piles de vestes. « Jean-Jacques est des nôtres, il faut lui arranger son calot », susurre Michel. Derrière les épaisses lunettes à la Schubert, les petits yeux albinos de Rupert Robert me fixent. Une voix qui semble sortir de son ventre dit :

« Pourquoi t'ont-ils attrapé ?

– Tentative de passage de frontière.

– Tu es tout de même… un bleu, souffle Michel, suppliant.

– Tu es un peu naïf, Michel », dit la voix de basse-taille.

Pendant que, d'un air dégoûté, Rupert Robert coud la bande verte, Michel pleurniche :

« On s'est pourtant embrassé !

– Tu l'embêtes et tu m'agaces, dit sourdement Rupert Robert à Michel.

Puis il me lance mon nouveau calot avec un sourire narquois. De retour dans la baraque, j'installe mes couvertures au-dessus du lit de Michel. Je ne veux pas le vexer ; après tout, pourquoi ne pas en faire un ami ? Adossé au mur, il me regarde avec nostalgie quand brusquement il sursaute :

« Mon dieu, j'ai oublié de refaire les lits, ils vont me tomber dessus !

– Mais non, ce n'est pas toi, tu n'y es pour rien. »

Mais il n'entend pas. Affolé, il court d'un lit à l'autre en essayant de réparer les dégâts. Un coup de sifflet strident suivi d'une cavalcade comme un lointain tonnerre. Il s'immobilise et pâlit : « Trop tard, les voilà ! » La porte s'ouvre avec fracas. Michel se dissimule derrière moi. La baraque tremble. Le flot hurlant se précipite, envahit tout l'espace. Dominant le vacarme, un cri vengeur : *Stubendienst !* répété en écho, d'un lit défait à l'autre. Un grand gaillard décharné est adossé à la porte.

« Silence. Que ceux qui ont des lits défaits dans leur rangée se mettent ici.

– C'est Früh, le chef de baraque », frissonne Michel dans mon dos.

Dans le silence, les chuchotements ont quelque chose d'inquiétant. *D'r Doanz... d'r Doanz* (la danse... la danse.) C'est le signal ; un sourire éclaire les traits fatigués de ceux qui se pressent autour de Früh. Quelques-uns défont en hâte leur couverture et s'approchent. Früh s'assied sur son lit et fait discrètement un signe, un seul. Aussitôt, les assistants reculent de deux bons mètres, derrière une douzaine de types qui se mettent sur un rang. Les plaignants, je suppose. Quelqu'un place respectueusement un tabouret devant le chef de baraque. L'œil unique de Früh fixe un lointain horizon. La paupière tombée sur l'autre orbite lui donne un air méditatif. Le silence se fait plus dense. Früh articule à voix basse : « Où est le responsable de l'ordre ? » Michel sursaute, sort de sa cachette puis, tête baissée, s'avance. Le cercle s'ouvre pour le laisser passer et se referme lentement derrière lui. D'une longue tringle de fer qu'il a tirée de son matelas, Früh lui fait un signe éloquent. Michel comprend aussitôt et fait tomber son pantalon sur ses chaussures. Du bout de sa tringle, le chef le sollicite pour qu'il enlève son caleçon. Michel lui adresse un regard suppliant, mais obtempère. Un sourire unanime monte de l'assistance. Ils sont tous là. Früh donne de petits coups secs sur le dos de Michel pour l'inciter à se coucher sur le tabouret. Il a maintenant la tête qui touche le sol. Ses fesses décharnées pointent vers le ciel. Elles sont zébrées de bandes vertes et rouges sombre. *Obzola !* (Comptez-vous !) dit Früh. Les plaignants s'exécutent : 1, 2, 3, 4… Le décompte se fait jusqu'à 14.

« Mon lit n'a pas été défait, dit Früh, mais c'est moi qu'il punirait, le sergent, s'il voyait le désordre. Puisque je suis responsable ! Je donnerai donc un coup, par lit défait. Ensuite, chaque victime aura droit à trois coups… Ça compensera un peu l'effort de refaire son lit après une dure journée. Je pense que c'est juste comme ça ? Tout le monde est d'accord ?

– Mais vous êtes fous ! Arrêtez ça ! Vous êtes plus sadiques que vos gardiens, hurlai-je. Au lieu de vous serrer les coudes, vous vous acharnez contre le plus faible. C'est dégueulasse ! J'en ai vu qui ont défait leur lit volontairement.

– Qui c'est celui-là, grogne Früh.

– Un nouveau, dit Michel, la tête basse.

– Je vois… On va donc faire grâce pour faire plaisir au nouveau. Qui est pour ? »

On entendrait une mouche voler…

« Allons, un bon mouvement, ne soyez pas salauds ! Vous risquez le cachot parce que vos lits sont défaits : vous allez vous emmerder à les refaire, mais ce n'est pas une raison. Qui a pitié du pauvre Michel ?… Qui est contre la grâce ? »

Un rugissement secoue la baraque :

« Nous tous ! »

Früh élève haut la tringle. Sous sa lèvre retroussée, deux canines me regardent :

« Tu dois être content. Ici, on se serre les coudes, tous unis, tu vois… » dit-il en levant sa tringle.

Aussitôt elle cingle l'air et s'abat en faisant un bruit sec. Michel pousse un cri déchirant. Un gémissement de volupté parcourt les rangs. Früh fait un signe : deux complices rappliquent et bâillonnent Michel avec une serviette. La tringle tombe comme une hache. Michel gémit et se tortille. Les copains ronronnent. Au ralenti comme un métronome, le bras s'élève lentement, retombe d'un coup et frappe. Les fesses se boursouflent d'un coup de marbrures blanches et rouges. Au quatorzième coup, Früh fait une courte pause et s'essuie le front et passe la tringle. Je me sens lâche. Depuis tout à l'heure, je n'ai pas bougé. Je m'entends crier :

« Vous êtes malades ou quoi ? Arrêtez-ça ! Les sévices entre détenus sont interdits. C'est le règlement !

– Mais « le nouveau » parle comme un livre ! »

Il se penche pour être à la hauteur du visage de Michel.

« Vas-tu enfin montrer tes fesses au commandant, mauvais responsable de l'ordre ? »

Michel secoue la tête. Je n'ai réussi qu'à envenimer la situation. Le murmure des voyeurs s'amplifie. Les fesses de Michel ont l'air d'une orange trop mûre. Au quarante-septième coup, la peau se déchire littéralement. Maintenant, la tringle fait un bruit mouillé. Chaque fois qu'elle s'abat, le sang gicle.

À 53, Früh reprend la tringle avec un signe d'excuse pour le dernier qui n'a pas encore frappé. Après cela, Michel ne tressaille plus, ni ne se relève. Le cercle se défait. *A guata Doanz* (Une bonne danse) disent-ils en s'éloignant. Früh s'avance vers moi et plisse son œil d'un air menaçant :

« Le chef, ici, c'est moi. Souviens-toi de ça, hein ? Pas de discussions. Leur bonheur, c'est mon seul souci. Je ne pense qu'à leur faire plaisir… Ils ont peu de distractions. Ce sont de grands enfants… mes enfants. »

Il va pour s'en aller mais se ravise. Il me tend sa main ouverte.

« Maintenant, donne-moi tes cigarettes et ton argent.

– Je les ai déjà donnés au type du vestiaire.

– Nom de Dieu ! C'est toujours pareil. Moi, j'ai des frais et c'est lui qui encaisse. Je vais lui dire deux mots… Mais… petit futé, tu as dû planquer quelque chose. Non ? »

Son œil noir me guette au fond de l'orbite. J'hésite un instant, puis je retire ma chaussure et extirpe mon billet de vingt marks de ma chaussette et lui tends. Prudent, je préfère me mettre bien avec lui. « Correct », dit-il en faisant disparaître le billet après l'avoir reniflé en grimaçant. Il se détourne. La galoche à la main, je clopine jusqu'à mon lit.

Depuis un instant, la baraque vibre comme un essaim d'abeilles en colère. Les détenus s'agitent en farfouillant sous leur matelas. Orchestre de cymbales : les gamelles percutent les montants de bois. « En place ! » gueule Früh dans le couloir central en se calant les fesses sur un tabouret. On s'amasse dans la moitié gauche. À ses pieds, il a non pas une gamelle mais deux. Dans le silence attentif quelqu'un se glisse près de Früh et lui chuchote : « Qu'est-ce que c'est aujourd'hui ? » Il ne daigne pas répondre.

Deux détenus traînent une grosse marmite jusqu'aux pieds du chef. Une corbeille de pains de soldat, coupés en quatre, suit le même chemin. Sans un regard pour ses richesses, Früh laisse errer un œil lointain sur l'assemblée. « Qu'est-ce qu'il attend ? » me dis-je. Quelqu'un tousse. Früh fronce le sourcil. L'instant est solennel. Il soulève le couvercle, saisit une louche et remue longuement. Puis il plonge sa cuillère dans la marmite, souffle longtemps, goûte et avale. Sortant de sa veste un sac marron, il en tire une poignée de gros sel. Il remue, goûte à nouveau et recommence cinq à six fois, jusqu'à l'ultime pincée pour ajuster le goût. La tension monte comme avant l'orage. Ça ne se voit que dans les yeux. Puis un seul mot : *zolwander* (deux par deux) déclenche la bousculade. Plusieurs types foncent vers la marmite. Früh referme posément le couvercle et se croise les bras. Le groupe reflue, têtes basses. Le premier couple se présente. Un geste simultané de la droite et de la gauche et le pain disparaît sous les vestes. Première portion, annonce Früh. (Frémissement dans l'assemblée : c'est donc qu'il y aura du rab ?) C'est maintenant que ça se décide : la graisse, la rare et précieuse graisse surnage quand il y en a ; l'épais tombe au fond. Au milieu, il n'y a que de l'eau. Beaucoup trop. L'art consisterait en un judicieux dosage des trois couches, jusqu'à la fin. Mais foin de l'équité : je rêve déjà de favoritisme en pensant à mes vingt marks…

J'ai laissé passer tout le monde, et lorsque je tends ma gamelle, Früh feint de ne pas me voir, mais me cherche un gros paquet dans le fond. Ma gamelle est presque pleine de morceaux choisis. À l'écart, je savoure le délice : un mélange de rutabaga et de pomme de terre. Je trouve même des cartilages concassés et… quelques minuscules fibres de viande. Deux yeux avides me regardent ramener de l'épais dans ma bouche. Ma deuxième portion est nettement plus liquide que la première. Curieux, ça. Presque personne n'entame son pain. J'en détache tout de même une petite croûte pour éponger le jus que la cuillère n'atteint pas. Je suce le croûton, puis je le trempe à nouveau au fond de ma gamelle pour tenter de ramasser encore du jus. Ensuite, je mastique longtemps ce petit morceau bien gorgé. Je n'aurai pas besoin de laver ma gamelle.

24
Le Neckar

Tout le monde est couché. Ça ronfle déjà. Un *Achtung* sonore me réveille. J'entrouvre mon œil ébloui par la lumière. Un sergent adossé à la porte annonce l'appel. En caleçon, les hommes dégringolent de leur perchoir. Sans un mot, ils refluent dans la moitié droite. Lorsqu'ils entendent leur numéro, ils passent aussitôt à gauche. Ceux-là sont autorisés à se recoucher. Les autres, dont je fais partie, attendent leur tour et grelottent pieds nus. Fin de l'appel. On se recouche. La lumière s'éteint enfin. Mais comment récupérer la chaleur perdue ? Un souffle glacial me tombe sur la figure. À cinquante centimètres de ma tête, il y a un trou dans le carreau : large comme mon poing. Je me lève et, de mon calot roulé, je colmate le trou comme je peux. Durant la nuit, c'est un va-et-vient incessant : un à un les gars s'en vont pisser dans un seau au milieu du couloir. En y allant, je découvre l'odeur caractéristique de l'urine parfumée de rutabaga. Mais d'où provient cette odeur de charogne et d'excréments froids ? De ces gosiers qui bouillonnent comme une bouche d'égout ? Sous ma couverture, où je me réfugie, c'est pire. On dirait que ça vient du matelas. J'y colle mon nez. Horreur ! L'infection vient de là ; en tiédissant le matelas exhale désormais la pourriture de générations de forçats. J'étais bien tranquille en prison. Cette pensée est la dernière avant que mon esprit soit happé par un horrible cauchemar… Mon buste dépasse d'une couche de glace qui s'est percée sous mes pas. Le courant glacé de la rivière happe mes jambes. Je m'enfonce ! Je m'agrippe comme je peux, mais rien n'y fait : l'eau jaillit et s'étale autour de moi. Mes mains glissent, je suis littéralement aspiré.

J'ai dû crier car, dans la baraque, les protestations fusent de toutes parts. Comme je ne parviens pas à me rendormir, je tente de reconstituer mon rêve. Progressivement, l'atmosphère et le décor me reviennent : le Neckar[22] est gelé. Négligeant le pont, après avoir testé la glace, je me revois passer dessous. Une valise remplie de livres. Je la pousse. Elle glisse toute seule, gracieusement au clair de lune. Sans signe avant-coureur, je revois précisément le moment où la glace s'est brisée ; le moment où je suis tombé jusqu'aux aisselles dans l'eau glacée qui m'a aspiré. Je revois aussi cette image où je pousse ma valise des deux mains pour tenter de me hisser hors du trou en m'agrippant à celle-ci. Puis je rampe sur le ventre pendant une centaine de mètres pour m'extirper de ce piège... Mes livres m'auront au moins servi pour une fois...

---

22 Le Neckar est une rivière allemande dans le Bade-Wurtemberg, affluent de la rive droite du Rhin.

<h1 style="text-align:center">25
Le peuple des philosophes</h1>

On n'apprend rien dans les livres, m'avait dit le vieux Docteur Bach. Curieux conseil à un étudiant en médecine. Cette sagesse hautaine lui était venue alors qu'il devenait presque aveugle. « Tous les livres ? Même le *Faust* ? », avais-je riposté naïvement. (J'avais souvenir qu'il le citait constamment.)

– Le *Faust* est plus qu'un livre. Le plus grand des génies l'a gonflé de sa sève pendant toute sa vie. C'est trop fort pour vous. Il faut être très intelligent ! »

Puisque c'est comme ça, je l'apprendrai par cœur, décidai-je au fond de moi. Il continua, méprisant :

« Cette génération est trop bête, je n'en ai pas vu un qui puisse l'approcher...

– Si, j'en connais un, moi : Friedrich von Wesel ; un étudiant en philo que j'ai rencontré à la Rupertia[23]. »

Il réfléchit un instant en clignant nerveusement derrière ses lunettes noires.

« Vous ne le verrez plus longtemps, von Wesel... Lui, il est trop intelligent. J'en ai vu quelques-uns de cette force... Puis, un beau jour, ils disparaissent dans une trappe. »

J'y suis, moi, dans la trappe. Et pas par excès d'intelligence... Il faut que je dorme maintenant. Que dirait le vieux Bach s'il me voyait ? Je le revois encore, dos à la fenêtre (la lumière lui faisait mal) grandi par le contre-jour, mugir :

---

23 corporation des étudiants de l'universté d'Heildelberg

« Hitler est le mal absolu. Il hait la beauté, la grandeur, la bonté. De l'intolérance il a fait sa vertu. »

Puis il contrefait la voix du Führer en hurlant :

« La nature est cruelle, pourquoi ne le serions-nous pas ? »

Son visage s'altère, il me fait pitié.

« Le peuple suit ce monstre, l'Europe le tolère. Mais que fait… »

Il s'interrompt : on a frappé. La porte s'ouvre : une jeune fille vêtue de l'uniforme B.D.M[24] entre. Elle se présente en me faisant une petite révérence :

« Brigitte Bach, me fait-elle mutine. Je vous dérange ? ajoute-t-elle en se tournant vers son vieux père.

– Nullement », bafouille-t-il.

Bouche bée, j'en oublie de me présenter. Je me lève d'un bond pour réparer. Elle éclate d'un rire charmant et se laisse tomber sur les genoux de son père qui proteste.

« Allons, voyons, tu as seize ans ! »

Elle s'accroche à son cou et le cajole. Ah, si j'étais seulement à sa place ! Des poèmes chantent dans ma tête.

« Que vous êtes drôles tous les deux ! » dit-elle dans un éclat de rire.

Pendant qu'elle babille avec son père, je cherche en vain une réplique spirituelle. Elle secoue la tête en arrière pour chasser une mèche rebelle de ses cheveux, puis me dévisage ; je vois ses lèvres bouger mais je n'entends plus le son de sa voix.

« Vous dormez ou quoi ? »

Du rossignol, je n'écoutais que la musique. Brigitte venait de me poser une question et j'étais là, tétanisé, incapable de formuler quoi que ce soit.

« … Je disais que, dans huit jours, la Rupertia donne une soirée. Vous m'invitez ?

– Ça dépendra de tes notes », bougonna son père.

La voix tremblante, j'intervins.

« Je pourrai l'aider en français ?

– Soit, dit Bach, nous verrons cela »

---

24 B.D.M : Bund Deutscher Mädel : Union des Jeunes filles Allemandes : homologue de la Jeunesse Hitlérienne. H.J.

Apparemment, il ne pouvait résister à sa fille. Avant de s'en aller, Brigitte m'adressa un regard qui me troubla. J'attendis qu'elle sorte de la pièce pour reprendre la conversation avec son père.

« Pourquoi avez-vous cessé de parler en présence de votre fille ?

– À soixante-seize ans, je n'ai plus la vocation du martyr. Ma fille me dénoncerait sans s'en rendre compte. C'est plein d'espionnes, leur B.D.M... Hitler a juré qu'il brûlerait jusqu'à la chair vive les racines de ce qu'il appelle « l'empoisonnement de nos sources ». Il veut exterminer tout ce qui reste d'humanité dans ce pays... Tout est grisaille en ce monde. Le démon s'y incarne aussi rarement que Dieu. Mais voilà Attila qui se proclame le destin de l'Allemagne, et un vain peuple le suit. Malheur à nous. Ils sont tous fous ! Ils l'adorent comme ils n'ont jamais adoré Dieu. *Grüß Gott* était un peu passé de mode, mais maintenant ils disent tous : *Heil Hitler*. Ah misère ! Vous dormiez donc en France ? Pourquoi depuis 1926, *Mein Kampf* est répandu par millions... *Mein Kampf*, où il décrit les horreurs à venir. L'Europe lit ça et croise les bras. C'est incroyable. Et pourquoi Hitler en veut-il tant aux Juifs, hein ? Parce que les Juifs respectent la vie humaine, tout simplement. Ils auraient empêché cette guerre. « Respecte la vie afin que tu vives », disait Esaïe, et il y a trois mille ans... À cela, Hitler répond : « Une guerre civile fait un peuple sain et fort. Toute alliance doit être conclue en vue de la guerre, autrement elle est sans valeur. » Il dit cela, oui, et les mères pleurent de bonheur, quand Hitler hurle à la radio : « Mort aux Juifs, Dieu bénisse notre combat ! » Et bien, ce vampire vit au grand jour !... Ah, il n'est pas bête. Il s'empare des enfants qui croient tout ce qu'on leur raconte et qui aiment tant le bruit. De ces fleurs il ne cultive que les épines. En sept ans de pouvoir, il en a fait des soldats enragés... Oh ! Il cachait bien son jeu. Pendant dix ans, il n'a parlé que de paix : « Le monde nous persécute, nous voulons la paix ; qu'on nous permette seulement de vivre. »

Il s'arrêta un long moment. La gorge serrée, et me dit :

« Il m'a pris tous mes enfants... Même mon petit Peter qui n'a que six ans est Pimpf [25]. À table, mon fils me régurgite le caté-

---

25 PIMPF : Dès l'âge de six ans, les enfants portaient l'uniforme et participaient à des jeux de guerre en attendant d'être Hitlerjunge (H.J.) à l'âge de 11 ans.

chisme hitlérien en guettant mon approbation : il faut que j'admire son dieu. Mon pauvre enfant s'enthousiasme encore en évoquant le feu de joie qui brûla toute la nuit sur l'Adolf Hitlerplatz. Mes œuvres complètes de Heine y sont passées. Il a fallu que je les lui donne, sinon il n'aurait pas compris… Moi qui espérais tant lui faire découvrir la poésie de ce Juif… » À défaut de ses enfants, c'est moi qu'il régale, jusqu'au dîner, d'un récital de Heine.

La nuit qui suit, je rêve que je suis dans la rue. J'attends Brigitte. Le docteur Bach surgit en pointant sa canne blanche sur moi. « Brigitte vous dénoncera ! » gronde-t-il avec la voix d'Hitler. Je me réveille en nage. Les matelas grincent. Des grognements se mêlent aux ronflements à droite à gauche dessous dessus. Ils ronflent tous. Difficile de me rendormir quand je comprends que je suis entre leurs mains. Forçat, sans avoir été jugé, je ne peux m'empêcher de repenser à tout ce que m'a dit le docteur Bach : « Cette guerre sera la fin de l'humanité. Le triomphe de l'esprit du mal. Les gouvernements ne pourront s'empêcher d'imiter les méthodes d'Hitler. Elles sont si efficaces. Je suis bien content de ne pas le voir, ce lendemain de l'*Ode à la joie*… Quand le peuple des philosophes crie : *Vive la mort au nom de l'humanité*, c'est le signe de la fin. La Bête de l'Apocalypse est sur nous et l'enfant ravi joue avec les armes de la mort… Vous savez, l'enfant détruit volontiers ; non qu'il soit méchant, mais ça va plus vite. Il est vif et impatient. Il brise en riant. Hitler l'a compris : il s'est appliqué à le développer ce penchant au massacre. Il l'a gratifié des seules vertus qu'il reconnaisse : les vertus guerrières… Si vous reculez devant la violence, vous êtes moqué comme une femmelette. Il leur a fait pousser des couteaux au bout des doigts ».

Maintenant je revoyais l'image du docteur Bach se taire et baisser la tête. J'entendais encore cette longue plainte qui était montée comme un sanglot :

« Mon petit Peter… tu avais les yeux d'un ange… Hitler m'a pris tous mes enfants… Mes pauvres petits. Tous mes petits… »

26
Michel

Quelque chose me tiraille le bras avec insistance… « Réveille-toi, allons ! », me susurre la petite voix de Michel. Dans mon oreille, son souffle chaud achève de me réveiller. « Mais tout le monde dort ! – Pas du tout. Écoute : les autres baraques sont déjà debout. On nous a oubliés mais ça n'est pas une raison. L'appel est au même instant, pour tout le monde… (Je referme un instant les yeux) Mais écoute donc ! » insiste-t-il en me secouant énergiquement. Je redresse la tête. Dans la baraque obscure, les ronflements font maintenant place aux piétine-ments, aux glissements, aux tapotements. De toutes parts s'élèvent, dans l'ombre, des chuchotements, des voix rauques, des soupirs et des bruits de pas assourdis. Je me dissimule sous la couverture. « Allons, lève-toi donc, tout le monde est debout, et déjà presque habillé… » Pour avoir la paix, je me laisse glisser de mon premier étage en mau-gréant. Au même instant, la porte s'ouvre violemment. Un sergent gueule : *Aufstehen !* (Debout) et la lumière s'allume. Il était temps, sans quoi nul doute qu'il m'eut repéré encore alité. Autour de moi les types sont là, tapotant leur lit. Très vite, la lumière transforme ce grouillement souterrain en un nuage de guêpes en folie. Les hommes courent dans toutes les directions. Ils se croisent et se bousculent dans un ballet insensé. Certains foncent vers les robinets. Mal réveillé, je suis pris dans ce tourbillon. Je me noie dans cette agitation. Je m'y dissous. Michel, que je veux remercier, a disparu. La grande marmite de la soupe est là, portée par deux hommes. Früh ne se dérange pas pour la distribution. Chacun se sert à tour de rôle. En y allant, ma gamelle à la main, je passe devant lui. Il est assis sur sa paillasse, le dos appuyé contre le mur. Assis à ses pieds, Michel tient dans sa main une de ses chaussures et l'astique consciencieusement avec un linge qu'il porte de temps en temps à sa bouche pour l'humecter. Le chef de baraque est en train de se tailler une belle tranche d'un saucisson de Lyon qu'il tient entre ses genoux. Tout le monde a l'air de trouver cela tout à fait naturel. Moi, ça me réveille ! Je n'arrive pas à me défaire de l'image de ce saucisson. Il me fusille du regard et enferme aussitôt son trésor dans une mallette. Assis sur le lit de Michel, je baisse les yeux sur le triste breuvage noirâtre qui sent le rutabaga que je finis par laper tristement. C'est l'heure de la prière, on dirait. Le mouvement a tout à coup cessé. À ma droite, une maigre silhouette tient sa gamelle d'une main et suce longuement, les yeux mi-clos dans une sorte d'extase, un petit bout de pain noir. Eux, que j'avais vus si frénétiques à la soupe, ont soudainement cette attitude recueillie. Je deviens moi aussi cette statue méditant avec délice sur un petit croûton, la main gauche chauffée par la gamelle. Ce serait le bonheur si ce n'était mes intestins qui, réveillés par la vue du saucisson, protestent bruyamment. Cette paix est de courte durée. Früh hurle un ordre : « Préparez-vous ! » Les momies s'animent. Bruits des gamelles qui s'estompent. Je cache le reste de mon pain au plus profond de ma couverture. La sirène mugit dans la nuit. Les hommes se pressent vers la porte, à travers un nuage de poussière. Dominant la sirène, la voix de Früh tonne : « Sur quatre rangs. Comptez-vous ! » Il ouvre la porte. *Raus*, aboie-t-il. On dirait un vrai sous-officier pendant un exercice de nuit. Sans attendre que les derniers soient arrivés au bas des trois marches, il prend la tête de son unité. Au pas. En avant. Marche ! La colonne s'étire, se contracte, déborde à droite, à gauche. Une voix de sergent sort de l'ombre. « Qu'est-ce que c'est que ces Jean-Foutre ? » Les ordres fusent à nouveau : pas de course. Retour. Couché. Debout, répété cinq à six fois dans une folle bousculade. C'est sûrement un coup monté ; Früh doit être de mèche avec le sergent. En attendant, il rythme la cadence à grands coups de tringle sur les têtes. Ce manège finit par porter ses fruits : progressivement, le pas cadencé se met en place. Il est maintenant parfait. Le garde-à-vous qui suit est impeccable.

27
Karl Buck

On entend confusément d'autres troupeaux, d'autres gueulements converger vers le bas du camp. Quatre projecteurs éclairent la place. L'air pénètre les vêtements comme une pluie de glace. Après avoir rangé sa troupe sur 12 rangs, Früh fait compter, recompter, recompter encore. Un sergent agrippe un détenu, puis un autre, les fait courir, revenir, tomber, sauter, ramper, puis à nouveau courir autour de la place... Il s'approche de moi. J'entends siffler sa cravache : je m'efforce de ne pas grelotter. Qu'est-ce qu'on attend ? Ça fait bientôt une demi-heure qu'on est là ? On devine la silhouette toute proche de la baraque des cuisines. Droite, comme un long poteau nu, la fumée que traverse par instants une étincelle pressée s'élance vers le ciel qui pâlit à peine. Un projecteur illumine tout à coup un haut perron de bois. Buck apparaît. L'air s'électrise. Le silence est total. Un puissant *Achtung* retentit. Tous les hommes se figent au garde-à-vous. Il est à quelques mètres de moi. Je ne vois que lui : il se tient immobile ; jambes écartées, les mains derrière le dos. Ses yeux d'acier fixent le vide. Je savais que cet ancien colonel d'aviation, grand blessé de guerre, avait droit de vie ou de mort sur chacun de nous. Mais ce n'était rien. Il dégageait une puissance messianique qui commandait l'enthousiasme. La tension du garde-à-vous ne se relâche pas. Personne n'a encore dit : « Repos ». Buck descend les douze marches du perron. Dans le silence on entend un léger grincement chaque fois qu'il soulève son pied droit. C'est sa jambe articulée. À dix pas du premier rang, il s'arrête et fait un signe. Un lieutenant accourt, salue et fait l'appel. Buck remercie d'une moue, puis marche de son pas saccadé le long du front de sa troupe. Devant chaque baraque, il fait halte, les mains au dos, en regardant devant lui. Quand il reprend sa route, on entend couiner sa jambe. Il se campe devant le 5, à deux pas de moi. Ses yeux, d'un bleu étrangement luisant, semblent me fixer sans battre des paupières. Son front, très haut, est barré verticalement d'une ride profonde, comme l'empreinte d'un coup de hache. Sous le nez aquilin, une moustache grise et carrée accentue la pâleur du visage. L'ensemble exprime plutôt le dédain que le mépris. Il y a en lui quelque chose de royal qui m'impressionne. Le dieu remonte lentement dans l'Olympe. Les hommes sont toujours au garde-à-vous. La porte se referme. Le perron retourne à la nuit.

28
L'art de la méthode

Tout ce que j'avais pu vivre dans ce camp, jusqu'à l'instant où Buck m'était apparu dans sa gloire, avait été mesquin, sale, minable. À sa vue, j'avais été saisi tout à coup par le vertige du grandiose ; j'avais un instant oublié que nous étions, pauvre troupeau apeuré, bête de somme uniquement préoccupée de la subsistance misérable de notre propre peau. La faim, la peur des coups excusaient cela, bien sûr ! Mais il y avait trop peu de temps que j'étais enfermé pour que je pusse me résigner à ce que la vie ne fût que cela. Je rêvais encore de grandeur à l'époque. Je n'aurais pas remué le petit doigt pour devenir ministre. C'étaient des besogneux. Qu'on puisse attribuer à un roi des épithètes aussi vulgaires que bon ou mauvais me paraissait un triste signe de la dégénérescence de l'idée de grandeur chez mes contemporains. Un boulanger ou un ministre était bon ou mauvais. À un roi, je demandais simplement le droit d'être né et d'être là. Le génie apprenait à lire et à écrire comme tout le monde. Je me croyais être un de ceux-là, évidemment. Et, au lieu d'écrire, de travailler, j'attendais la plume en l'air que le feu du ciel y descendît. À mes yeux, le génie partageait avec le roi la puissance de l'arbitraire. Il disait que la lumière soit et la lumière ébahissait le monde. J'étais fâché de n'être pas né roi. Il ne me restait donc qu'à devenir empereur ! C'était moins pur mais, en s'appliquant, l'empereur pouvait régner selon l'arbitraire qui est la vraie grandeur. Récompenser quelqu'un pour ses mérites, quelle pitié ! La justice, quelle honte ! Supprimez le roi, les loteries fleurissent : cet arbitraire du pauvre. Supprimez le roi, Dieu se fait fantôme. Dieu sème au hasard ses bons grains et ses tempêtes, c'est pour cela que le bon plaisir du roi est divin. Ces pensées, un peu sommaires, me faisaient la proie facile du clinquant. En outre, je ne pouvais me faire à l'idée d'être une parcelle d'une masse, sauf si cette masse était tout à coup coiffée d'un visage qui ne pouvait être que royal. Alors, l'informe se transformait en un dragon brûlant tout sur son passage. Quelle excellente recrue pour le nazisme j'aurais peut-être faite si j'étais né en Allemagne. Je me demandais donc, parfois, si le lait de la brebis démocratique française qui m'avait nourrie contenait toutes les vertus dont mon cœur avait besoin… Sous mes yeux se déroule justement le morcellement d'allure démocratique de ce grand corps soudé et magnifié tout à l'heure par le garde-à-vous. À quoi peuvent bien être vouées ces petites unités grouillantes que rassemblent les sergents ? Le commando des carrières a trop bonne réputation. Des transfuges du redoutable commando des bûcherons tentent de s'y réfugier. Ils seraient tout de suite repérés dans le commando des routes, composé de vétérans ou d'éclopés. Dans les carrières, ils ont une petite chance, les bûcherons. Les services intérieurs, infirmerie, tailleur, coiffeur, cuisines, ont déjà regagné leurs postes. Pas d'histoire, ce sont des spécialistes. Sous la menace des mitraillettes, les commandos extérieurs sont sortis, un à un, on ne les fouillera qu'au retour. Au milieu de la place, un groupe disparate a été laissé pour compte. Tous les sergents ont disparu : « Ils déjeunent », grogne mon voisin. Une bouche fendue jusqu'aux oreilles dans un visage tout en os lui fait une face hilare. Mais il ne rit pas. « Ils ne reviendront pas avant que le soleil se lève. Il y en a pour une bonne demi-heure… » Au même instant, une fine pluie se met à tomber. « Ça va durer toute la journée », remarque-t-il en frissonnant. Trois quarts d'heure après, nous sommes trempés jusqu'aux os. Derrière le ciel bas, uniformément gris, comment croire que le soleil est là ? Un gardien paraît enfin, enroulé de la tête aux pieds dans un ciré. « Au pas de course, bande de sagouins ! » grogne-t-il. Est-ce notre faute s'il pleut ? Les autres s'arrêtent spontanément devant la baraque du matériel. Ils savent. Chacun se saisit d'une lourde dame. Malgré les coups de cravache, on court tout de même moins vite avec ça. Le long de la clôture supérieure du camp, il nous dispose sur 2 rangs de deux. *Bouche fendue* m'a dit que le damage était réservé aux derniers arrivés. Un stage de formation, en somme. Appliquons-nous donc ! D'ailleurs, nous avons un modèle. Face à nous, un détenu contremaître, armé d'un petit bâton, en joue comme d'un métronome. Il est responsable du synchronisme. Il est très important, dit-il, que toutes les dames s'abattent en même temps. Ainsi, s'il y en a une qui est en avance ou en retard d'1/10ᵉ de seconde, il le repère tout de suite. Et alors... cela me paraît simple. Mais il n'a pas dit où il fallait damer et ce qu'il fallait damer. Une chose après l'autre. Nous verrons...

La petite baguette monte et descend. Les cent dames tombent avec un bel ensemble. Vraiment l'asphalte en tremble. Bamm ! Ici, c'est de l'asphalte dur et parfaitement lisse. Évidemment, pour apprendre le synchronisme, c'est parfait... Il va sûrement, au bout de quelques minutes, nous mener au bon endroit qui justifie cette entreprise. Lever tous ensemble, puis laisser tomber la dame, tous ensemble : ça fait un " Bam " tout à fait réussi. Voilà, j'y suis. J'ai compris comment faire. Une heure passe à damer l'asphalte dur et lisse et... j'espérais toujours. En m'efforçant de suivre la cadence, je me représentais avec nostalgie, l'étendue de sol que j'aurais déjà pu transformer en terre battue.

Un petit vent chargé de neige s'est levé. Silencieusement, le sergent parcourt les rangées de dameurs. Il s'arrête dans mon dos. Je retiens ma respiration et m'applique. Les secondes passent. Il est toujours là. Il s'éloigne... ouf ! J'ai failli au rythme mais le métronome n'a rien remarqué. L'ordre tombe : « Halte ! » Enfin il va nous amener quelque part, me dis-je, mais non, ça reprend : ce n'était qu'une pause de quelques secondes. Un soupçon m'effleure... Il y a bien des endroits à damer dans le camp... Et si cette bande asphaltée avait été mise là exprès ? Mes pensées sont troublées par ce rythme insensé, et ce n'est qu'à midi que je pense comprendre enfin le sens de ce travail : faire de nous des bêtes de somme pour que toutes pensées disparaissent de notre esprit ; annihiler totalement notre personnalité.

Durant la pause, je grignote sur place mon petit bout de pain. Je n'ose pas demander à mon voisin combien de temps va durer cette besogne sans but ni résultat. Bam, bam, bam, bam. La tête me tourne… Je scrute intensément le sol pour y chercher la trace de toute cette peine. Rien : l'asphalte est dur et lisse. Je jette un œil par-dessus mon épaule : le sergent a disparu. L'instant d'après (ou est-ce deux heures après ?) il est à nouveau là. Ce bruit, ce néant ! Enfin le soleil risque un œil avant de disparaître derrière la montagne, juste en face de moi. À travers les barbelés, je le suis des yeux. Dans la pénombre de la colline toute proche se dresse un grand chêne nu. Les rayons lui font comme une coiffe rouge qui rapetisse à vue d'œil, puis disparaît. À ses pieds vadrouille un troupeau de cochons : ils ont l'air tout noir. Je ne vois plus les barbelés, je ne vois que ces cochons. La vie est là. Je m'y transporte. J'y suis. Je resterais des heures à les regarder. Je voudrais les entendre grogner…

« Mais ce salaud dort, ma parole ! C'est par terre qu'il faut regarder pour surveiller votre travail et non dans la lune. » Il accompagne ses paroles de furieux coups de manche de cravache sur ma tête.

Le soir, j'arrive à peine à grimper sur mon lit, tant les bras me font mal. Je m'endors aussitôt. Je me réveille en damant. Mon lit en tremble. Michel, en dessous, ne proteste pas. Ça se projette dans ma tête maintenant. Je me vois damant : Bam… Bam… Bam. Je n'y coupe pas. Le lit grince. Les voisins commencent à râler… Qu'est-ce que c'est ? Ma dame s'alourdit. La voilà qui s'enfonce d'un coup, de dix bons centimètres. J'ai peine à la retirer de la glaise. Maintenant ce sont les pieds qui s'enfoncent. J'en ai jusqu'aux genoux. À chaque mouvement je m'enlise un peu plus. Pourtant, il faut continuer : suivre la cadence. Pourvu que le sergent ne remarque rien. Je rêve d'une plaque de ciment, dur et lisse. Je suis englué de glaise jusqu'à la taille. Il y a longtemps que je ne vois plus le bout de ma dame, mais, je garde le rythme.

Je me réveille d'un coup et je regarde autour de moi. Je suis seul. C'est la nuit. Ce n'était qu'un mauvais rêve. Je réfléchis : ce damage est plus qu'un apprentissage, c'est une épreuve. Si je réussis, ils vont me promouvoir, c'est sûr. Peut-être me nommeront-ils contremaître ? Pour être bon, le damage doit être régulier. Pour qu'il soit régulier, il faut le décomposer. Comment n'y ai-je pas pensé plus tôt ? D'abord, il faut soulever la dame à la bonne hauteur. La même hauteur, chaque fois. Il me faudra prendre un repère sur la tige et bien viser au niveau des yeux. 1 : lever jusqu'à la marque. 2 : petit arrêt, juste de quoi compter vite : 1, 2 : diriger le manche bien perpendiculairement pour la descente. 3, c'est le plus délicat : que la dame affronte le plan sur toute la surface. Sinon, l'effet peut être désastreux : si elle tombe sur un bord, ça fait *Clac* et non *Bam*. 4 : marquer un minuscule arrêt en bas, compter 1, 2, puis retour au 1. Coup de reins. Hop, lever… Comment vais-je parvenir à me souvenir de la procédure exacte ? Malgré ces folles cogitations, je suis debout avant tout le monde. Mais à peine levé, la tête me tourne : ma nocturne énergie s'évanouit, et la folie des fantasmes de cette nuit me saute aux yeux : je suis plus fatigué qu'au coucher et atterré à la perspective d'une nouvelle journée à damer, sans trêve, un asphalte dur et lisse. Comment tenir jusqu'au soir ? Que faire ? La nuit suivante, les hallucinations et la fièvre perfectionniste recommencent jusqu'au matin… Des jours et des nuits, on eut dit des années, passèrent ainsi à *Stampfen*. Je me sentais vieux et stupide, tremblant et déboussolé.

29
Ainsi parlait...

Comme chaque dimanche, la moitié de la baraque s'active à la cuisine pour nettoyer et éplucher ; d'autres frottent les vitres, les robinets et les planchers. Quelques-uns cousent. Je suis intrigué par un petit groupe qui a l'air de comploter dans un coin. Je m'approche. C'est un club très fermé. Un grand chauve me jette un œil mauvais par-dessus son épaule. Puis il se penche presque au ras du lit. Une agréable odeur chatouille mes narines. Le bout conique qu'il passe à son voisin est très pointu : celui-ci, pour se dissimuler, se penche comme le curé sur l'hostie pour aspirer goulûment le nectar. Le bout conique devient incandescent : preuve de l'aspiration hâtive et fébrile des fumeurs qui se le passent à tour de rôle. J'ai l'impression que le mégot ne fera pas le tour. L'air attristé du dernier de la file me le confirme. Je cours à mon lit. Dissimulé dans la reliure de mon *Zarathoustra*, j'extrais une cigarette et regagne le groupe en dissimulant mon trésor. Il vaut bien une carte du club... Le grand chauve se fend même d'un sourire en me présentant l'amadou. Je pompe avidement. Je ressens des fourmis jusqu'aux orteils. Sans hâte, mais avec autorité, le grand chauve me prend la cigarette des mains et, après avoir tiré une grande bouffée en fermant les yeux, la tend à sa gauche. « Früh vient de sortir, murmure un petit gars en se redressant, je n'aime pas ça... » Et aussitôt dit, il fonce vers les lavabos. J'ai compris : c'est un truc pour me subtiliser ma cigarette. Le groupe se disperse pour se reformer ailleurs, mais la porte s'ouvre avec fracas. « Halte ! Qui a fumé ici ? » Tout le monde reste coi. Le sergent répète sa question en dévisageant à tour de rôle chacun de nous. « Tous dehors ! » vocifère-t-il. Devant la baraque, les occupants sont alignés au garde-à-vous sur quatre rangs. Sans prendre le temps de nous regarder, il gueule : « Celui qui a fumé, a trois minutes pour se dénoncer, sinon toute la baraque sera privée de nourriture. Même ceux qui sont aux cuisines. Et jusqu'à ce que je tienne le coupable ! » Il relève sa manche et regarde sa montre. Il y en aura bien un qui dénoncera l'autre ? D'ailleurs, il n'aurait qu'à renifler les bouches pour trouver plus d'un coupable. Je me sens visé, j'ai l'impression qu'on va me dénoncer. « Plus qu'une minute », dit le garde. J'hésite encore quelques secondes, puis je fais un pas en avant. D'un mot, il renvoie les autres et se tourne vers moi : « 1834, je vais demander contre vous dix jours de cachot sévère, au pain et à l'eau, avec suppression du matériel de couchage. En avant. Marche ! » Je sais que les cachots jouxtent la baraque des cuisines. Chemin faisant, nous croisons les hommes de corvée portant l'exceptionnelle pitance du déjeuner du dimanche. Le délicieux fumet me nargue au passage. Il a dit : au pain et à l'eau ? Il me pousse dans un réduit absolument obscur où je ne peux tenir debout. Deux pas hésitants, et je me cogne au fond. Ce cachot a moins d'un mètre de large. Un parfum merveilleux me saoule en un moment : une divine odeur de poulets rôtis. Pour les sergents évidemment... Mon estomac gargouille. Lorsqu'ils viendront me donner un bout de pain, je le mastiquerai longuement en me remplissant du fumet des poulets. Ils viendront sans doute après leur repas. À tâtons, je pars à la découverte de ma geôle. Une tinette et un broc. C'est tout. Le sol est en ciment. Rien pour se couvrir, mais pour le moment il ne fait pas froid. Au milieu du mur de planche, une luciole me regarde. J'étends un doigt prudent. C'est le trou qu'a laissé un gros clou de charpentier. Mon œil que j'y colle est ébloui. À portée de ma main, à cinquante centimètres environ, des pains sont étalés sur des rayons. J'en compte dix rangées de dix ; mais il y en a plus, beaucoup plus... Mon nez hume goulûment cette odeur exquise. Un repas complet. Je m'arrache hardiment à la fascination, mais j'y reviens... Amer, je pense que ce n'est pas un hasard s'ils ont mis les cachots proches des cuisines ; ils ont réduit ma vision du monde à ce qu'il y a de plus précieux : le pain. À quoi sert de compter des pains intouchables, comptons plutôt les secondes qui me séparent de ma ration. Disons une heure : 3 600 secondes. Vers 1 500, une forte odeur de tarte aux pommes me fait perdre le fil. À 3 500, je ralentis exprès. Plus que cinq minutes. À 4 600, ça ne sent plus que l'eau de Javel. J'ai perdu tout espoir. Assis sur le ciment, le froid monte dans mes cuisses. Je me relève et me cogne la tête. Un moment, j'avais oublié où j'étais. J'essaie de comprendre les vagues bruits que j'entends. Tout se mélange. Je n'ai qu'une idée : lorsque j'aurai mon pain, je décide de mettre les 2/3 de côté pour le lendemain. Mastiquer longuement par petites bouchées jusqu'à ce qu'il devienne liquide. N'avaler que ce jus de pain. Une heure pour le dîner. Une heure pour le souper. À ce mot, mes papilles s'agitent… Plus tard, une image se dessine : Kätchen apparaît. Que fait-elle en face de moi, la fourchette en l'air ? Tout me revient. Nous étions dans un petit troquet de Mannheim, avant Noël dernier… Son image s'estompe et je repense au pain. Je perds Kätchen. Il faudra faire attention que le pain ne s'émiette pas. Au fait, sont-ils toujours là, ces pains ? Maintenant c'est une odeur de pâtisserie qui me chatouille les narines… Personne ne sait que je suis là. On a dû m'oublier… Je ferme les yeux et tente de faire revenir l'image de Kätchen. Peine perdue : elle s'est définitivement évanouie de mon esprit… Et si les rats me mangeaient mon pain pendant que je dors ? Je colle le pain dans mon caleçon, puis je m'endors…

Dix bougies font briller dix amandes sur mon kouglof d'anniversaire. Ma mère sourit en attendant que l'odeur me réveille. La gelée de framboise tremblote dans le saladier. À voir sa joie, j'ai de la peine. Je n'ose pas lui dire que je suis puni. Je n'ose pas lui dire que je n'ai pas le droit d'y toucher. Et maintenant ces effluves de café au lait… Pourquoi fait-il tout noir ? Je le sens pourtant bien ce café au lait. Ah, c'est que j'ai encore les yeux fermés… J'ai dû rêver. Ma tête cogne sur le sol dur. Je tâte prudemment autour de moi. Ma main rencontre un seau gluant. Je lutte pour me réveiller du bon côté, c'est-à-dire pour retomber du côté de mon souvenir, en me guidant à travers l'odeur du kouglof encore présente dans mon esprit. Une crampe d'estomac me poigne… Ainsi, ce n'est pas une légende : cette bonne odeur de café d'avant-guerre vient des colis de la Croix-Rouge que les cuisiniers partagent avec les sergents. J'imagine le gros Wolf attablé devant son petit-déjeuner. L'aigre relent de la chicorée des prisonniers a chassé le bon café. Je suppose que toute une rangée de pains a été vidée. Allons, le mien est en marche. Aux bruits de casseroles et de robinets, s'en mêle un autre qui s'éloigne peu à peu : la voix du sergent qui hurle des ordres, au seuil des baraques. Mal guéri de mon rêve, j'entends des centaines de galoches qui roulent sur l'asphalte comme un torrent sur des galets. La clé tourne dans ma serrure. Voici mon pain ! « *Raus* ! » Qu'est-ce qu'on me veut ? Mes oreilles tintent. Je trébuche sur la marche unique. Un coup de pied me redresse. Dehors, l'air vif me pique. Pourquoi tout ce remue-ménage ? Les projecteurs me brûlent. Je reconnais les trois étoiles de l'*Obersturmführer* (Lieutenant SS). Le coup de botte, c'était lui. Baïonnette au canon, trois sergents m'encadrent. Ils ne vont pas me fusiller tout de même ! J'ai un grand besoin de pisser. « En avant marche ! Halt ! » Ils sont tous là éclairés comme en plein midi. Vingt heures de silence ont affiné mon oreille. Le moindre frottement est un vacarme. « Garde-à-vous ! » C'est la fin. Ces baïonnettes me rendent fou. Mon cœur bat à toute vitesse. Pour l'exemple… Ils vont me fusiller pour l'exemple ! Des secondes passent, interminables. Une voix crie mon matricule : « 1834 » Je sursaute et me redresse. « Dix jours de cachot sévère, au pain et à l'eau. » Je reviens de loin. J'ai envie de rire et de pleurer. Ce n'était que l'énoncé de la sentence. « Emmenez-le ! » éructe le lieutenant SS. Je voudrais les toucher ces baïonnettes qui m'ont fait si peur. Je me rue sur mon seau pour finir d'y vider ma vessie. Un tremblement rétrospectif m'oblige à m'asseoir. Par la porte entrouverte et refermée aussitôt, on a jeté quelque chose qui roule à mes pieds. Oubliant toute prudence, j'y mords à pleines dents. En mastiquant, la sagesse vient : si je veux faire quatre repas, je peux m'accorder une bouchée comme la première. J'ai grand-peine à m'empêcher d'avaler.

La bouillie de pain devient si abondante et si liquide, qu'il me faut mettre ma main devant la bouche de peur qu'elle ne s'échappe. Un sirop aigre-doux, un peu moisi, déborde. Je l'avale en sept ou huit petites gorgées. Éloignant le plus possible le pain tentateur (les rats ne viennent pas pendant la journée), je m'allonge en chien de fusil et j'enfonce un poing serré contre mon ventre pour soulager mes crampes d'estomac. Je me réveille la tête lourde. Est-ce le jour ou la nuit ? Aucun bruit. Presque en rampant, je m'avance vers le trou pour y jeter un œil. Je vois des pains alignés et éclairés par une lampe. Mais alors, si c'est le soir, je suis en retard d'un repas ?

Ma faim est immense. Je ne sais comment, mais je me retrouve avec mon pain dans ma main. Un doute me saisit : et si c'était l'aurore ? Et cette tête lourde, comme si j'avais dormi toute la journée… Hélas, la lune, même pleine, n'aurait pas ces reflets dorés. C'est donc le petit matin. Toute une longue journée à me tordre en attendant une bouchée… J'en avais de bonnes, hier, de vouloir me nourrir de méditations. De me remémorer mon passé. Quelle folie de m'imaginer que je pouvais, dans un tel cachot, m'enrichir d'une expérience irremplaçable. Je suis déjà tout abruti et, dès que je m'assieds, je somnole. Le temps me semble deux fois plus long. Je n'imagine même plus le soleil en train de se lever… Ils ne sont pas fous, ces nazis : déshumaniser, c'est à quoi visent les camps. Ça ne va pas assez vite : le cachot sert d'appoint. Si le cachot pouvait former un caractère, les nazis l'emploieraient sûrement pour élever leurs élites. C'est donc ça, ce qu'ils veulent, que je me liquéfie ? Ils pourraient aussi fort bien m'empêcher de dormir. Non. Je ne ferai pas leur jeu. Même dans les oubliettes, certains résistaient. J'essaie au moins de freiner la dégringolade en me souvenant de ce fameux samedi 18 mai 1940, à Dijon…

30
Le ruban

Je suis étudiant à la faculté de médecine en deuxième année. Ce jour-là, je me lève tôt. Il fait beau. Je pars pour la promenade de l'A.G. On s'est donné rendez-vous Place de la République, à huit heures. On est une trentaine. Plus de filles que de garçons. Celle que je vais rencontrer ce jour-là, je ne la vois pas encore. C'est vrai qu'elle était de petite taille. De la place à la lisière de la forêt, il y a bien une heure de marche. Lorsque nous arrivons, Gauthier – une vraie pipelette – me parle depuis le début de ses aventures parisiennes avec sa petite coiffeuse, Juliette. Alors je ne vois pratiquement rien de cette forêt luxuriante qui m'entoure, à part ces arbres immenses qui pointent leurs cimes vers le ciel que je devine tout juste entre les branches. Lorsque Gauthier en a fini, j'entends les chants d'oiseaux qui se répondent mélodieusement d'arbre en arbre. À mi-chemin, nous croisons une vieille femme. Les pieds dans le fossé, gantée de chaussettes brunes trouées, les yeux rouges sans cils ni sourcils, elle touille avec un bout de branche le contenu d'une boîte de conserve qui mijote sur un feu entre deux pierres. Sous le chiffon jaune et sale qui ceint son front, elle jette un regard hostile à notre bande qui passe devant elle. On feint de l'ignorer. La troupe s'étire. Je suis à la traîne, observant les fleurs qui pointent entre les épines et qui tapissent le manteau forestier. Nous arrivons à proximité d'un pont en dos-d'âne, comme en construisaient les Génois. Un parapet s'élève en pente douce comme une invite. C'est vertigineux ! Je me penche prudemment pour observer, dix mètres plus bas, un petit torrent au lit rocheux. Un long moment, je reste penché, hypnotisé par ce débit bouillonnant, fougueux, impétueux ; son roulement permanent me fascine et je ne parviens pas à m'en détacher. Lorsque je me redresse, alerté sans doute par l'éloignement de la rumeur de la troupe, je vois une jeune fille, l'air rêveur, assise à deux pas de moi – tout à l'heure sans doute, le sommet du pont me la masquait. Elle a les jambes dans le vide qu'elle balance en rythme. Son corps penche dangereusement à l'horizontale vers le torrent. C'est certain, si je n'interviens pas, elle va tomber ! Elle ne se retient même pas. Pour ne pas l'effrayer, je glisse lentement vers elle et, arrivé à sa hauteur, je la saisis fermement par la taille pour être sûr qu'elle ne bascule pas dans le vide. Je la soulève pour la déposer sur le pont. Elle ne résiste pas.

« Vous risquez de tomber !

– Qu'est-ce que ça peut vous faire », dit-elle en ouvrant de grands yeux étonnés.

Je lui prends la main que je ne lâche plus. Cette main qui semble si petite au creux de la mienne. On marche lentement. « Nous allons les perdre », dit-elle inquiète. Soudain elle s'échappe. Elle court pour s'arrêter au bout de vingt mètres. Je la rejoins en prenant le temps d'observer avec attention sa silhouette. Elle a de longs cheveux noirs qui tombent jusqu'à ses reins. Il me semble qu'ils étaient serrés tout à l'heure… dans un ruban vert. Elle a dû le perdre pendant sa course. Elle est si menue qu'elle me fait penser à un oiseau que l'on vient d'attraper. Je pose délicatement une main sur son épaule pour l'inciter à se retourner. Mon cœur s'emballe. Je sens les battements si présents dans ma poitrine que j'ai peur qu'elle les entende. Elle se retourne et me regarde en renversant la tête, sans sourire. Ses yeux ont quelque chose de triste. Elle remarque son ruban vert à quelques mètres de là. Elle retire délicatement sa main de la mienne et part le chercher, presque en sautillant. Lorsqu'elle revient vers moi sans me quitter des yeux, elle tient son ruban dans son petit poing fermé. Cette fois, j'ai l'impression qu'elle me sourit. Oui, elle me sourit ! Mais son sourire s'évanouit comme une image qui s'efface, et me ramène inexorablement dans mon cachot…

31
Kabinettdirektor

Comme le bruit de pas sur des feuilles mortes, un doux grésillement de friture accompagné d'une odeur de viande grillée, envahit ma cellule. J'imagine aussitôt des morceaux de veau qui chantent dans un ragoût destiné aux sergents. J'avale une gorgée de salive inutile… Un ululement me tire de mon extase. À l'extérieur, ça gueule si fort que je n'entends pas la porte. Je remarque seulement qu'on referme avec effort le cachot voisin du mien, après y avoir poussé un sac de pommes de terre beuglant… Il continue à tambouriner et à hurler : « Salaud, salaud ! » Alors qu'il reprend son souffle, je lui fais : « Si tu gueules, tu vas aggraver ton cas. » Il m'écoute et se tait. Je tends l'oreille. On dirait qu'il réfléchit … Mais non, il recommence ! Ce sont maintenant des cris, des sanglots rythmés de coups de pied et de poings dans la porte. « Ça va te donner faim, tu sais, de remuer comme ça ; et ici on ne mange guère… » Nouveau silence, plus long cette fois, auquel succède une mélopée plaintive entrecoupée de reniflements. Je reconnais l'auteur de cette litanie. C'est August. « C'est toi, August ? Le *Kabinettdirektor* ? » Tout à coup, il me répond d'un ton presque mondain : « Oui, je suis August, le Directeur de Cabinet. » Il semble que de lui donner son titre l'a un peu calmé. J'aime bien August qui est de ma baraque. Je n'espère pas d'échanges très spirituels de ce voisinage, August n'est pas précisément un intellectuel, mais, c'est une présence. August est un débile mental léger qui, lorsqu'il était libre, vivait dans une décharge publique et se nourrissait de détritus. La détention était pour lui une promotion sociale. Il s'était vu attribuer le travail répugnant du nettoyage des latrines, et y besognait tout le jour, grattant, touillant, récurant. Une fois, un gradé de bonne humeur l'avait baptisé du nom ronflant de *Kabinettsdirektor*. Il en avait fait un titre. Il attribuait au respect la distance à laquelle le tenaient ses codétenus. En réalité, il empestait ; et lui qui passait son temps à laver ne se lavait jamais. Oui, je l'aimais bien August. Il était généreux comme pas un. Il n'est trognon de chou ou épluchures ramassées dans la décharge du camp qu'August n'offrit sans se lasser, après les avoir soigneusement triés, à ses camarades dégoûtés. Autour de cette décharge, il avait disposé ce qu'il disait être des collets pour les rats. Sans se laisser abattre, il les renouvelait tous les jours. Un soir, un détenu y attacha un rat rapporté des carrières où il avait été assommé la veille par un contremaître. La jubilation d'August avait de quoi réchauffer les cœurs. « Ça marche, ils vont tous venir. Nous aurons de la viande tous les jours », avait-il déclaré en sautillant comme un fou dans la baraque pour informer tout le monde. Bien que le rat fût passablement gonflé, on le vit ouvrir avec les dents qui lui restaient, le ventre de la bête et lui ôter ses boyaux. Il remit en place cœur, poumons, foie et rate. Ensuite, il détacha avec soin la peau en se léchant les doigts de temps en temps, avec gourmandise. Après avoir séparé avec art les cuisses du tronc, il les offrit à la ronde dans sa gamelle. « Une cuisse pour trois, et il n'y en a pas pour tout le monde, avait-il déclaré en mastiquant le foie. Le rat sèche très vite, on ne peut le garder… Si vous saviez comme c'est bon, soupirait-il, en achevant son repas par la tête, c'est le meilleur morceau », avait-il assuré en se léchant les babines. Il ne manquait jamais de viande, August. Chaque soir il ouvrait sa petite boîte de biscuits dont il tirait les mouches qu'il avait attrapées la journée. Il en enrichissait sa soupe en les écrasant avec sa cuillère contre le bord de sa gamelle. Une fois, je l'ai vu rejeter une des mouches avec dégoût et la piétiner avec rage. « Tu ne la manges pas celle-là ? » avais-je dit étonné. Heureux que quelqu'un s'intéresse à ses mouches, il m'avait répondu gravement : « Celle-là est malade. Tu le vois à son ventre plat. » Ses yeux d'un bleu si pâle qu'ils paraissaient presque blancs me regardèrent songeurs entre des cils noirs d'une incroyable longueur. Ils juraient avec sa face de lune minuscule dans sa grosse tête pleine d'eau. Et ces larges lèvres humides remuaient comme si elles remâchaient sa phrase.

August n'a pas bougé depuis un quart d'heure. Il me chuchote, après avoir frappé à ma cloison :

« Écoute, j'ai besoin de toi pour l'infirmerie.

– Quelle infirmerie ?

– Moi, ils connaissent ma voix. Ils ne viendront pas. Appelle-les, toi. Tu leur diras que je vais mourir s'ils ne me tirent pas d'ici. J'ai un bout de verre. Je vais le faire…»

J'essayai de le raisonner, sans succès.

« Tout ce que je veux, c'est que tu appelles. »

Au bout d'un moment, je l'entends hurler :

« Ça y est, je l'ai fait, ça pisse ! Je me vide ! Aïe, aïe, aïe… Appelle vite ! Appelle donc, cochon ! »

Il pleurait, gémissait. Je tapais sur la cloison.

« August, réponds-moi ! »

J'avais l'impression qu'il chantonnait. Mais il ne répondait pas. Puis j'entendis un bruit sourd. J'imaginais sa tête sur le ciment.

« August, voyons… »

Je rugissais : *au secours* sur tous les tons. Rien. Je tapai de grands coups sur la paroi de la cuisine. Enfin, un sergent fit son entrée, hargneux. Il n'attendit pas la fin de mes explications et sortit sans refermer la porte. Je l'entendis asséner quelques coups de pieds qui réveillèrent August. J'étais rassuré…

« Allons, debout. Avance, crapule ! Je t'en foutrais moi, des brancards ! »

Par l'entrebâillement de la porte, je vis qu'il sortait de sa cellule avec sa grosse tête. Sa main gauche, pendante, dégoulinante de sang.

32
August

Quelques instants plus tard, je remarque que ma cellule est entrouverte. Alerté par les cris d'August, le sergent a dû l'ouvrir dans sa précipitation, me dis-je. J'ose un pas prudent à l'extérieur. Puis un autre. Le couloir n'est pas long. Me voilà dehors, attiré et effrayé par la lumière. Je ne comprends pas ce que je vois. Aveuglé, je m'appuie au chambranle. J'entends des plaintes aiguës : « Aïe, aïe, aïe ! » J'ai tout juste le temps de filer dans ma cage. Sans un mot, le sergent pousse violemment August dans sa cellule et referme bruyamment les trois portes. CLIC-CLAC, CLIC-CLAC, CLIC-CLAC.

« Il m'a collé un pansement et cinq jours de plus, pleurniche August.

— Je t'avais prévenu.

— C'est de ta faute aussi, tu n'avais qu'à pas appeler. Je ne te parle plus. Tu es un salaud. »

Tout de suite après, sa petite voix fait :

— C'est quand qu'on bouffe ici ?

— Je te l'ai déjà dit : tôt, le matin. »

Mais pour moi, c'est l'heure. Pourvu qu'il n'appelle pas quand j'aurai la bouche pleine ! Hypocrite, je lui dis que je vais me reposer et lui conseille d'en faire autant. Il sanglote pendant que je mastique, me gâchant le meilleur moment de la journée. Occupé à chercher des mots qui consolent, je sens à peine le goût du pain. « Pas la moindre mouche… Pas la moindre mouche…» gémit-il en boucle. Alors que j'ai expédié mes deux bouchées en moins d'une demi-heure, il dit, amer : « Je suis sûr que tu es en train de bouffer, toi, sagouin… »

Il était comme ça, August : il animait le silence. Quand il ne pleurait pas, il ronflait. J'écoutais attentivement tout cela. Je l'enviais. Il était humain au moins, lui, et chaleureux. Il vivait doucement, ce que j'avais toujours refusé. Et les relations brûlantes que je cherchais étaient rares et fugitives comme un rêve. Lorsque j'avais tenu dans mes bras le corps tremblant du petit Michel, ce seul instant de chaleur humaine me l'avait révélé : j'avais repoussé la tendresse, elle me manquait soudain. La jeune fille rencontrée dans la forêt, je l'avais aussi tenue dans mes bras…

« Si Tita me voyait, elle serait folle, avait-elle dit.

– Qui est Tita ?

– Mon amie, ma coturne. Elle m'explique combien il faut se méfier des garçons. »

Depuis un moment, elle me parlait en effleurant des doigts les pâquerettes. Elle en avait mis quelques brins sous son ruban vert. « Avec toi, je me sens en confiance, comme j'aurais été avec ce grand frère, s'il avait vécu… » Une grande douceur noyait son désir. Nous étions comme de vieux époux qui oublient de s'embrasser. Puis elle s'était allongée, la tête sur la mousse. Je n'osais faire de même. Accoudé, je regardais son beau visage un peu triste. Dans ses yeux se reflétaient les branches qui bougeaient au moindre souffle de vent. « J'ai souvent été seule en forêt, et je n'ai jamais eu peur. C'est drôle, je crois que j'aurais peur maintenant, sans toi. Avec toi, je me sens protégée… » Et dire que j'allais l'embrasser ! Le bras ankylosé, je m'allongeai doucement près d'elle. Je sentais son souffle sur mon visage. Je me souvenais de ce que m'avait dit Gauthier : « Si tu rates le moment, c'est foutu. » « Eh bien, si tu ne veux pas m'embrasser, c'est moi qui t'embrasse ! » Elle se tourna vers moi et déposa sur mon front et sur mes yeux trois baisers rapides. Cette main que j'avais pris soin de ne pas effleurer, je la saisis et la couvris de mes lèvres, comme un fou. « Qu'est-ce que tu as ? » me dit-elle, amusée de me voir si fébrile. Je n'entendais rien. Mes lèvres remontaient le long de son bras, la couvrant encore de baisers. Je me réfugiai dans son cou où je voulais me perdre. J'étais enivré par son odeur que je voulais garder. Je respirais ce parfum avec la crainte qu'il ne m'échappe ; qu'il se dissipe dans l'air à jamais. Elle tourna un peu la tête et, le cœur battant, je posais longuement mes lèvres sur les siennes. Épuisé, je retombai à ses côtés. « Je l'aime, je l'aime ! » me répétais-je intérieurement. « Personne ne m'a jamais fait ça, dit-elle pensive.

— Nous vivrons ensemble, toujours, toujours…

— Tu entends l'oiseau ?

— Un merle ? dis-je le souffle court.

Elle roula sur elle-même et se blottit naturellement dans mes bras. Nous restâmes silencieux, enlacés, presque immobiles, et je sentais peu à peu fondre en moi toutes mes glaces. Quand un gros quartier de lune monta lentement à travers les branches, elle me dit :

« J'ai un peu froid. »

Je la serrai fort dans mes bras, et elle s'endormit entre nos baisers.

« On est déjà le matin ? dit soudainement August.

— Dors. C'est toujours la nuit, mentis-je. »

33
Le sirop noir

Au début, je comptais les jours. Quand je ne sus plus distinguer le matin du soir, tout s'embrouilla. J'aurais pu me repérer aux bruits, mais ils étaient noyés dans mes rêves, mêlés à mes hallucinations. Comme un sirop noir, le temps coulait, immobile, engluant ma pensée…

Lorsqu'enfin un sergent ouvre ma porte et me commande de sortir, je le regarde hébété. Passé la porte, j'avance courbé dans la lumière aveuglante. Sur ma tête, je sens toujours le bas-de-plafond de ma cellule. J'avais oublié qu'il y eut un ciel… Je tourne en tous sens, des yeux inquiets pour voir d'où viennent ces bruits. C'est le désert, et tout crépite cependant. J'ai peur. Je me retourne pour rentrer dans mon trou. La porte est fermée… Pourtant, je l'avais attendu, ce jour ! Commence alors un long voyage abasourdi… Ce numéro 5 sur une baraque me dit quelque chose… Mais ces marches épaisses et cette porte, d'un brun si brillant ! On a dû tout changer. Je reconnais et ne reconnais pas, ce petit bonhomme qui me saute au cou. Il n'avait pas ce grain de beauté au menton. C'est sûrement un rêve, encore… « Tout va bien, tout va bien », me dit-il en tapotant la main. Je m'éveille seulement le lendemain, en damant. Je n'avais jamais remarqué que la moitié des dameurs portaient ces tuniques blanches traversées de bandes noires horizontales. Le soir, Michel m'explique que ce sont ceux de la baraque 8, et qu'ils sont déjà en tenue de départ. Libérés ?

– Non, au contraire, ils vont à Dachau. C'est très mauvais.

Tu comprends, ici on est toujours un millier, plus ou moins. Comme il en arrive tout le temps, qu'on n'en libère presque pas, et qu'il n'y en a pas assez qui meurent, ils font de la place, et périodiquement ils en envoient à Dachau.

– Ils les choisissent comment ?

– Des punis… en général. »

Les semaines passèrent et juin arriva. Le soleil brûlait maintenant les dameurs. Le soir, Früh semble inquiet. Il parle à voix basse avec un sergent assis à son côté sur son châlit. Dès qu'il est parti, il découd de son calot le long ruban rouge, signe des communistes, et le remplace par un carré rouge. Il ne paraît qu'à moitié rassuré par le symbole des politiques. Dès le lendemain, à l'appel, les communistes sont isolés et transférés à la baraque 8. Je comprends maintenant pourquoi Früh en a échappé… Et moi qui croyais qu'Hitler avait un pacte d'amitié avec les communistes… Cela fait des trous dans les commandos. Du coup, je passe aux carrières. D'ailleurs, fin juin, mes trois mois sont largement dépassés.

Au petit matin, je frotte agréablement mes semelles sur la route. J'avais oublié que les oiseaux chantaient. En une demi-heure on arrive à la colline éventrée. « Je m'appelle Alfred », dit une petite salopette bleue à travers une épaisse moustache grise tombante. Son dialecte est à peine germanisé. Il explique aux nouveaux leur travail : charger les wagonnets (Lorries), les faire rouler sur les rails légèrement en pente jusqu'à la machine à concasser, les vider et revenir. Il n'a que deux mots pour expliquer cette manœuvre qu'il semble mépriser. Pour lui, la fin des fins est de savoir casser les énormes quartiers de roche que la dynamite a détachés, pour obtenir des morceaux pas plus gros qu'une petite tête de bœuf. « C'est tout un art », assure-t-il en saisissant une masse. Il montre d'abord comment font les mazettes. Il frappe d'énormes coups en plusieurs endroits. La masse rebondit haut en jetant un son clair. La roche n'a pas une égratignure. « Écoutez maintenant », dit-il en se penchant et tâtant le rocher à petits coups de masse, comme s'il auscultait un grand corps. « Vous avez entendu ? » fait-il soudain, l'œil brillant. Prudemment, je me tais. Je n'ai rien entendu du tout. Il recule d'un pas, crache dans ses mains, vise un point, médite, puis abat sa masse. « Han ! » Elle n'a pas rebondi, il n'y a pas eu de son clair, un bruit proche d'un tissu que l'on déchire, et l'énorme rocher s'est lentement ouvert comme une grenade. Impressionné, le sergent hoche la tête. Mais Alfred n'attend pas les louanges et s'éloigne les mains derrière le dos.

L'amour du bel ouvrage se perd, car je ne vois personne ausculter les rochers. Dès que je peux dénicher une masse, je m'en occupe sérieusement moi, de l'auscultation. Les sourires goguenards des copains ne manquent pas. Et pendant huit jours, je désespère…

Parfois, Alfred vient à notre secours. Il assène quelques petits coups, puis un grand, et le rocher révèle son intimité. « Je n'y arriverai jamais », dis-je en donnant un dernier coup. En fin de journée, miracle : la roche se fend en deux. Je regarde mon œuvre puis autour de moi. Quel dommage, personne ne m'a vu ! Mais c'était sans compter l'œil du maître qui se trouve pourtant à vingt mètres. Il s'approche tranquillement en me faisant un clin d'œil, et dit très haut à l'intention du sergent : « Cette masse est démanchée. Suismoi. » Lorsqu'il referme la porte de l'atelier, il me tend un paquet enveloppé de papier brun qu'il déplie. Il contient un bloc de saucisson à l'ail qui fait bien la demi-livre. Encore plus gros que celui de Früh. « C'est pour toi, caches-le bien. » Je n'en reviens pas. J'y mords aussitôt à pleines dents. Alfred me regarde dévorer en s'amusant. « Y'a pas de doute, c'est la meilleure des cachettes. » Mais soudain, son ton change. Il devient grave : « Alors, il veut faire comme Napoléon ?

— Qui ça, je demande par politesse, concentré que je suis sur mon saucisson.

— Comment, tu ne sais pas qu'il est en Russie depuis plus d'une semaine ? Il a attaqué le 22 juin. » Je m'arrête de mâcher instantanément. Je comprends maintenant ce qui arrive aux communistes du camp.

« Il est fou. Il va être écrasé par le rouleau compresseur.

— C'est ce que j'ai dit à ma femme le premier jour, mais depuis…

— Eh bien ?

– Depuis il a couvert cinq cents kilomètres… il est à mi-chemin de Moscou.

– Et la Grèce ?

– Liquidée comme la Yougoslavie et l'Albanie… en quelques jours.

– Et le pacte d'amitié ? »

Il hausse les épaules. Il va à la porte, l'entrebâille pour voir à l'extérieur s'il n'y a personne, et revient vers moi.

« Va maintenant. Le sergent pourrait s'étonner. »

Il est vrai que personne ne se doutait encore de la gigantesque invasion de la Russie à laquelle Hitler travaillait fébrilement en secret depuis plus de six mois. L'attaque surprise avait été fixée pour le 20 mai…

– J'aimerais bien avoir une carte de Russie.

– On verra ce qu'on peut faire… »

34
Le jeune curé

Le sergent que je lorgne en conduisant mon chariot n'a pas l'air affecté. Il y croit à la victoire. Quel culot d'attaquer l'immense Russie. Il crâne peut-être, ce sergent… Il doit avoir mon âge. Mais la race des seigneurs, c'est lui, paraît-il. Sans doute enfant, disait-il déjà *Heil Hitler* pour *bonjour*, et tandis que je récitais Ronsard, on lui apprenait à être dur comme l'acier, souple et résistant comme le cuir. Que sont mes vertus à côté ? Il a grandi avec le 3ᵉᵐᵉ Reich. Chaque fois qu'il crachait une dent de lait, Hitler abattait un pan de la vieille démocratie. À son premier baiser, Adolf avalait l'Autriche. À son premier amour, il violait la Pologne. Toute sa vie en avait été caressée, des victoires d'Hitler. Pourquoi diable suis-je fasciné par mes ennemis ? Peut-être, parce que Goethe avait dit que : « Toute force, même immorale, est une grandeur ? » Le mardi 15 juillet, 86 jeunes gens arrivèrent au camp de concentration de Schirmeck. Tous issus du petit village de Hochfelden (Bas-Rhin), 600 habitants, à peine. Motif : la veille, ils avaient défilé, aux flambeaux, en chantant La Marseillaise. Ce jour-là, nous ne perdons rien du spectacle. Une masse gesticulante noyée dans un nuage de poussière. Ils hurlent tant, qu'on entend à peine les kapos vociférer des ordres contradictoires : *Hinliegen, aufstehen, marsch, marsch.* Ceux qui s'écartent un peu du groupe sont ramenés à coups de cravache au milieu. Certains, exténués, chutent. On leur marche dessus. Un sergent arrive avec une lance d'incendie. La poussière tombe et l'enchevêtrement de visages et de pieds devient un buisson boueux secoué par le vent.

Les services du camp n'ont pas prévu cette affluence subite, alors les sergents s'amusent toute la matinée parce que le vestiaire et le coiffeur n'en écoulent que cinq à la fois. Ils font chanter *Deutschland über alles*. Ceux qui se résignent vont au vestiaire.

Le jeune curé qui a osé entonner La Marseillaise est gardé pour la bonne bouche. Seul, au milieu des *Wachtmeister*, la soutane déchirée, alourdie de boue et de sang, il crâne encore... Des ongles s'enfoncent dans ma peau. Michel se cramponne à mon bras. « C'est horrible... Ils vont le tuer », me dit-il, les yeux emplis de larmes.

Les meilleurs ballets finissent par lasser. Au bout de deux heures, quand la meute des danseurs de Hochfelden avait été réduite au tiers, les hommes s'étaient peu à peu détachés des fenêtres, préférant leur partie de cartes tranquille, pendant que les gardiens étaient occupés... Au début, ils avaient sauté d'un coin à l'autre, se repoussant pour mieux voir, jurant quand la masse hurlante était poussée dans un angle mort, se penchant en avant en haletant dès qu'elle réapparaissait... Maintenant, ils étaient tous revenus s'agglutiner, immobiles et tendus aux fenêtres... On sentait soudain qu'il ne s'agissait plus de danse. L'atmosphère qui règne est celle des arènes au moment de la mise à mort. Tous les yeux sont fixes et luisants. Les hommes ont une expression animale et affamée, et moi-même je voudrais bien voir ma tête. Le seul bruit qu'on entend est la respiration haletante et heurtée de l'assistance. Vraiment, les sergents s'en donnent à cœur joie en le chassant à grands coups de cravache de l'un à l'autre. Le curé se traîne encore pendant près d'une heure, se relevant de plus en plus mollement, puis, malgré les coups de bottes, ne bouge plus. Je regarde Michel. Il est pâle, fasciné, horrifié. Mon cœur bat à coups sourds.

Le lendemain, par rangée de dix sur la place d'appel, on se pousse pour être des carrières. Il y a toujours de petits rigolos qui, dès le signal, se précipitent pour prendre votre place. Aujourd'hui c'est autre chose. On a besoin de bois, on double les bûcherons. Le supplément de pain des bûcherons vaut deux fois celui des carrières. Ça n'attire personne : les bûcherons ne font pas de vieux os.

Je me fais tout petit mais, cette fois-ci, je n'y coupe pas. On s'entasse comme des sardines, dans un camion bâché. Pourtant, il y a un colosse qui prend son aise. Il est mollement allongé sur une couche de détenu. Je ne proteste pas non plus quand il pose son pied sur ma figure. Son calot s'orne de la large bande des droits communs. Sous des sourcils qui se rejoignent par-dessus le nez, il a de petits yeux noirs enfoncés et rapprochés qui me donnent froid dans le dos. Un brave type, paraît-il, mais qui peut être féroce par instants. Même les sergents le regardent avec une certaine déférence. On sent ces choses-là…

Le camion peine et brinquebale dans de profondes ornières. Il s'embourbe et cale. On sort et on pousse. Les hautes branches des sapins forment une voûte si serrée qu'il fait presque nuit. Ça redémarre. On remonte. Gustave, le colosse, ricane. Il est resté planqué dans un coin du camion. Le soleil se lève au-dessus de la ceinture d'arbres, comme pour nous accueillir. Les moustiques commencent à virevolter autour de nous dans cette clairière où l'humidité remonte par le sol et pénètre nos haillons. Alors que je tente de les chasser, je comprends que j'ai laissé passer le moment, et quand je m'en avise, il est trop tard : je vois les cinquante hommes se précipiter à l'avant pour la distribution des haches. J'assiste juste au coup de cravache qui sépare deux prisonniers qui se disputent la dernière. Plus de la moitié des détenus n'ont pas d'outil. Tous regardent avec nostalgie la forêt profonde : une ou deux fois par mois, un détenu s'est laissé tenter. Il n'est jamais allé bien loin. Courir sous le feu de huit mitraillettes avec quatre chiens à vos trousses… Gustave, appuyé sur sa cognée, nous regarde descendre le flanc assez raide de la montagne, les mains nues. On s'arrête autour d'un tronc de sapin élagué, de vingt mètres de long. On a beau être une trentaine, il faut le monter jusqu'à la route. Le faire descendre serait plus commode, dis-je à un sergent. « Il n'y a pas de route dans le bas », fait-il machinalement, puis, en me regardant de biais tout en mâchonnant un brin d'herbe, grinçant, il ajoute : « Plus commode ?... » Je me mords les lèvres ; on n'aime pas les raisonneurs ici. Il va m'avoir à l'œil désormais… De deux en deux mètres, de part et d'autre du gros arbre, il dispose les hommes. À l'unisson, nos voix raisonnent dans l'effort : « Iiiaaarrrr ! » L'énorme masse bouge à peine. Les coups de cravaches pleuvent sur nos dos courbés. Nos efforts redoublent : « Iiiaaarrrr ! » Miracle, l'arbre s'élève d'un bon mètre et… retombe. Nouvelle disposition : le gardien tasse tous les hommes dans le bas. Moi, il m'envoie tout seul à la pointe. Le premier porteur est à plus de cinq mètres. Bonne façon d'apprécier l'effort individuel du raisonneur… Quand le reste de l'arbre est levé à un mètre, sa pointe touche la terre à mon niveau. En m'arc-boutant je redresse la flèche, mais mes pieds sont rivés au sol et il faudrait monter. Le sergent s'énerve. Les coups de cravache qu'il m'assène n'arrangent rien. Le talus s'effrite sous mes pas. Pour un peu, le tronc m'écrasait le dos. On appelle en renfort Gustave. Il arrive nonchalamment en écartant les buissons de ses bras ballants. Tournant le dos au sergent, il cligne de l'œil dans ma direction, et montre en soufflant comme un phoque que lui non plus n'y arrive pas. Quatre hommes sont mis en renfort avec moi. Centimètre par centimètre, le gros fût remonte la pente. On y est tout de même arrivé, mais il nous a fallu plus d'une heure pour parcourir les cent mètres qui nous séparaient de la route. Durant nos efforts, là-haut, un gardien, assis sur une souche, nous regardait distraitement en fumant une cigarette. On a dû redescendre aussitôt, car d'autres troncs nous attendaient. Bien tranquilles, certains de n'être pas chassés, les moustiques attaquent : ils choisissent leur place sur les visages et les bras ruisselants de sueur des porteurs aux mains immobilisées. Quelques blessés attendent le soir, couchés au bord de la route, les veinards… Au retour, on se serre encore plus pour leur faire de la place. Ils hurlent quand les soubresauts du camion nous jettent les uns sur les autres.

35
Le docteur Speck

La nuit, je tombe au fond d'un ravin et me réveille dans une secousse. Avant le lever, j'ouvre un œil. Je peux à peine bouger. J'essaie de m'asseoir sur ma paillasse. Mon dos me coupe le souffle. J'ai mal partout. J'ai sûrement de la fièvre. J'irai à l'infirmerie. Le médecin me reconnaîtra-t-il malade ?… Sinon, ce sera de nouveau le cachot puis, à coup sûr, la baraque n° 8, tremplin pour Dachau… Mais c'est sans compter la présence du sergent. Il me tire par l'oreille et me pousse sans ménagement à l'extérieur avec le groupe qui va aux carrières. Je parviens à me procurer une hache, mais ce salaud veille : il me l'arrache des mains. Il me surnomme : " le commode ". Il veut ma peau… Pendant plus d'un mois, je peinais du matin au soir dans une chaleur étouffante, écrasé par les troncs, bouffé par les moustiques, fouetté au sang par les sergents. J'étais de plus en plus maigre. C'était comme une perpétuelle rage de dents. Chacun était courbé sur ses souffrances qui l'isolaient. Toute camaraderie avait disparu. La bouche serrée, les yeux à terre, chaque homme résistait de son mieux. Puisqu'on ne pouvait mordre ces sergents, on aurait volontiers étranglé son voisin et sucé son sang, comme faisaient ces moustiques. Samedi matin : 3ème tronc. Le dernier avant la pause. Je trébuche. L'arbre frappe la terre avec un bruit sourd, rebondit par-dessus mon dos, puis roule le long de la pente. C'est mon pied droit qui a pris. J'ai entendu un craquement. Pourtant ça ne fait pas très mal. Mais quand je veux me relever, c'est comme si je mettais le pied dans un trou. Quatre camarades me portent jusqu'à la route.

Mon pied pèse une tonne. J'ai l'impression qu'il est gonflé comme un ballon : pourtant il n'a pas l'air bien gros. Impossible de remuer les orteils. On dirait un bloc de ciment. Quand je suis couché, ça se met à cogner. Le docteur Speck palpe gravement mon pied. Ses yeux noirs, un peu écartés, me regardent avec assurance à travers des lunettes à double foyer. Sa tête ronde, légèrement penchée sur le côté, se dégage à peine de la ligne des épaules. Tout l'après-midi, allongé au bord de la route, je me suis remémoré les os du tarse. Je les lui récite. Il me regarde étonné. Ses sourcils roux se contractent rapidement et il se lève en dépliant sa haute taille. « Il faudrait une radio, pour vérifier… Tu as probablement une fracture du scaphoïde, du cuboïde et de d'un ou deux métatarsiens. » Plissant un peu son front large, il ajoute : « De toute façon, radio ou pas, le traitement est le même. Je vais te faire un plâtre provisoire et te mettre en surélévation. Contre l'œdème, avale aussi six aspirines. » En finissant mon plâtre, l'air de rien il me dit : « Tu es en quelle année ?

– Deuxième, dis-je humblement.

Il semble déçu et s'en va. Plus tard, je sens une présence dans mon sommeil. Speck est à mon chevet. Une lampe sourde fait danser des chauves-souris au plafond. Il chuchote. Sa mauvaise haleine achève de me réveiller.

« Tu as dit à quelqu'un que tu étais en 2ème année ?

– Non.

– Au poil ! Alors ça peut marcher ! »

Je le regarde s'en aller, tout frétillant, sans comprendre. Le lendemain soir, il me rend encore visite : « J'ai écrit un bon aide-mémoire. C'est tout ce qu'il faut pour exercer la médecine ici. Apprends-le par cœur. Si tu le sais bien, tu pourras peut-être prendre ma place. »

Tout au long de la journée suivante, je relis une dizaine de fois les vingt feuillets qu'il m'a remis. J'ai l'impression qu'il est un peu fou, mais comme je n'ai pas autre chose à faire, et qu'il y tient… La nuit, à la lueur de la lampe, il me fait passer un véritable examen et paraît satisfait. Il m'explique qu'en sortant vers minuit de l'Aubette, à Strasbourg, il avait craché, au passage, dans le képi d'un officier.

Qu'on l'avait aussitôt amené ici. Il y était depuis près d'un an… que ses amis avaient fait des démarches pour le libérer, mais que le commandant attendait de lui trouver un remplaçant. « Ce sera toi ! Tu diras que tu es en 5ème année… J'espère que tu as bien compris qu'il faut que tu aies l'air féroce. Que tu flanques de temps en temps à la porte des types visiblement malades. Moyennant quoi, tu arriveras à planquer certains copains… Laisse-moi seulement le temps de préparer le terrain auprès de Buck. Dès demain, je te ferai un plâtre de marche. Tu retourneras aux bûcherons, mais je demanderai que tu travailles assis… En te portant volontaire pour la forêt, tu prouveras que tu n'es pas un tire-au-flanc. »

Le docteur Speck avait confiance. Quand j'étais seul avec lui dans la salle de pansements, il ne pouvait s'empêcher de rire, en pensant à sa libération prochaine. Qu'avait-il bien pu dire au sergent ? Celui-ci ouvrit de grands yeux quand il me vit prendre place parmi les bûcherons. Arrivé à destination, il me conduisit lui-même par le bras jusqu'à un tronc couché en contrebas. Après m'avoir assis sur un tas de branchages, il me montra comment, à l'aide d'une petite hache, le déshabiller de son écorce. Le docteur avait raison : ce fut une sinécure. Je travaillais assis et ma main gauche servait uniquement à chasser les moustiques.

36
Günther

Presque tous les soirs, sous prétexte de soins, je retrouvais le docteur Speck. Dès qu'il me voyait arriver, la comédie commençait. Il avait vraiment de la suite dans les idées… Cette mise en scène était destinée à abuser les malades, mais principalement Günther, un politique, ancien infirmier de la Wehrmacht. « Mon cher confrère, me disait-il d'un air inquiet pour me débiter son observation et le traitement qu'il envisageait, je suis content que vous arriviez, j'ai là, un cas… » Entrant dans son jeu, je prenais moi-même un air inspiré et tirais de l'aide-mémoire quelques détails supplémentaires dont je vantais l'importance. Cela me fut assez facile, car il était fait pour un bon tiers de préceptes de maintien et d'attitudes. Günther, au début sur la réserve, me considéra par la suite avec un authentique respect. Inquiet, je me demandais parfois comment je me débrouillerais quand le grand Speck ne serait plus là… « Pas de familiarité avec Günther ! », m'avait-il recommandé. Je suivis son conseil et le traitais avec déférence. Pourtant, je m'étonnais qu'eux-mêmes se tutoient et se comportent en vieux copains. Je marchai de mieux en mieux, et le docteur Speck m'avait prévenu qu'il allait m'enlever mon plâtre dans une dizaine de jours. Il était donc temps que je change de commando. Le sergent, sans doute lassé de me voir travailler assis, ne fit pas de difficulté quand il me vit me ranger dans le commando de construction des routes. Je ne pouvais évidemment suivre la marche assez rapide des autres, et je clopinais à côté d'un garde à barbe grise qui allait au pas de promenade. Un jour, il m'emmena au village. Nous entrâmes dans une sorte d'*épicerie-bazar* pour y acheter des cigarettes. J'étais fasciné par les richesses que cette petite échoppe proposait encore malgré la guerre. Mes yeux s'attachaient particulièrement à un sac de jute dans lequel étaient plantées une pelle et une étiquette : des flocons d'avoine ! Mon vieux gardien avait déjà la main sur la poignée lorsqu'il vit mon air extasié. Sans rien dire, il donna quelques pièces à l'épicière moustachue qui en pesa une livre qu'elle tassa dans deux gros sacs de papier brun. « Comment vas-tu les faire cuire ? – Je les mangerai tout crus. » Ils faisaient deux bosses sous ma veste, mes sacs. Ainsi, ce commando de vétérans dont je faisais désormais partie, était chargé d'approfondir et de nettoyer les fossés aménagés sur le bord de la route, pour l'écoulement des eaux. J'avais caché mes deux sacs dans un creux, entre les pierres. Dès que je le pouvais, je glissais une main dans ma cachette, et j'enfonçais dans ma bouche une généreuse poignée de flocons d'avoine que je mastiquais longuement, tout en pataugeant dans la boue. À condition de savoir respirer la bouche fermée, cela finissait par faire une petite pâte aigrelette légèrement sucrée. Durant plusieurs semaines, je n'avais pas vraiment mangé, et ceci contribua à me donner un véritable confort physique. Le copain qui travaillait à côté de moi finit par me jeter un regard suspicieux ; il voyait bien que j'avais toujours la bouche pleine. Il en accepta une poignée, mais dû trouver cela indigeste car il n'y revint pas. Tant pis pour lui. Le soir, il ne m'en restait qu'un demi-sac que je malaxai avec ma soupe. Un grand bien-être : j'étais enfin repu. Je m'endormis le sourire aux lèvres en tapotant mon ventre avec satisfaction. J'avais bien bu un litre d'eau tout à l'heure tellement j'avais soif. Maintenant, ça allait bien…

37
Zone infirmerie

Je me réveille en sursaut, bombé comme une femme à terme. Je sue à grosses gouttes ; j'ai de la peine à respirer. J'ai l'impression que, d'instant en instant, le ballon gonfle, gonfle… Ça va si vite que la mort paraît inévitable. Affolé, je frotte et tape la masse douloureuse qui répond comme un vrai tambour… Aux toutes premières lueurs de l'aube, alors que je désespère, la délivrance arrive enfin sous la forme d'un interminable mugissement, et mon ventre se dégonfle très lentement… « Tu aurais fort bien pu y rester, dit sans rire le docteur Speck. Tu ne retournes pas à ta baraque. Tout est arrangé ! Dans deux jours, je coucherai dans mon lit ! Dès maintenant, tu prends mon poste », dit-il en me tendant avec un soupir de satisfaction le grand carré blanc qu'il avait décousu de sa veste et qui portait l'inscription : *Revier Krankenhaus*. (Zone infirmerie). Puis il ajouta : « Tu es désormais le n° 1 de l'infirmerie. Günther, le n° 2. Couds vite ce carré à la place de ton matricule. Demain, c'est toi qui vas à l'appel. Moi, je n'existe plus. Je reste ici. Tu diras : effectif, 9 ; malades couchés, 6… Ah, j'oubliais : nous avons dix lits. Il faut à tout prix éviter d'en occuper plus de sept. Je ne le savais pas… J'en ai déclaré huit, un jour. Le commandant était en rogne. Résultat, il les a tous fait lever et mis au travail… Deux sont morts trois jours plus tard. » Cette fameuse nuit-là, je n'arrive pas à fermer l'œil. La même scène se déroulait inlassablement devant mes yeux : l'appel. Tous au garde-à-vous. Buck est là. Le lieutenant récite l'effectif. Tout de suite après, c'est mon tour… « Ça ne marchera jamais ! »

me dis-je, catastrophé. Je me confiai à Speck qui rôdait encore avec sa lampe sourde. Il se pencha vers moi et se fâcha : « Fais bonne figure devant Günther…» Mais lui aussi semblait inquiet. Et, d'un bond, j'étais debout. « Ce n'est pas l'heure », murmura Speck. N'empêche, je m'habillai à toute vitesse. J'allai jusqu'au lit de Günther que je secouai énergiquement et j'achevai de le tirer de son sommeil par un retentissant : « Debout ! Inspection dans un quart d'heure !

– Jawohl, herr Doktor », répondit-t-il affolé en jetant ses jambes hors de sa paillasse.

Il devait se dire sans doute qu'il ne gagnait pas au change avec ce nouveau maître. Finies les claques amicales sur l'épaule. Speck, peu convaincu par ma prestation, hocha la tête, l'air un peu triste. Tandis que je regardais ma montre, Günther se présenta. « Ce bouton est décousu », lui dis-je en le regardant d'un air sombre. Pendant qu'il le recousait fébrilement, Speck me prit à part : « N'exagérez tout de même pas. Évitez de vous le mettre à dos. J'ai cru entendre un SS ! » Tant pis. SS ou pas, je serai dur, faute d'être ferme. C'est ainsi qu'à la troisième inspection, je fis une moue indiquant claire-ment qu'il y aurait encore beaucoup de choses à dire, mais l'appel allait sonner et je lui fis signe de m'ouvrir la porte. Il s'effaça res-pectueusement. « Au pas, en avant, marche ! » Günther a presque manqué le pas. Trois *garde-à-vous,* et *repos* plus tard, je le sentis à ma botte. J'étais bien content de lui avoir refilé ma peur… Ma nuit d'insomnie me laissa une sorte d'ivresse. L'une après l'autre, les baraques s'agitèrent. Voici la 5 sous la conduite du grand échalas Früh. Derrière lui, le grand chauve semblait encore plus maigre… Le petit Michel fermait la marche en trottinant. Hier encore, j'étais parmi eux. Comme ils étaient loin déjà…

38
Demi-tour à droite…

Un silence religieux dans les rangs. Buck est là dans son cercle de lumière. Pour moi, l'enchantement est le même qu'au premier jour. Il n'est pas diminué, au contraire, car aujourd'hui, pour la première fois, je vais m'adresser à lui. Je suis prêt. Je n'ai plus peur du tout. Pendant que le lieutenant récite son effectif, je piétine d'impatience. Il a sitôt terminé que j'arrache ma casquette et que je clame d'une voix claire : « Infirmerie : effectif, 9. Malades couchés, 6. » Son œil bleu me perfore. Pourtant je résiste drôlement bien lorsqu'il me pose une question totalement inattendue : « Quels sont ces malades ? » Je n'avais rien préparé, et pourtant, sans hésiter, je lui débite les noms, les diagnostics et les températures aggravées chaque fois d'un degré.

« Sôôô… Vous êtes le nouveau médecin ?

– Jawohl, Herr Kommandant !

– Et que fait le vieux Speck ?

– En service, Herr Kommandant !

– Sôôô… Rompez. »

Il n'a pas dit un mot au lieutenant. Il n'a parlé qu'à moi. Je commande à Günther :

« Demi-tour à droite… droite ! Au pas. Marche ! »

Au dernier instant, il m'a semblé que Buck a souri… Tout rayonnant, je m'empresse de tout raconter à Speck qui m'attend derrière la porte de l'infirmerie. L'air inquiet, il fronce le sourcil avec un regard éloquent sur Günther qu'il envoie à la salle de pansement, puis m'attire à l'écart.

« C'était bien… parfait même. Sauf au retour… Ton infirmier comprend un peu le français, alors te pavoiser devant lui pour séduire le commandant, ça la fout mal, tu saisis ?… Tu as voulu être le grand homme de ce simple. Bon. Mais restes-y, nom de Dieu sur ton piédestal ! Tu as voulu en faire un agneau, soit. Reste alors un loup. Ne baisse jamais le masque ; jamais, tu m'entends ! Où sa vengeance sera féroce. Mets-toi à sa place enfin ! »

Il était préoccupé mon Speck ! Pendant ces quarante-huit dernières heures – comme s'il redoutait la bourde que j'allais sûrement faire –, il me suivit pas à pas pour me surveiller. Il m'embêtait, mais je savais qu'il devait partir le lendemain soir. Alors… Cette nuit-là, il vint pourtant me rendre une ultime visite. Sa lampe sourde me réveilla. Il s'assit avec raideur sur le bord de mon lit :

« Eh bien, te voilà prêt. Je t'ai bien observé : tu tiens le coup un quart d'heure, et l'instant d'après tu perds ton brillant… Ton éclat, tu ne le dois qu'à un peu de mémoire. Mais fais bien attention à ne pas montrer ta corde comme un vieux tapis… »

Il était toujours à ronchonner ! J'enviais mes compagnons qui ronflaient de concert. Je voulais qu'il parte ; qu'il me laisse enfin tranquille. Mais à voix basse, il continua à dispenser ses conseils :

« Écoute donc : tous les yeux seront ouverts dès demain pour te guetter… Je t'ai fait devenir ce que tu n'étais pas… Je t'ai mis tellement au-dessus de toi-même, que j'ai bien peur que tu ne t'y retrouves pas. Qui donc faisait attention à toi, avant ? Mais demain… Ah !… demain. Tu vois, un médecin – un vrai – peut-être doux, familier même. Plus on le connaît, plus on le respecte. Il ne perd rien à être regardé de près. Il peut se courber avec bonté vers ses malades et vers ses inférieurs. L'instant d'après, sans effort, il revient à sa propre hauteur. Il est grand sans avoir besoin pour cela de faire sentir aux autres qu'ils sont petits… »

À quoi servaient ces litanies ? Je voulais qu'il me laisse dormir, mais je n'osais le lui dire. Et il poursuivit :

« Un faux médecin, comme toi, sera forcément farouche et inaccessible. Te sentant faible, tu voudras te cacher… Un médecin, un vrai, doit être naturel. Toi, tu ne te feras voir que juste ce qu'il faut, pour paraître ce que tu n'es pas. (Il avait vraiment l'air de m'en vouloir !) Tu devrais faire équipe avec Günther. Non pas te laisser tutoyer par lui comme je le fais avec toi. Mais enfin, il a quarante ans, tu te rends compte ! C'est un authentique infirmier, lui, alors que toi, tu n'es rien. Tu l'as terrorisé, soit. Ça ne durera pas, je puis te l'assurer. Fais-en plutôt un ami, pas un copain, mais un ami. Il te sera utile. Il m'a appris des choses, même à moi…

— Comment faire, dis-je par politesse sans parvenir à réprimer un bâillement.

— Comment faire ? C'est simple : laisse-le régner dans son domaine. S'y voyant responsable, il respectera le tien. C'est une question de limite ; chacun à son poste. Et puis, tu sais, Günther est loin d'être naïf : garde-toi du ton savant et dogmatique. Il risque de sentir assez vite que l'ignorance te l'inspire ; l'ignorance et la frousse. »

Soudain, un coup de tonnerre fit trembler les vitres. Speck leva le nez, puis se précipita vers la fenêtre. On entendit au début quelques grosses gouttes de pluie, puis très vite ce furent de véritables trombes d'eau qui se déversèrent sur le toit en faisant un vacarme terrible.

« La tempête arrive. Dans une heure le camp sera noyé », me dit-il en tournant le dos.

Le déluge allait-il m'épargner la suite de cette morale indigeste ? Fatigué de l'entendre jaboter, je me rallongeai, ne souhaitant désormais qu'une chose : me rendormir.

39
Journal de Günther
(25 septembre 1941)

« Le docteur Speck m'a conseillé de tenir ce journal. Il m'a dit qu'ainsi, je me libérerai de tout ce qui m'arrive ; que je comprendrais tout beaucoup mieux si je le racontais. Je dois écrire un peu chaque jour, a-t-il insisté. Même si je n'ai pas d'idée. Simplement écrire tout ce qui me passe par la tête. Eh bien, dit comme cela, ça semble facile, mais moi je dis que… c'est bougrement difficile. Je voudrais bien que le docteur Speck voie ce journal pour qu'il me dise ce qu'il en pense. Mais je ne le montrerai pas au nouveau docteur. Ah ça, non ! Je n'ai aucune confiance en lui. Pas du tout. C'est drôle, on dirait qu'il fait peur, même au docteur Speck… Il a l'air d'être au mieux avec le Commandant Buck. Il faudra que j'ouvre l'œil. Peut-être que c'est un espion, un mouton… Curieux qu'il soit si distant avec moi. Je pensais qu'un espion serait tout sucre, tout miel. Eh bien non, il est vache comme il n'est pas permis. Je ne comprends vraiment pas ce type. Patience, j'en ai vu d'autres. Mais prudence tout de même… J'ai l'impression que quelque chose le gêne, l'inquiète même. Je me trompe peut-être… En vérité, je suis certain qu'il n'est pas tranquille. Je me demande bien ce qui le chiffonne. Nous verrons bien. Mais, prudence… »

40
Le petit Charles

Pour sa dernière visite, le docteur Speck a revêtu une vieille blouse blanche, rapiécée, mais propre. Mâchouillant son crayon, Günther est dans mon dos, le carnet à la main. Une vraie visite d'hôpital. Dès l'entrée, le charme de Speck opère sur les malades. L'air un peu tendu, ils sourient au docteur. Ils savent déjà qu'il s'en va. Le petit Charles, la figure creusée par la dysenterie ne perd pas un geste du maître. Ses yeux vont et viennent au fond des trous. Une petite tape sur ce qui reste de joue à Charles, et le docteur s'assied sur le lit de Stefan. Il déplace son stéthoscope sur le dos amaigri et nu, le fait respirer fort, tousser, respirer encore. Il est satisfait. Stefan l'est moins parce que le médecin vient de lui dire qu'il pourra sortir après-demain. Finies les vacances. Speck s'approche d'Émile qui tente de se relever dans son lit. Il lui fait signe de ne pas bouger.

« Alors Émile, qu'est-ce que tu nous racontes ce matin ?

— J'ai un peu froid. Autrement, ça va. Mais j'ai toujours envie de vomir.

— C'est normal, tout ce qu'il y a de plus normal avec la quantité de salicylate que tu prends. Il faut pourtant continuer et boire beaucoup d'eau, beaucoup. »

Émile souffre d'un rhumatisme articulaire aigu en pleine poussée. Il faudrait en principe l'hospitaliser d'urgence à l'extérieur. Ici, il n'y a guère de chance d'enrayer l'endocardite qui ronge les valvules de son cœur. Mais puisqu'il n'est pas contagieux, il y a encore moins de chance qu'on l'hospitalise. Speck répond au sourire que lui adresse Émile, mais se détourne. Ses sourcils froncés montrent combien il est scandalisé par la médecine qu'on l'oblige à pratiquer. Il se tourne vers moi :

« Surveille de près son endocarde. Au besoin tu peux aller jusqu'à 10 g. de salicylate par jour mais pas au-delà ».

J'entends le crayon de Günther qui note religieusement cette précision.

Depuis que j'avais été investi de ma charge, tout était changé. J'avais immédiatement souri des prophéties pessimistes de Speck à mon égard. J'en riais franchement aujourd'hui. Il n'avait pas eu le temps d'en juger. Je savais maintenant que j'avais un réel talent pour exercer ce genre de médecine. Et puis j'avais innové. Je l'avais simplifiée ; schématisée la médecine... Günther m'obéissait au doigt et à l'œil et, pendant trois semaines, tout alla au mieux. La petite consultation du matin, avant l'appel, avait assis ma réputation de fermeté. Au début, il y avait foule – surtout les jours de pluie – d'hommes qui se disaient malades pour que je les dispense de travail. Mais je les sabrais sans pitié. De toute façon, les cas sérieux, on les reverrait le soir... Sérieux, ça l'était bien sûr, presque toujours.

Progressivement, les clients du matin se firent rares. Souvent il n'y avait personne. Le critère unique était la température. Ceux qui n'atteignaient pas un certain degré – assez élevé je dois le dire, et variable selon la demande – étaient renvoyés dans leurs commandos, après avoir avalé une à trois aspirines que leur tendait Günther. Le soir, j'amassais les clients dans la salle d'attente. Gardant les chirurgicaux pour la fin, je commençais par les médicaux. Le traitement, essentiellement symptomatique, était simple : pour la fièvre, des maux de tête, des douleurs diverses, la solution était toujours la même : aspirine. Pour la constipation : huile de ricin. Les douleurs abdominales : huile de ricin ou parfois de la *tanalbine*. Pour les douleurs gastriques : sous-nitrate de bismuth. Et enfin, pour une toux opiniâtre : sirop de codéine (sans sucre). J'avais réussi à obtenir une blouse blanche, que je réservais à la chirurgie. Sans égard pour les cris, je réduisais les fractures en mettant le membre en extension à l'aide d'un poids de dix à vingt kilos, puis je tartinais mon plâtre.

C'est fou ce que j'ai pu voir d'abcès ou de panaris. Ceux que je n'incisais pas, je les faisais baigner. C'est long, mais ça mûrit aussi. Tous les soirs, jusqu'à l'heure de la soupe, six ou sept mains ou pieds trempaient sagement dans des récipients d'eau chaude. Günther allait et venait sans cesse pour la renouveler. Il ne m'avait pas échappé qu'en administrant à tour de bras l'huile de ricin, on risquait de réveiller un syndrome abdominal aigu, et d'en faire un cas d'extrême urgence chirurgicale. Douleurs ou pas, je palpais donc longuement les ventres avant d'administrer la purge.

41
Étienne

Pour Étienne, j'avais hésité à l'hospitaliser (il se plaignait de vagues maux de tête). Le thermomètre n'accusait qu'un petit 39°. D'accord pour le dispenser de commando, mais l'hospitaliser, pas question ! J'avais déjà cinq lits d'occupés. Il ne m'en restait donc plus qu'un de réserve. Alors… Mais le lendemain, il avait vraiment l'air très mal en point. Ses yeux décolorés me fixaient d'un air absent. D'où pouvait venir cette fièvre ? Son cœur faisait un curieux vacarme. Entre ses palpitations, j'entendais comme un jet de vapeur. La minima, sa tension artérielle, était à zéro. Il n'avait que vingt-trois ans, mais semblait épuisé. Son teint était cadavérique. Je lui octroyai à regret le sixième lit. « Il est trop faible pour que je l'examine, qu'il dorme, on verra demain, après l'appel. » dis-je sèchement à Günther. Le lendemain, il devait m'amener Étienne dans la salle de pansements. En l'attendant, je relus en vain l'aide-mémoire de Speck… Que faisait-il donc ? Il vint enfin, tout seul, l'air embêté :

« Je ne sais pas ce qu'il a…

— C'est précisément pour le savoir que je l'attends !

— Il dort toujours. »

Inutile de discuter avec cet abruti. Je décidai d'y aller moi-même. Il avait toujours son teint pâle. Je le laissai dormir. Je le verrais après la visite… C'était au tour d'Émile. Malgré le salicylate, il n'allait pas bien du tout. Ses yeux agrandis par la fatigue, semblaient s'excuser en souriant.

« Ça à l'air d'aller mieux ce matin, Émile ?

– C'est vrai, j'ai moins froid. »

Je le tâtai. Il était brûlant… Je repassai un quart d'heure plus tard, Étienne dormait toujours. Ses traits étaient un peu moins tendus. Je me penchai à son oreille :

« Réveille-toi, paresseux, comment veux-tu que je t'examine ?… Moi aussi je suis fatigué ; je vais me reposer, je reviendrai dans une heure. »

J'étais à peine allongé que Günther frappait à la porte de la salle de pansement. Il avait son carnet à la main.

« Je n'ai pas pu compter le pouls d'Étienne », me dit-il l'air inquiet.

J'avais envie de l'engueuler ; de lui dire que ça ne m'étonnait pas. (C'était à lui de compter les pouls. Si maintenant je devais me mettre à faire son boulot !) Les conseils de modération de Speck me revinrent, et je dis avec tact :

« Je sais. Ce n'est pas toujours facile… »

Bien obligé, je me levais et me rendais au chevet d'Étienne. Günther, qui m'avait suivi, me regarda faire. C'est à peine si je sentais son pouls… Devais-je annoncer un chiffre quelconque pour que Günther ferme son maudit carnet ? La bouche d'Étienne était entrouverte.

« Apportez-moi un miroir, Günther. Et fermez ce maudit carnet ! »

Je collai mon oreille sur sa poitrine. Silence. Le miroir porté devant ses lèvres, restait sec. Je tâtai sa main. Elle était froide. Ça ne m'avait pas frappé tout à l'heure. Je le découvris entièrement. Je touchai ses pieds. Ils étaient froids comme de la pierre, comme ses genoux. Je soulevai ses paupières. L'une d'elles retomba, l'autre resta semi-ouverte et semblait me fixer. « Günther… la lampe, vite ! » La pupille était grande mais ne bougeait pas. De son lit, Émile nous regardait d'un air inquiet.

« Tu n'as rien remarqué cette nuit ?

– Non, Docteur… Qu'est-ce qui se passe ?

– Rien… »

Günther me suivit dans la salle des pansements. « Il est mort »,
je dis sans détour. Il me regarda, feignant l'étonnement. J'allais lui
demander depuis quand il savait, mais une sueur froide me coulait
dans le dos : à l'appel, j'avais déclaré vivant un cadavre ! Dès que
le commandant sera informé, il viendra me voir. Il le trouvera froid
et raide et croira que je lui ai caché cette mort… Ce sera terrible. Il
y aura une autopsie et une enquête ! J'imaginais déjà Buck dire que
j'étais responsable.

42
La mort d'Étienne

Étienne est mort avant six heures et il est déjà près de dix heures. L'aide-mémoire de Speck n'a rien prévu, pas une ligne. Ce n'est pas possible qu'il soit mort, comme cela, sans crier gare. Un fol espoir me pousse encore une fois vers Étienne. Je suis fasciné par cette bouche qui baîlle ; à son nez de plus en plus pointu et pincé. On dirait un aveugle, tant ses orbites sont creusées… « Où allez-vous ? » me lance un Wachtmeister qui sort du bureau du commandant. Il me parle d'une demande écrite de rendez-vous, rédigée par le chef de baraque. Ne voit-il pas à qui il a affaire ? Dès qu'il a tourné le coin, je monte et frappe. *Herein !* (Entrez !) Apparemment je tombe en pleine conférence. Face à moi, le lieutenant SS et trois Wacht-meister, sous un portrait monumental du Führer. C'est la première fois que je vois le commandant de dos. Il ne se retourne pas. Les jambes molles, je reste au garde-à-vous. Ils continuent à parler très fort. Je serais incapable de répéter un traître mot de ce qu'ils disent, tant je ressasse la phrase que j'ai préparée. Un certain silence tout à coup. J'étais dans la lune. J'entends enfin Buck répéter sans se retourner :

« Eh bien, que voulez-vous donc ?

– Herr Kommandant, un malade est mort subitement à l'infir-merie. »

Une trouvaille ce : *subitement*. C'était intemporel. On penserait qu'il venait de mourir à l'instant, mais moi je ne l'aurais pas dit. Je priais qu'il ne me demande pas l'heure de la mort. Toujours sans se retourner, le commandant laissa tomber : *Decken sie den Kerl zu und rufen sie den Artz.* (Recouvrez le type et appelez le médecin.) Puis il revint à son ordre du jour et l'entretien fut terminé. Je restai sans voix une seconde. J'étais si soulagé que je m'écriai en chantant : *Jawohl, Herr Kommandant !* J'avais envie de le remercier. Cette fois il se retourna et me sourit. Derrière la porte, ahuri, je me répétais encore : *Decken sie den Kerl zu und rufen sie den Artz* Ce mépris de la vie m'avait sauvé… Il me glaçait peu à peu. Ainsi ma fonction de médecin était une farce !

Le docteur Heuer, médecin alsacien de Schirmeck, ne me demanda rien non plus. En grattant d'une main sa calvitie précoce, les doigts boudinés du gros petit homme inscrivirent : mort naturelle. Le monstre ! Et moi qui voulais lui montrer Émile… D'ailleurs, il était pressé de partir. Je repensai au commandant. Il se serait contenté de ne rien dire, j'aurais compris, mais il m'avait souri, comme s'il m'encourageait. Cela les arrangeait peut-être que je sois un mauvais médecin ; que j'aie, par exemple, un ou deux morts par semaine dans mon service. Et moi qui prenais ma fonction au sérieux… Une voix ironique me dit que je serais bien vu en sabotant mes traitements ; en empoisonnant mes malades par exemple… Je n'arrêtais pas d'y songer aux complications mortelles, moi, pendant la consultation du soir.

43
François Südek

Je pensais à tout, sauf à une staphylococcie maligne chez ce François Südek, quand il me tendit le dos de sa main droite très légèrement enflée. Il présentait une toute petite pustule blanchâtre, à contours irréguliers. Il n'y avait rien à inciser, et je le fis donc baigner avec les autres. À la fin de la semaine, elle avait doublé de volume. Je ne m'inquiétai pas outre mesure : on sait que le dos de la main enfle très vite. Lundi, il me fit cadeau de son pain : un comble. Il est vrai que je lui avais donné un arrêt de travail. Il avait très peu de fièvre, alors je lui prescrivis de l'aspirine. « Je ne pisse plus, me dit-il en me fixant d'un air inquiet.

    – Est-ce que tu bois ?

    – Non », avoua-t-il.

Il ne se plaignait pas ; pas loquace du tout, François. « Hé bien il faut boire... Trois litres d'eau par jour. » Avec deux aspirines, je lui fis avaler, séance tenante, un demi-litre. Mais mardi, il arriva tout bouffi. « J'ai bu trois litres mais je n'ai pas pissé... » Là, je tiquais. Cependant, pas une seconde je ne pensais à un abcès milliaire des reins. Il me fit encore don de son pain... Le lendemain, il ne vint plus. Les commandos le trouvèrent raide dans son lit à leur retour. Une semaine, jour pour jour, après Étienne. Que faire en 1941 contre une septicémie à staphylocoques ? Le diagnostic, évidemment. Il avait fallu qu'il meure pour que je m'avise de la gravité de son cas... Je me dégoûtais un peu, mais c'est très détendu que je me présentai devant le commandant. Cette fois, je tenais un diagnostic. Il voulait que je lui explique. Il coupa d'un geste mon discours sur l'infection généralisée. Il voulait juste savoir si c'était contagieux.

« Nein, Herr Kommandant.

– Ach sôô, gut. »

Il fut rassuré mais insista pour que je lui signale, de toute urgence, les maladies contagieuses. Le docteur Heuer était beaucoup moins distant, cette fois-ci. Il écouta avec gourmandise ma narration très arrangée des faits… Signes patents d'abcès milliaire, dès la première visite, etc. « C'est en somme très rare », dit-il rêveur. (J'étais rassuré, il n'avait pas dit : « c'est heureusement très rare. ») On se serra la main, bons amis. Depuis ce deuxième coup, Günther me regardait avec une estime mêlée de crainte. Je dormis bien cette nuit-là. Pourtant, le matin, lorsque je me réveillai, je rencontrai les doux yeux de François et ma gorge se serra. Une seule fois, il m'avait murmuré avec une nuance de reproche que je ne m'occupais pas assez de lui, alors je lui avais simplement répondu qu'il fallait manger : « Docteur, je suis un homme malade. » C'était la veille de sa mort. Je n'avais pas eu un mot aimable pour lui. J'avais mangé son pain sans regret. Un heureux coup pour moi en somme… Peut-on se trouver honteux, quand on jouit de l'estime générale. Je me sentais tout de même sale du prix que je payais pour cette estime. Étais-je en train de glisser doucement de l'homicide par distraction au meurtre ? Allait-on, un jour, me demander de faire certaines expériences sur mes malades ?

44
Wolf Flachsmann

Il y a belle lurette qu'il n'y a plus de consultation le matin. Assis face à face, Günther et moi attendons l'appel. Je ne m'habituerai jamais à cet œil droit qui regarde le plafond, tandis que l'autre me scrute à travers le verre épais… Une voix terne me tire de ma somnolence : « C'est curieux qu'il soit mort si vite, il n'avait pas l'air bien malade… » Méfiance, me dis-je, c'est encore un de ses pièges. Puis, très sûr de moi, j'ajoutai :

« Il était condamné dès le premier jour, vous le savez bien. Il n'y avait aucune raison de l'hospitaliser.

– Excusez-moi, j'avais oublié. »

Il mentait. Seulement il refusait ma version et s'en tenait aux faits : à savoir que François ne m'avait pas semblé malade… Il comprenait quel piètre médecin j'étais, et voulait me rappeler, mine de rien, qu'il n'était pas dupe. Le salaud… Le lit d'Étienne resta vide. En me tenant la porte, son œil divergent me disait que lui non plus n'avait pas oublié. Je m'efforçai de répondre au sourire d'Émile. Je venais d'ausculter son cœur. Je désirais que Speck soit là… Près de la porte, j'entendis un malade crier : *Achtung* ! Je me redressai et n'en crus pas mes yeux. « Continuez », dit le commandant. Je n'en menais pas large. Il n'était jamais venu ici et je le suivis comme un coupable dans la salle de pansement. D'un geste, il congédia Günther, et se promena sans rien dire en ouvrant un bocal par-ci, un bocal par-là. Comme cette scène muette se prolongeait, je crus bien faire en lui expliquant l'usage des médicaments qu'il manipulait. « Je suis venu vous consulter », me dit-il brusquement, puis en se retournant, il darda sur moi ses yeux bleus. Je me dis : « Ça y est, il veut me confondre, sinon il aurait appelé Heuer ou tout autre médecin ! » Mais il ajouta : « Depuis trois jours, j'ai complètement perdu l'appétit… » La perte d'appétit – symptôme rarissime parmi ma clientèle – m'apparaissait de très mauvais augure depuis la mort de François. Ou bien mon illustre malade n'avait rien, et ce symptôme était négligeable, ou il était très malade et ce manque d'appétit était un baromètre qu'il ne fallait toucher à aucun prix. Mais, paniqué que j'étais, je ne pensai qu'à le faire disparaître, ce symptôme, puisqu'il s'en plaignait. Je me souvins d'un remède : ma mère, pour stimuler mon appétit lorsque j'étais malade, me préparait une tisane au charme du « Gris à sépales feutrés de gris » ; cette infusion agrémentée d'ingrédients dont je me souvenais précisément la composition, faisait des miracles. Le commandant repartit satisfait lorsque je lui proposai de lui apporter ce remède tout à l'heure.

Wolf Flachsmann, l'imposant chef de cuisine, regarda d'un œil dégoûté ma recette qu'il tenait dans ses gros doigts : « T'es pas fou ! Je cuisine pour plus de mille personnes. Je n'ai pas le temps de m'amuser !

– La vie du commandant en dépend. (Je mentais effrontément.) Mon traitement, c'est la seule chose qu'il puisse avaler.

– À d'autres, rigola Wolf… Et d'abord, je n'ai ni œuf, ni crème, ni rhum. »

Là, je le tenais. Je savais qu'il mentait.

« Bon, je dirai au commandant que tu n'as pas les ingrédients nécessaires. Il y a de fortes chances qu'il ne s'en sorte pas… »

Puis, je fis mine de m'en aller. Il me rattrapa sur le pas de la porte.

« Attends. Je ne savais pas qu'il était malade à ce point ! »

Son visage vira au jaune…

Ma recette à la main, il s'en alla dans le fond se mettre à l'ouvrage. Je me dis que c'était ici qu'il faudrait faire venir le commandant pour lui redonner l'appétit ; l'effet des fumets de la cuisine me semblait irrésistible. Mon estomac affamé m'ôtait tout esprit critique.

Je regardais d'un air nostalgique les aides cuistots jonglant avec de grandes casseroles et s'activant à cuire des mets qui me faisaient rêver. Günther passa tout à coup par la porte entrouverte, une tête préoccupée : « Herr Doktor, venez vite ! Rupert Robert vient d'arriver, porté par deux types. Il étouffe. Il est tout bleu ! »

Rupert Robert, étendu sur un lit, n'avait plus du tout l'air provoquant. Les narines pincées, la bouche grande ouverte, le thorax gonflé comme un ballon, il s'efforçait de chasser l'air qui s'échappait en sifflant. De ses yeux révulsés on ne voyait plus l'iris. Il y avait des remèdes contre la grande crise d'asthme, mais pas ici ; aucun sergent n'était asthmatique. Il fallait improviser... Je trempai les pieds de Rupert Robert dans un seau d'eau froide, que je remplaçai par de l'eau de plus en plus chaude. Quand ce fut presque bouillant, Robert hurla mais la crise passa. « On ne m'a jamais fait ça », s'étonna-t-il alors. Günther me lança un long regard admiratif. « Ce n'est rien, dis-je, modeste... Toi, tu restes à l'infirmerie, jusqu'à ce que j'aie pu obtenir des ampoules d'*évatmine*. »

45
Gris à sépale

Les cent kilos de Wolf bouchent la porte. Je ne l'ai pas entendu entrer. Sur sa large paume sont posées une serviette et une assiette coiffée d'un couvercle de cuivre. Une douce odeur de rhum et de vanille me fait frissonner. « La voilà, ta sacrée mixture… Je file, je suis pressé. Salut. » Lorsque j'apportai mon remède au commandant, il me lança un regard qui en disait long : il ne s'était pas attendu à une soupe, mais alors, pas du tout ! Il la renifla avec méfiance et en porta un quart de cuillère à sa bouche. Je crus qu'il allait la recracher. Mais c'était un homme bien élevé… « Atroce, éructa-t-il, en me tendant l'assiette à moitié vide. Cela m'aurait coupé l'appétit, si j'avais eu faim. » Dans l'antichambre, heureusement déserte, je savourai le reste du Gris à sépale qui valait largement celui de mon enfance. Sacré Wolf, il n'avait pas lésiné sur le rhum. En sortant, je ratai une marche et m'étalai sur le perron.

Les bienfaits ne se firent pas attendre et le lendemain matin, le commandant, en présence de Günther, vint me féliciter : il me dit même avoir dévoré, aussitôt levé, quatre œufs sur le plat… Maintenant, Günther me regardait avec le respect des premiers jours. Il avait presque perdu son air sournois. Cette fois, ma réputation était faite. La preuve : un sergent m'attendait déjà pour me consulter. Il n'en finissait pas de m'énumérer les troubles vagues dont il prétendait souffrir, tandis que je palpais et percutais son ventre qui s'ornait au milieu d'une épaisse toison rousse. Tension artérielle, pouls, température : tout était normal. En vérité, je ne pensais qu'à gagner du

temps, lui se méprenait sur mon air affairé. « C'est grave, Docteur ? »
Je m'apprêtais à lui dire qu'il n'avait rien, mais connaissant le bonhomme et ses agissements dans le camp, je décidai de lui en donner
pour son grade. « Couchez-vous, tout de suite. Diète absolue. De
l'eau, c'est tout. Je viendrai vous voir demain. Je vais, en attendant,
vous donner quelque chose. » Je lui fis avaler un grand verre d'un
liquide opalin… de l'eau, dans laquelle je mélangeai quelques gouttes
d'alcool camphré. Il se retint pour ne pas vomir. L'après-midi,
Rupert, qui avait retrouvé son air narquois, me dit : « Je vois que
vous avez des difficultés avec ce *Wachtmeister*. » Je protestai. Il
n'en démordit pas :

« Moi, je peux vous aider. J'étais mage avant.…

– Quoi ?

– Oui, mage. On me consultait de partout. J'ai même eu dans ma
clientèle un ministre… Vous savez, mon associé me volait, il me faisait passer deux clients dans une transe et n'en notait qu'un… Je me
mets en transe moi-même, quand je veux. Pour en sortir, c'est une
autre histoire. Si vous voyez que je me fatigue, il faut me réveiller.
Simplement en m'appelant Robert… Autrement, je m'épuise. Pour
vous, je veux bien le faire. »

Je n'y croyais vraiment pas, mais que risquait-on ? Rupert
s'allongea et se concentra. Il avait ses doigts en éventail sur ses
tempes. Un cri rauque. Son corps se tendit et s'arc-bouta. Il ne repo-
sait plus que sur les talons et l'occiput et était secoué de tremblements. Puis il finit par se détendre et s'endormit profondément. « De
quoi souffre le sergent ? », lui dis-je, sans conviction. Une voix, bien
plus profonde qu'à l'ordinaire sembla alors sortir de son ventre. Il
parlait par petites phrases hachées. « Le sergent est inquiet… sa
fiancée ne répond pas… elle le trompe avec un pharmacien… je
les vois… ils sont ensemble. Il est contrarié par une éruption…
des champignons dans sa paume droite. Il sait qu'il est très laid.
C'est un malade imaginaire. Il a peur qu'on l'envoie sur le front
de l'Est. » Tout cela me semblait bien banal, et l'éruption ; il avait
certainement dû la voir en réalité. J'essayai autre chose :

« Que fait ma mère, en ce moment ?

– Cuisine… banlieue Strasbourg… pommes de terre… épluchures… petit chien noir regarde… aboie. Porte s'ouvre… tante… oncle… Tante tient une botte d'oignons… »

Je n'en revenais pas : comment pouvait-il connaître tant de détails ? Strasbourg, oncle et tante, et mon chien !… La sueur perlait maintenant sur son visage. Je décidai de faire un autre test : « De quoi souffre Émile ? » Comme pressé d'en finir, il dit très vite :

« État grave. Rhumatisme articulaire aigu. Atteinte de l'endocarde. Traitement : salicylate de soude. » Là, j'étais soufflé. Quel merveilleux auxiliaire il ferait, pour un médecin !

46
L'épais

Depuis que j'avais cessé de voir Alfred, j'étais presque sans nouvelle de l'évolution de la guerre. Rupert Robert semblait épuisé, mais je ne pus m'empêcher de lui poser la question. Il eut quelques tressaillements, ouvrit la bouche puis serra les dents. Je crus un moment qu'il se réveillait. Tout à coup, après une sorte de longue plainte modulée, des flots de paroles se bousculèrent. Ce n'était plus Rupert Robert, mais la voix rauque et puissante qui avait enflammé 80 millions d'Allemands depuis des années :

« En quoi espèrent-ils une aide d'ailleurs ? De l'Amérique ? Je ne peux dire qu'une chose : nous avons tout calculé d'avance... toutes les possibilités... »

Je m'étais redressé, épouvanté. Günther était là. Comme au garde-à-vous. On était en pleine magie. Et il continuait à invectiver avec les mêmes intonations du Führer... « Robert », je lui dis à l'oreille, encore sous le choc. Il ouvrit des yeux effrayés, puis se retourna comme pour dormir. Lorsque le lieutenant entra une poignée de feuilles à la main, Günther et moi, nous nous regardions perplexes.

« Qu'est-ce que vous faites ? Au travail ! Cinquante détenus partent pour Dachau mercredi. Vous leur ferez un certificat de bonne santé. Cœur, poumons et le reste. Il faut trois oui : *Haftfähig* (supporte la captivité), évidemment puisqu'ils sont ici ! *Arbeitsfähig* (peut travailler). Oui, bien sûr. *Lagerfähig* (supporte le camp). Ça, ça s'applique à Dachau. Mais la capacité de résistance de l'homme est grande. Soyez optimistes et nous serons bons amis. D'ailleurs, il nous en faut 50… de toute façon, ils sont tous de la baraque 8. Alors vous savez, un peu plus tôt un peu plus tard… Je vous envoie les cinq premiers. »

Parmi eux, il y avait Früh. L'ombre de Früh plutôt. Sa face décharnée grimaçait un sourire. Il avait deux trous à la place de ses canines.

« Ah, mon ami, dit-il, en serrant mes deux mains dans ses doigts squelettiques, je suis bien content que ce soit vous ! Vous vous rappelez, l'épais de la marmite ; il était pour vous, toujours pour vous !… J'ai le cœur malade, si malade. Sauvez-moi, je vous prie. »

C'est vrai qu'il faisait un bruit bizarre, son cœur. En cardiologie, mes connaissances étaient quasiment nulles. Un mot m'était cependant resté. Il sonnait bien : asystolie. J'inscrivis donc cette remarque en espérant que cela suffirait pour justifier mon « non au travail », et « non à Dachau ». Avant que j'aie pu l'en empêcher, Früh m'embrassa la main.

Günther haussa les sourcils, étonné, en lisant mon commentaire. Pour les autres, je me souvenais que le docteur Speck, pour faire ces certificats de santé, faisait déshabiller ses patients complètement, et mettait ses doigts sur l'aine en leur disant de tousser. Il inscrivait alors : « tendance aux hernies inguinales. Travail : non ou modéré. » Ce symptôme, exceptionnel chez l'adulte, je l'appris bien plus tard, je décidai de le diagnostiquer aux autres. De l'avis de Günther, cette fréquence semblait exagérée. Alors, coupant la poire en deux, je mis partout : « Légère tendance aux hernies inguinales, travail modéré. » À la vue de mon premier rapport, le lieutenant sauta en l'air :

« Vous êtes fou ! Mon père est mort, l'année dernière, en asystolie. En asystolie, vous ne bougez plus du lit : c'est la fin !

– Je croyais avoir écrit : *légère asystolie*, dis-je piteusement.

– C'est idiot ! Cela ne veut rien dire. Autant mettre : légère agonie ! Allons, refaites-moi ça, dit-il en me jetant avec mépris la feuille à la figure. Früh se plaint toujours, mais il se porte comme un charme. Il sera du voyage et… laissez tomber ces finasseries, ajouta-t-il, d'un ton plus haut. « Une légère tendance à »… Je vous en foutrai ! »

Mon *Jawohl, Herr Leutnant* sonna le glas de cinquante hommes. Le lieutenant fut d'accord pour exempter un squelette couvert d'escarres qui n'aurait pas supporté la route, et un autre qui bavait en tremblant de tous ses membres : un parkinsonien à l'agonie. Il y eut deux suppléants. Même quand je l'avais vu dans sa tenue de bagnard de la baraque 8, je n'avais senti aucune sympathie pour Früh. Mais quand dans la nuit du mercredi, je fus réveillé par le départ du camion pour Dachau, ma gorge se noua : il méritait peut-être son sort, et pourtant...

47
L'évatmine

Contre toute attente, les bains de coquelicots firent merveille. L'information de mon remède miracle circula et, l'un après l'autre, les sergents vinrent me voir. Je ne me pressai pas de commander l'*évatmine*. La radio de Schirmeck confirma une petite caverne que Rupert avait déjà "vue" chez les sergents qui l'avaient sollicité pour des troubles gastriques. Elle me valut la visite inquiète du docteur Heur : comment avais-je pu faire ce diagnostic ? Je tremblai que Günther, à l'humeur si changeante, ne dévoilât un jour la supercherie. Je m'efforçais de ne pas compter sur la reconnaissance des sergents. Cette faveur nouvelle et usurpée ne me rassurait pas du tout… J'avais déjà vu tant de privilèges durement payés du jour au lendemain.

Le mois d'octobre se traîna ainsi de succès en succès. Les *Wachtmeister* m'apportaient souvent du pain que je partageais avec Rupert Robert, et bien entendu avec mon infirmier. Le jour où il me fit appeler, le commandant était d'humeur particulièrement joviale : « Vous vous débrouillez, m'a-t-on dit. D'ailleurs, votre traitement m'a fait le plus grand bien : je mange comme quatre. Mais à présent je suis… je suis très constipé. Je veux un lavement. Vous ferez cela ici. »

Près du quart d'un vrai savon de Marseille y passa. De quoi lubrifier les colons d'une compagnie. Dans le luxe de la chambre à coucher du commandant, mes godillots faisaient une tâche sombre et coupable. Je ne savais pas où mettre le bock de deux litres destinés au lavement, que j'avais pudiquement recouvert d'une serviette. Il était à plat ventre sur le lit. Il avait juste retiré sa veste. Je n'avais d'yeux que pour ce derrière où je devais pénétrer. Je lui dis de se déculotter… Curieux que ce postérieur, dans sa nudité blafarde, m'impressionnât moins que revêtu du pantalon. C'est peut-être parce qu'il était sans défense contre l'embout que je m'apprêtais à introduire profondément.

« Alors, êtes-vous prêt ? éructa-t-il, agacé.

– Jawohl. Je commence, Herr Leutnant.

Le robinet à peine ouvert, il brailla :

C'est brûlant ! »

Je remplaçai la moitié du liquide. Il restait encore un bon litre à passer, lorsqu'il me demanda d'arrêter. Il voulait se lever tout de suite. « Non, dis-je avec une fermeté qui m'étonna, attendez un quart d'heure au moins, ou tout est à recommencer. » Il protesta puis finit par céder. C'était vraiment un patient impeccable. J'avais l'impression qu'il allait s'endormir, mais soudain il se leva d'un bond et, retenant sa culotte d'une main, il fonça et disparut dans les toilettes pendant une dizaine de minutes… Gêné, je m'apprêtais à prendre congé, lorsqu'il surgit rayonnant, achevant d'ajuster la ceinture de son pantalon : « Merveilleux. Merveilleux ! Vous êtes un as. Je suis libéré ! » Il me tendit une cigarette en me recommandant de la fumer ici.

48
Émile

De peur de me voir privé, du jour au lendemain, des services irremplaçables du mage Rupert Robert, je n'avais toujours pas commandé les ampoules d'évatmine. Il est vrai que j'avais réussi à faire de lui une sorte d'infirmier en second ; ce qui flattait Günther et l'incitait à tenir sa langue. Robert, très discipliné, s'acquittait fort bien de son service. Il était patient, attentif et doux, et les malades l'aimaient bien. Ce que Ruppert Robert pouvait être pour un malade, je n'allais l'éprouver vraiment qu'au cours de ce mois de novembre pluvieux, où mourut Émile. Sans que je ne lui dise rien, il avait tout de suite compris l'aggravation qui s'était brusquement manifestée. La nuit, quand tout le monde dormait, il se levait sans bruit et se glissait comme un voleur sur le tabouret à la tête de son lit. Il y restait des heures, immobile, guettant le souffle irrégulier du moribond. Chaque fois qu'Émile faisait un mouvement, il lui prenait la main doucement pour le calmer et épongeait la sueur qui coulait de son front. Parfois, il se levait d'un bond, révolté, et filait furtivement à travers l'ombre du dortoir. Il appuyait son visage contre la vitre en suivant du regard la pluie qui rayait la lumière des projecteurs, perdu dans une évocation muette. Puis, il reprenait sa veille silencieuse et ses gestes étaient ceux d'une mère cramponnée à la vie de son enfant. Peu avant l'aube, exténué, il se couchait à peine une heure. Pendant la journée, il accourait de loin au moindre gémissement pourtant bien discret, le faisait boire et retapait avec d'infinies précautions ses coussins. « Est-il bon que je change son eau si souvent ? », me

demandait-il d'un air inquiet, tandis que ses yeux me suppliaient :
« Ne pouvez-vous donc rien pour lui ? » L'après-midi, j'entendais
parfois de brèves saccades étouffées d'un rire que je n'avais plus
entendu depuis des semaines. Qu'est-ce que Robert pouvait bien lui
raconter ? Après ces courts moments de quiétude, Émile sombrait
dans un profond sommeil, et Robert allait pleurer silencieusement
sur sa paillasse. Il avait voulu lui consacrer plusieurs transes. Toute
tendresse disparaissait alors. C'était la raison dans toute sa rage.
Bien qu'averti, j'étais chaque fois saisi d'effroi. Il autopsiait le cœur
et révélait avec fougue les ravages du mal :

« Bientôt, la valvule mitrale flottera comme un drapeau... Les
valvules sigmoïdes sont une écumoire. Quant au traitement, il en a
pour dix jours... au plus. Quoi qu'on fasse, un bon verre de lauda-
num[26] serait la meilleure solution... »

À peine réveillé, Robert s'inquiétait de son état. Je m'en tirai
avec des mots savants. Il espérait toujours et, bien que le diagnostic
soit clair, il voulut une transe axée uniquement sur le traitement.
Je fus épouvanté : la voix gutturale d'Hitler débuta par un torrent
dévastateur :

« Ce qui n'est pas viable doit mourir... Ce qui n'est pas viable,
qui est pourri, malade, fragile, sera balayé... Ton heure a sonné,
Émile... Finis les doux soirs avec Robert... Tu vas crever ! Oui,
crever ! » La voix faisait vibrer la cloison. Une chance qu'Émile
ne comprenne pas l'allemand. C'est du moins ce que je croyais car,
le lendemain, après avoir jeté un coup d'œil sur Émile que je pensais endormi, il me chuchota en imitant Robert : *Emil muss ver-
recken.* (Émile doit crever) Puis il ajouta : « Je sais bien que je vais
mourir, mais pourquoi l'a-t-il dit si méchamment et avec la voix du
führer ? » Comment lui expliquer que Rupert n'était pas Robert ?
D'ailleurs cela n'aurait rien arrangé... « Tu as dû rêver », dis-je pris
de court. Il se détourna pour pleurer.

Personne n'était là pour lui tenir la main quand, sans tapage,
il rendit le dernier soupir. Robert, épuisé, dormait à ses côtés. Il

---

26 Teinture alcoolique d'opium très addictive : elle est prescrite dans le traitement
symptomatique des diarrhées aiguës et chroniques.

fallut l'arracher au cadavre froid. Dans son sommeil, il y revenait cependant ; il restait suspendu à sa bouche morte qu'il n'avait pas embrassée à temps. Il ne quittait plus sa paillasse. Il ne se lavait plus. Il ne mangeait plus. Quand je forçais ses lèvres serrées avec une canule pour l'alimenter, il recrachait le liquide aussitôt. Je craignis pour sa vie. Toute la semaine, il ne prononça pas un mot. Prostré sur son lit, ses yeux secs fixaient une poutre du plafond. « Ne te laisse pas mourir, j'ai besoin de toi, tout le monde ici a besoin de toi Robert. » Robert n'entendait plus...

49
Le docteur Heuer

Un rat ronge la porte et me réveille. Le bruit vient du lit d'Émile. Il est assis, le dos tourné. C'est bien sa chemise bleue et son foulard rouge qu'éclaire la bougie… Mais il est enterré depuis huit jours ! Je m'approche lentement. Je découvre Robert qui tient entre ses mains serrées comme un épi de maïs, l'index de la main droite d'Émile ! « Robert, qu'est-ce que tu fais ? » dis-je, effaré parce que je vois ! Il se tourne vers moi, porte ses mains à sa bouche et mord… Les longues dents pointues broient longuement l'index pourri de la main droite d'Émile. Cette main qu'il n'avait pas voulu lâcher. « Je suis Émile », ricane-t-il, en me soufflant une odeur de charogne. Dans sa bouche grande ouverte, je vois distinctement grouiller les vers… Malgré la puanteur, je n'arrive pas à détacher les yeux de l'horrible festin. Quand il mastique le muscle du pouce, je remarque cette masse exsangue qui s'anime dans sa bouche. Une bave rouge vif lui coule sur son menton. Il dévore tout avec de grands soupirs d'aise : les os, la peau blafarde et même les ongles. Je recule trop tard parce qu'il vient de roter en postillonnant. Tout est consommé. Il ramasse avec gourmandise quelques miettes éparses sur la couverture, se suce les doigts, souffle la bougie et s'étend en grognant de plaisir…

Le lendemain, Robert se remit pour la première fois à table. Sa bonne humeur était revenue. Il me sourit de toutes ses dents pointues. Je le vis l'après-midi en train de couper les ongles d'un malade. Cela faisait partie de ses fonctions qu'il avait négligées ces derniers temps. De le voir tenir cette main entre les siennes me mettait mal à l'aise. Cette résurrection semblait une suite logique de la macabre « Cène » qui avait hanté ma nuit. La nuit suivante, j'eus du mal à m'endormir. Pourtant, je n'entendis aucun bruit de mâchoire. Mais la personnalité si diverse et si changeante de Robert me faisait peur. Je me couchai après l'appel et la fièvre grimpa tout de suite… Je sentais la présence de Robert tout autour de moi. Je me levai et regardai sous le lit. Il y était ! Soudain il sauta au plafond et y resta comme collé… Puis il tomba sur ma main qu'il immobilisa dans ses serres et qu'il commença à grignoter… Mon corps était paralysé et je faisais de vains efforts pour me rejeter en arrière afin de lui échapper. « Tout doux, tout doux…», me disait Robert entre ses dents sanguinolentes. Ce mot me réveilla d'un coup et je me redressai sur mon séant.

Rupert Robert a le visage tout près du mien et me tapote la main : « Tout doux, réveille-toi, ce n'était qu'un mauvais rêve », me dit-il avec un sourire ambigu. Il n'a pas l'air content que je retire ma main. Il me propose cependant sa transe. Tout ce qui vient de Robert est désormais maléfique pour moi, mais s'il voit que j'ai peur de lui, je serai en son pouvoir. Mieux vaut accepter. Cette fois-ci, il n'arrive pas à se mettre en transe malgré de longs efforts de concentration. Alors que je croyais qu'il renonçait, il poussa ce cri rauque que je n'avais pas entendu depuis la mort d'Émile. À peine l'avais-je interrogé qu'il répéta d'une voix sourde et indistincte d'abord, puis de plus en plus forte et nette :

« Urgence… Diphtérie maligne… Sérum immédiatement… » Puis, après avoir scandé encore deux ou trois fois ces syllabes, il se tut.

La piqûre me tire de ma syncope. Le docteur Heuer est particulièrement content de mon cou gonflé comme celui d'un taureau. De tels signes physiques valent un prélèvement. Il se rengorge : « Un cou proconsulaire, comme on en voit peu ! » Le commandant est là en personne, un peu sceptique : il m'a vu à l'appel. Il fait un bond en arrière lorsque Heuer lui dit que c'est très contagieux. « Hospitalisation immédiate ! » commande cet homme aux décisions rapides en claquant la porte. Malgré les couvertures, j'ai froid sur cette civière. L'âcre odeur de phénol me pique le nez et me fait tousser. Le docteur Heuer m'a souhaité bon voyage et il a mis la dose. De quoi tuer tous les bacilles de Loeffler de la région. Il s'en fout que je suffoque… Mon cœur bat à une vitesse folle. Je tiens à deux mains le gros crachoir, où mes déjections que je ne peux avaler, nagent dans le formol.

L'ambulance roule déjà depuis une bonne heure. Je suis presqu'à ras du plancher ; mon horizon se borne à la couronne de cheveux qui orne l'occiput du chauffeur et à la cime des platanes qui défilent en cadence : Woum… Woum… Woum… Comme un oiseau, ma conscience moribonde picore, çà et là, des sensations brèves et décousues qui troublent ma somnolence. Une voix dans mon dos dit très fort : « Tue-le, tue-le ! » et Früh abaisse sur moi sa tringle de métal terminée en pointe, comme un long poignard. J'essaie de m'enfuir. Je suis figé sur place. Il semble hésiter. Le voilà qui tombe à genoux en pleurant :

« Je n'ose pas, ce n'est pas possible, le commandant le protège… »

50
Monsieur Schmach

Je ne perçus pas les pavés de la banlieue, mais en sentant le contact des draps, j'eus un éclair. Comme une litanie, je me répétais sans y croire : dans les draps… dans les draps… dans les draps… « Il fait chaud ici », dit Monsieur Schmach, en s'éventant avec son chapeau. Je ne l'avais plus vu depuis le P.C.B. Ses cheveux, qu'il teignait en noir maintenant, lui donnaient l'air d'une poupée. De la main qui tenait son fume-cigarette, il balayait l'espace d'un grand geste.

« C'est de l'histoire ancienne, tout cela. Ils ont voulu t'en faire baver un peu. C'est normal, non ? Après l'affront que tu leur as fait… Mais tu t'en balances ; tu t'en fous au maximum. Si tu réfléchissais deux minutes, tu comprendrais… Voyons, en pleine guerre, ils te donnent une bourse d'études, et toi, qu'est-ce que tu fais en guise de remerciement ? Tu t'en vas. Tu plaques tout. Et maintenant, tu te laisses vivre ! Qu'est-ce que ça peut te faire : tu ne songes qu'à te plaindre, à accuser les autres…

– Ça ressemble à l'insigne du Parti, la croix gammée que vous portez là !

– Mais non, imbécile, c'est l'insigne de la *Reichsbahn* (chemins de fer du Reich). C'est naturel avec le poste qu'ils m'ont confié… Ah, ils ont su reconnaître ma valeur, eux ! Songe qu'en seize mois, j'ai fait plus de chemin qu'en vingt-six ans de service dans les chemins de fer français ! Mais là, tout n'était que combine et système D. Résultat : le bordel ; un gouvernement et une administration pourris jusqu'à la moelle et la honte de 40… Moi qui ai été locataire toute ma vie, je suis maintenant propriétaire d'un superbe appartement au cœur du quartier de l'Orangerie, allée de la Robertsau. Tu le verras en sortant d'ici… D'ailleurs, à propos de sortie, c'est grâce à mes relations que je vais te procurer une liberté que tu ne mérites pas… Le mal n'est pas où tu le vois. Bernie l'a bien compris, lui !

– Bernie ? Qu'est-ce qu'il devient ?

– Il me parle de toi tous les jours. Il t'aime bien, ingrat que tu es.

– Pourquoi n'est-il pas venu avec vous ?

– C'est moi qui n'ai pas voulu. Il n'a pas encore eu la diphtérie, et tu sais comme il est fragile. C'est mon seul enfant. Mais il me donne bien des satisfactions ! Il vient d'être nommé *Studentenführer*[27] de toutes les Facultés de Strasbourg. Jusque-là, cette charge n'avait été confiée qu'à des *Reichsdeutsche*[28]. Je suis fier de lui !

– Oui, et quel honneur ! Je dis pour me moquer.

– Tu peux ironiser. C'est vrai qu'avec tes idées…

– Quoi, mes idées ! Je suis français, voilà tout. Et vous aussi d'ailleurs. »

Je l'observe jeter un regard angoissé sur les murs et les objets alentour, comme à la recherche de micros. Il croise mon regard.

« Je me fous des micros. Ce que j'ai à dire, je le dirai.

– Je m'en fous aussi, je n'ai rien à cacher. Ils peuvent en poser jusque dans ma salle à manger, des micros.

– Où est-ce que ça se passe alors, quand vous écoutez Radio Londres ?

– Je n'ai jamais écouté Londres ! Il n'y a qu'à comparer avec les discours d'Hitler ou de Goebbels : ça c'est de l'information.

– Vous faites souvent cette comparaison ? »

Piégé, Monsieur Schmach pâlit. Il s'éponge le front, mais se ressaisit vite :

« Écoute, mon garçon. Je suis né allemand. J'ai été officier allemand en 14. Je le suis resté dans une Alsace retournée au Reich, comme de juste.

---

27 Leader étudiant.
28 Allemands d'avant 1939, par opposition aux Allemands par annexion : Volksdeutsche.

– Ainsi soit-il… Dites-moi, Bernie est né français, lui ? À Dijon, il était fanatiquement anti-allemand. Curieux qu'il ait si vite tourné casaque.

– Il a grandi, c'est tout. Il n'a pas tourné casaque, comme tu dis. Il a réfléchi… Il s'est affranchi d'un romantisme vieillot. Il a compris où étaient les valeurs humaines. Il a choisi, lui… »

Contrarié, il arpente lentement la pièce. Sans doute se sent-il mal à l'aise de voir que je lui résiste. Depuis le début, je ne l'ai pas quitté des yeux. Il ne le supporte plus et fuit mon regard. C'est sans doute pour ça qu'il prend du champ. Sa voix se fait plus douce, comme s'il voulait m'amadouer pour me convaincre :

« Je vois encore mon Bernie descendre un matin dans notre salle à manger. Je ne l'ai pas reconnu tout de suite. Il est entré le menton levé et a claqué des talons avec mes bottes de 14. Il avait rasé ses beaux cheveux blonds. Ça m'a fait un choc, mais j'ai tout de suite saisi qu'il était devenu un homme. Enfin, à quoi bon te raconter ça. Tu es bouché, ce n'est d'ailleurs pas pour te parler de lui que je suis venu, mais pour t'annoncer la visite d'un ami. C'est même Bernie qui me l'a présenté. »

Il s'arrêta au pied de mon lit, comme un témoin à la barre, et posa ses deux mains sur les barreaux en attendant sagement que je lui réponde.

« Un ami ? Quel ami ?

– Un homme considérable. Il n'a qu'un mot à dire et tu sors aussitôt du camp. Tiens-toi bien : il tutoie Heydrich !

– Charmante relation !

– Décidément, Bernie te connaît bien… Il a bien fait de me recommander de te préparer. Quand je pense que je voulais te le présenter tout de suite, le major Ockenfuss ! Il faut comprendre : il est nazi à cent pour cent. Nazi, mais très humain. Il n'interviendra qu'à certaines conditions : c'est naturel !

– Et quelles sont-elles, ces conditions ? Je dis, sentant le piège se refermer sur moi.

Il me dévisagea un long moment, en pianotant nerveusement sur l'armature du lit.

« Oh rien… Que tu montres patte blanche, simple formalité. Que tu montres patte blanche…

– Mais encore ?

– Un papier de ta main témoignant de ton repentir. Que tu as agi dans un moment de folie. Qu'ensuite tu as ouvert les yeux et que, maintenant, tu regrettes.

– C'est tout ?

– Et bien sûr… que tu te sens allemand.

– Il suffit, en somme, que je renie ma foi et mon identité. Que j'abjure !

– Moi qui pensais que ce camp te rendrait raisonnable ! dit-il, furieux, en arpentant à nouveau la pièce. Tu es vraiment une mule ! Si tu voulais essayer au moins de ne pas braquer les gens, leur dire simplement ce qu'ils aiment entendre. Te conformer à l'ordre nouveau !

– *Sich fügen*. Merci, je connais… Dites-moi plutôt combien d'argent ce major vous a demandé ?

– Rien du tout. Ne t'occupe pas de ça. Il a des frais bien entendu, mais…

– Alors il n'a pas besoin de mon papier, s'il vous a demandé de l'argent.

– Peut-être… dit-il songeur, nous verrons cela. Je lui en parlerai.

– De toute façon, je veux que mon père vous rembourse jusqu'au dernier centime. J'étais mineur, il me l'a assez dit !

– Ne t'inquiète pas. C'est mon problème. Et tu sais, ton père t'en veut et pas seulement à cause de ses affaires. Écoute, promets-moi, quand tu verras le major Ockenfuss, de lui laisser au moins sauver la face. Bon sang, ton avenir en dépend ! »

51
La débandade

Je savourais les chocolats suisses de Monsieur Schmach. Au rythme de ma dégustation, ma rogne fondait doucement. Totalement exalté, Bruni entra comme un fou. Il m'apportait des nouvelles de Russie : « Ils reculent, ils reculent, me cria-t-il, à peine entré ; ils ont fait demi-tour aux portes de Moscou, et maintenant c'est la débandade ! » Pour ma part, je ne suis pas si près de croire que c'est arrivé, après tous les sons de cloche que j'entends. Je le regarde attentivement. Ses yeux immobiles démentent son exaltation. Sa joie a l'air fêlée. Pour tout dire, elle sonne faux. « Tu es sûr ? » je dis, sceptique. Je m'attendais à le voir sauter en l'air, protester. Mais non, il s'effondre. « Écoute, je ne sais plus. Ils s'accrochent, on dirait… Hitler dit que la situation ne l'effraie pas, qu'il a la victoire en main. Tiens, je t'ai apporté son discours. » Il m'en lit quelques extraits : « Transformer la poussée en avant en défense n'a pas été facile à l'Est. La défense, ce n'est pas le Russe qui nous l'a imposée mais seulement 38, 40, et 42 degrés et parfois 45 degrés de froid. En quatre mois, nous avons progressé jusqu'à Moscou et à Leningrad. Trois mois de l'hiver du nord sont maintenant passés. D'ici quelques semaines, l'hiver se brisera au sud d'abord, puis, le printemps remontera vers le nord. La glace fondra, et l'heure sonnera où le sol redeviendra ferme et dur, et où le fantassin allemand pourra de nouveau opérer avec ses appareils et où de nou-velles armes afflueront de la patrie et où nous les battrons. »[29] Après

---

29 Sur l'archive sonore, on entend la rumeur de la foule qui s'élève comme une seule voix : Heil ! Heil !

sa lecture, Bruni a l'air si déboussolé que je tente de le rassurer :
« Il n'y a plus qu'à patienter. On verra bien ce qu'il fera au printemps.
Je reconnais qu'il est gonflé, mais… que veux-tu qu'il dise ? En attendant, tu me proposes de signer un papier dans lequel je reconnaîtrais ma faute !

– Eh bien ?

– Tu ne comprends pas ?… Ils prétendent me faire dire que j'ai eu tort de vouloir rejoindre mon pays.

– Bien sûr, que tu es bête ! C'est leur marotte aux Allemands, ces petits papiers. Ils appellent ça : *Bekennung zum Deutschtun* (reconnaître qu'on est allemand). Ça ne veut rien dire. Tout le monde signe. Moi-même je l'ai signé, poussé par ce salaud de Bernie qui m'a fait chanter. Sur le moment, je n'ai pas été content, mais c'est de la frime, je l'ai vite compris.

– Alors, toi aussi ?

– Ah, la barbe ! Tu connais mes sentiments ! Tu n'es pas convaincu ?

– Non.

– Tu préfères crever dans ton camp ? Bravo ! À propos de crever, tu sais que Bieder s'est engagé sur le front russe ? Il est fou !

– Non, il est franc.

– Qu'est-ce que tu dis ? Tu es con ou quoi ? C'est un suicide !

– En tout cas, c'est courageux et ça un peu plus d'allure que de rester dans son coin, plutôt que d'attendre d'être avec les vainqueurs. Car c'est ce que vous faites, vous autres. »

Jean-Jacques en 1935.

**Photo de Karoline Valérie Lucie Zeyssolff,
mère de Jean-Jacques Ortlieb
réalisée par Alexandre LANG entre 1902 et 1905.**

Karoline Valérie Lucie Zeyssolff.
1881-1953

1932. Excursion au Taennchel.
Jean-jacques et ses deux sœurs, Reta et Mimi.

Jean-Jacques Ortlieb en 1934 environ.

1938

**Probablement une image partielle du camp du Struthof,
situé à une dizaine de kilomètres du camp de Schirmeck.**

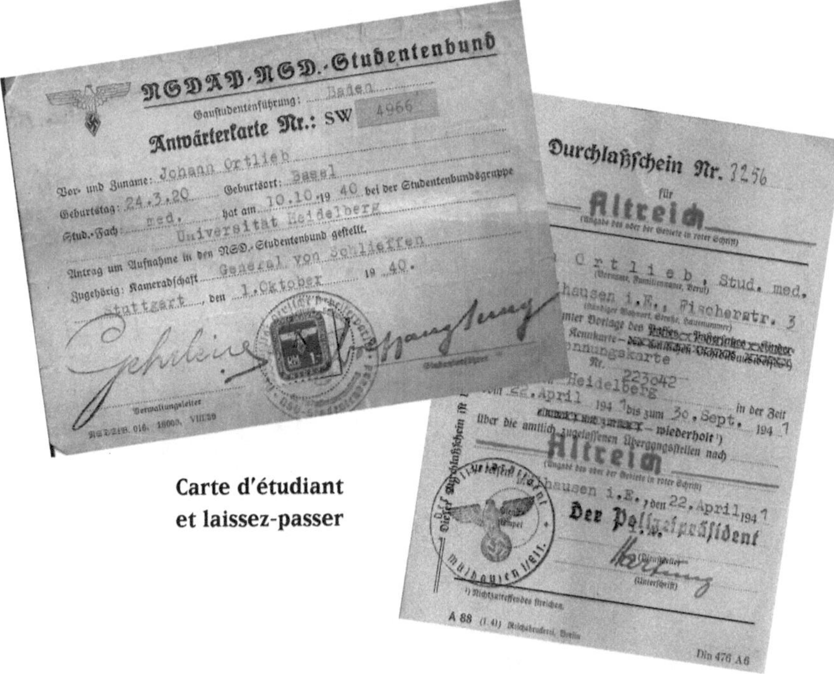

Carte d'étudiant
et laissez-passer

Der Badische Minister des Kultus und Unterrichts

Karlsruhe (Baden) 17. Okt. 1941.

Herrn F. Ortlieb,
    Mülhausen,
    Fischerstaden 3.

    Ihr Gesuch vom 14. September ds.Js. um Haft-
entlassung Ihres Sohnes habe ich an die zustän-
dige Stelle weitergeleitet. Es wird von dieser
behandelt werden.

    Heil Hitler!

**Réponse du Ministère
de l'éducation
au père
de Jean-Jacques
Ortlieb :**

*Votre demande
du 14 septembre 1941
concernant
la libération
(de prison) de votre
fils a été transmise
aux autorités
compétentes
qui l'examineront.*

Frédéric Henri Ortlieb père de Jean-Jacques Ortlieb.
1877-1969

De gauche à droite : Marthe Madeleine dite Reta,
Frédéric Henri Ortlieb,
Jean-Jacques Ortlieb, Marie Lucie
à l'occasion du 85ᵉ anniversaire du patriarche.

Jean-Jacques Ortlieb,
1920-1991.

Deuxième partie

« Pardonne, n'oublie jamais. »

Paul Éluard (1895-1952)

52
Le major Ockenfuss

Avec le major Ockenfuss, je compris assez vite qu'il ne me demanderait aucun écrit. Pour être bien certain de ne pas être contredit, il faisait les questions et les réponses. Comme pour ne rien perdre de sa taille minuscule (qu'il rehaussait de talons de demoiselle), il avait refusé la chaise que je lui proposais. Sa bouche en cul-de-poule m'avait postillonné un long discours sur le thème : « Les Allemands sont tous frères... Je sais combien vous regrettez... Je comprends votre hâte d'entrer dans notre grande famille... » S'il était petit, il était aussi tout en rondeur et suait beaucoup. Son mouchoir de soie, largement déployé, m'envoyait des effluves de patchouli chaque fois qu'il s'épongeait le front. Il me répétait qu'il faisait de ma libération une affaire personnelle. Il loua mes mérites, ma mentalité exemplaire et, baissant les yeux... évoqua ma beauté. Abattu par cet ultime aveu, il se laissa tomber sur mon lit en fermant les yeux un long moment puis, rechargé comme *Antée* par le contact avec la Terre, le petit bonhomme se releva d'un bond. Je crus alors qu'il allait prendre congé, mais il repartit, plus emporté que jamais.

« Vous êtes si jeune, vous ne vous rendez pas compte de la faveur dont vous êtes l'objet. Croyez-vous qu'elle eut été possible dans les geôles de la ploutocratie ou du bolchevisme ? Hein, le croyez-vous ? Non, votre grâce est l'effet de l'humanité ; de la magnifique générosité du plus grand des héros que la terre n'ait jamais eu ; ce héros, que la race a enfanté et qu'elle a hissé sur le parvis, dans un vote libre. Gloire à notre maître, à notre Führer ! Heil !...

Les yeux fermés, il semblait maintenant en prière. Sa petite bouche remuait comme si elle suçotait ses mains jointes. Une larme roula le long de son nez et se perdit dans sa fine moustache.

Tous les copains, le ban et l'arrière-ban de la famille me rendaient régulièrement visite et m'apportaient des chocolats. Je m'empiffrais et cachais le surplus dans une valise dissimulée sous mon lit. C'est vrai que je me la suis coulée douce pendant ces trois semaines d'hôpital !

Un soir, cela devait être l'avant-veille de Noël, Madame Schmach débarqua dans ma chambre, tout essoufflée, en chantant : *Entlassung... Entlassung* (libération). Aussitôt, elle m'agita un télégramme sous le nez : « Joyeux Noël. Stop. La présente libère notre protégé de la réclusion. Stop. Il peut quitter l'hôpital dès maintenant. Félicitations ; signé : major Ockenfuss. » Sur le moment, je me suis dit que la preuve était un peu mince, mais quand ma mère est entrée, toute rouge d'avoir couru et qu'elle m'a couvert de baisers, j'ai pensé que la chose était plausible. Chacun y allait de son commentaire : Madame Schmach parlait de miracle, Monsieur Schmach, de justice.

« J'ai le pressentiment, me dit ma mère, que l'on va passer Noël ensemble, et le Nouvel An aussi. Tu as grandi... J'ai peur que ton pantalon soit trop court. »

En réalité, je n'avais pas grandi, mais littéralement fondu malgré mon orgie de chocolat. Monsieur Schmach, à l'aide d'un couteau, ajouta quatre trous supplémentaires à ma ceinture. Je fus surpris de découvrir en nouant le nœud de ma cravate, ma silhouette svelte dans le miroir. Oui, c'était bien moi, et j'étais enfin libre ! J'eus cependant une pensée pour ceux que j'avais quittés si vite et que je ne reverrai sans doute plus : Günther, Rupert Robert, Michel, August et les autres. Mais qu'avaient-ils tous à jacasser ? Ne pouvait-on pas s'asseoir un instant dans cette petite chambre ripolinée qui n'était plus la même ? Pourquoi toute cette agitation ? Rien ne nous pressait ? J'aurais souhaité un peu de calme. Juste le temps de laisser venir en moi la liberté. C'était trop nouveau. Trop soudain. Hier encore, je n'y croyais pas du tout à ce major Ockenfuss. Je surpris Monsieur Schmach glisser un billet à l'infirmière.

« Embrasse-la. Elle a été si gentille, insista ma mère. Depuis que tu as fait si forte impression sur le major Ockenfuss, chuchota-t-elle en masquant sa bouche, nous avons arrangé ta chambre avec Madame Schmach. Elle t'attend ; elle est prête depuis une semaine.

– Pour fêter ça, je vous invite à dîner à l'Aubette, intervint joyeusement Monsieur Schmach en changeant de sujet. Allons-y vite ! Notre table est réservée, mais il y a une telle foule ! On a un orchestre féminin de Munich... »

Il cligna de l'œil à mon intention.

« Des femmes à demi-nues... »

Madame Schmach amorça un regard sévère, puis finit par sourire.

« On boira du champagne », renchérit-il en guettant ma réaction.

53
L'Aubette

Dans la cour, j'ouvris la marche à grands pas. Je me sentais léger.
Je cueillis au passage une rose de Noël esseulée pour l'offrir à ma
mère. « Voyons, il ne faut pas ! C'est défendu », me dit-elle avec un
air de reproche. Puis elle m'enlaça affectueusement. Mes vêtements
pesaient une plume, mais ils me tenaient chaud. Pourtant j'avais
l'étrange impression d'être nu. Les gens que nous croisions en tra-
versant la place centrale de Strasbourg, la place Kléber, souriaient.
Même ce soldat, dont le bras était maintenu en équerre par un plâtre,
et qui semblait figé dans un salut hitlérien grotesque. Nous arri-
vâmes enfin devant l'Aubette. C'était un immeuble tout en longueur
et de facture classique, qui fermait la face nord de la place. Alerte
comme un jeune homme, Monsieur Schmach gravit le perron en
enjambant deux marches à la fois jusqu'à l'entrée. Tous les quatre,
nous étions là, le sourire aux lèvres. Un vigile rondouillard faisant
office de réceptionniste ajusta ses lunettes et déplia un télégramme.
À la deuxième lecture, il émit un léger bruit de bouche et grimaça :
« Un instant, s'il vous plaît... » dit-il en découvrant un sourire qui
révélait une brèche noire sur un côté de sa mâchoire. Il composa un
numéro de téléphone, signala notre présence et raccrocha aussitôt.
L'air pensif, il nous observa quelques instants en silence, puis composa un autre numéro. Pourquoi tout ce zèle ? demanda Monsieur
Schmach qui perdait patience.

« Qu'est-ce que c'est que toutes ces simagrées, puisqu'on vous
dit que... »

Impassible, l'homme fit un geste pour l'interrompre, épela à haute voix deux fois le nom du major, salua son interlocuteur et raccrocha à nouveau. « Vous pouvez vous asseoir. Ils rappelleront », dit-il sans même nous regarder. Puis il entreprit de se curer les ongles. Madame Schmach se pencha vers son mari : « Mais dit quelque chose ! » chuchota-t-elle, excédée. Il se leva et se posta devant le petit homme en le toisant.

« Nous avons rendez-vous avec le docteur F, membre très important du Parti. On ne peut pas le faire attendre. Nous reviendrons demain. »

La tignasse noire du vigile descendit jusqu'aux sourcils. « Allez-y », dit-il indifférent. Mais lorsque nous nous levâmes, il se ravisa et pointa du doigt Monsieur Schmach.

« Vous, vous pouvez aller à votre rendez-vous. » Et il ajouta en me désignant du menton : « Lui, il doit attendre. » Monsieur Schmach soupira en m'adressant un sourire qui se voulait rassurant. Content de lui et satisfait de son pouvoir, le vigile se bourra une pipe. Madame poussa Monsieur du coude pour qu'il intervienne à nouveau. Ce dernier, mal à l'aise, lui adressa un clin d'œil à travers ses binocles, l'air de dire : « Ne t'inquiète pas, je m'en occupe ». Il se leva, enroula une grosse coupure autour d'un cigare qu'il glissa discrètement au portier. Le regard de celui-ci passa de l'offrande au donateur, puis après une hésitation, ses deux mains repoussèrent le tout : « Monsieur, je suis un fonctionnaire, pas un larbin. Je devrais vous dénoncer et vous savez ce que ça vous coûterait ? » Monsieur Schmach le dévisagea durement. Déstabilisé, le vigile renonça à sa menace et se justifia d'une voix plaintive : « Il faut me comprendre, j'ai une femme et trois enfants. Si j'acceptais votre offre je perdrais ma place et j'irai en prison. » Furieux, Monsieur Schmach en oublia de ranger son billet. Madame, dans un mouvement d'humeur lui arracha des mains et le fourra au fond de son sac. Ma mère, depuis le début, ne disait rien ; tête baissée, elle s'était tassée sur le banc au fur et à mesure de l'attente. Le téléphone sonna enfin. « Voyez, ça n'a pas été si long », dit le vigile avec amabilité. Ce ton brusquement courtois me surprit en même temps qu'il m'inquiéta. « Ce sont eux, commenta le vigile en bouchant le combiné. Vous devez encore patienter » nous dit-il. Puis il salua son interlocuteur d'un « Heil Hitler » dynamique et raccrocha. Monsieur Schmach, qui avait recouvré toute sa combativité, se leva en glapissant :

« Encore attendre, toujours attendre ! Mais enfin, pour qui nous prenez-vous ?

– Ce sont les ordres, répondit le petit homme.

– Mais qu'ont-ils dit ?

– D'attendre… Asseyez-vous s'il vous plaît. »

Monsieur Schmach ne l'écouta pas et se mit à arpenter nerveusement la pièce. Je me demandais pourquoi il ne tenait pas en place, même si de mon côté je commençais à trouver le temps long. « Mais qu'ont-ils dit à la fin ? » trépigna-t-il d'impatience. Le vigile jeta un regard par la fenêtre, et laissa tomber d'un ton atone : « Ils ne connaissent pas d'Ockenfuss et ils n'ont rien concernant une libération. » Abasourdi, Monsieur Schmach retourna s'asseoir en se laissant retomber de tout son poids sur sa chaise. Madame se leva et fit les cent pas de la fenêtre au petit gros, en s'agitant : « Mais ce n'est pas possible… c'est une farce ! Vous avez bien précisé : major Ockenfuss ? Il est très connu. Très haut placé. Ils n'ont pas cherché assez haut ! C'est un ami intime de Heydrich… C'est une blague, une histoire de fous ! dit-elle en rejoignant son mari et en le secouant énergiquement. Mais, dis-lui donc, toi, qu'il tutoie Heydrich ! »

Elle continua sa harangue, entrecoupée de soupirs exaspérés, tandis que le vigile, indifférent, se plongeait dans la lecture de son journal. Mais brusquement l'expression de Madame Schmach se figea : à l'extérieur, un fourgon venait de s'arrêter devant la loge. La porte d'entrée s'ouvrit brutalement, et un grand gaillard se positionna devant l'entrée pour faire obstacle. « Eh bien, il est où l'animal ? » vociféra un sergent en balayant la pièce des yeux et en arrêtant son regard sur moi. « Mais on se connaît déjà, dit-il en me tordant l'oreille. Déshabille-toi ! Dépêche-toi ordure !» Il jeta à mes pieds l'habit honteux. Sous le regard effrayé de ma mère, je me déshabillai et enfilai les frusques qui avaient une forte odeur de moisi. Il ne me laissa pas le temps de lacer mes chaussures et, après m'avoir poussé violemment à l'extérieur, m'obligea à m'engouffrer à l'arrière du fourgon cellulaire. Avant que la portière ne claque, j'eus tout juste le temps d'entrevoir l'image de ma mère et mes amis sur le perron : des statues de cire. Le fourgon démarra. Le poste radio de l'auto jouait *Lily Marleen*.

54
Karl Roos Platz

Je suis à l'arrière du fourgon qui dégage une odeur âcre de poulailler. J'ai froid. Où m'emmènent-ils ? Je tends l'oreille. Ils ne disent rien ! Au feu rouge, je vois des hommes qui traversent, leur arbre de Noël sous le bras. Une jeune fille attend au bord du trottoir. J'ai l'impression qu'elle regarde dans ma direction, mais je suis dans l'ombre, et elle ne peut me voir. Qu'ont-ils à tourner en rond, autour du piédestal du maréchal Kléber ; sur cette place rebaptisée ct germanisée : *Karl Roos Platz* ?[30]1 Il a sa place maintenant !

Après un tour du pâté de maison, le fourgon s'arrête devant l'Aubette. J'entrevois la pancarte du restaurant qui annonce : « À l'Aubette, venez fêter Noël et Nouvel An. Soupers et réveillons. Ambiance assurée : musique et danse les 23, 24, 25, 30 et 31 décembre 1941, et le 1ᵉʳ janvier 1942 ». Je vois les militaires sortir et parlementer à travers l'étroite vitre. Après s'être soigneusement coiffé, le chauffeur passe le peigne à son voisin. Il sort, se dirige vers l'arrière du fourgon et ouvre. Il me fait pivoter et me passe les menottes, puis d'une bourrade vigoureuse, il me fait tomber à genoux et m'entortille les chevilles d'une chaîne qu'il fixe à mes poignets. Un bon coup sec sur la nuque m'envoie piquer du nez au plancher… C'est du bon travail : je peux à peine bouger. « Bien, nous pouvons tranquillement y aller », lance-t-il à l'autre. Les chaînes sont solides.

---

30 Organisateur des Jeunesses Hitlériennes dans l'Alsace française, Karl Roos sera plus tard soupçonné de connivence politique avec l'Allemagne nazie. Il est arrêté en 1939 avec d'autres chefs autonomistes alsaciens et fusillé en février 40, quelques jours avant l'offensive du 10 mai, qui l'aurait alors délivré…

J'aurais bien aimé voir *Houdini*[31] à ma place. Je suis occupé pendant un long moment à trouver une position un peu plus confortable, et je me traîne le long de la cloison en m'aidant du menton puis de mon épaule pour me redresser. Je plante mon nez comme un crochet à la fenêtre. C'est douloureux mais ça marche. Je parie que mes brutes ont pris la table qui nous était destinée pour faire la ribouldingue… Sans y croire, je cherche du regard les Schmach et la présence de ma mère dans cette foule joyeuse qui se presse aux portes de l'Aubette. Personne. Le monde s'écoule lentement, comme aspiré par la gueule brillante d'un cinéma. Un homme encombré de paquets entre dans mon champ de vision. Pour manifester ma présence, je donne de violents coups de front dans la vitre. Peine perdue : il passe sans me voir, puis s'arrête. Il se retourne et revient sur ses pas. Je suis alors persuadé qu'il m'a entendu, mais il trébuche et perd un paquet libérant des boules de noël : des rouges, des vertes, des bleues, des jaunes. Je les vois rebondir en tous sens sur la chaussée, excepté dans ma direction. L'homme tente de les ramasser, mais fini par renoncer et continue son chemin pour disparaître au coin de la rue. Découragé, je me laisse glisser et m'étale sur le ventre, le nez collé au plancher. Pour la première fois, une pensée me submerge : ils m'ont repris. C'est fini. Je pleurerais bien, mais je n'en ai plus la force. Au lieu de ça, je grelotte. Une forte odeur fade et grasse remonte du sol et me distrait de mes tourments. En me relevant, mon nez rencontre une masse molle et froide. Des oies de Noël ! Il y en a des cageots entiers jusqu'au plafond, environ deux cents kilos. Plus de vingt ans de cartes de viande… Des idées moroses me reprennent : je repense à ma valise de chocolats ; à mon *Faust* que j'ai dû abandonner lorsqu'ils m'ont arrêté. J'ai l'impression d'avoir tout perdu. Un tramway brinquebalant passe tout près. Je l'entends qui grince longuement sur les rails en tournant. Le vent secoue le fourgon. Il neige. J'ai de plus en plus froid et faim. Parmi tous ces passants, pas un n'aurait la bonne idée de m'ouvrir cette porte ? Pourtant ils sont là, à deux pas. Je le sais. Je peux encore être sauvé… Je ne suis pas derrière les barbelés ; mais là, au beau

---

31 Harry Houdini. Célèbre prestidigitateur américain d'origine hongroise.

milieu de la place ! Indifférents, ils vont et passent à proximité du fourgon sans me voir. C'est comme si j'étais mort. D'ailleurs, ne le suis-je pas ? Je cogne désespérément mon front sur la fenêtre pour les alerter. J'appelle sur tous les tons. Rien. Une crampe dans le pied puis une furieuse envie de me gratter m'occupe un moment. Mais très vite je renonce, et me laisse glisser le long de la paroi. Lorsque je me relève, je vois le hall du cinéma qui s'allume et recrache une foule silencieuse. Les couples, surpris par la nuit, s'arrêtent le dos à l'entrée avant de s'engager sur leur droite, ou sur leur gauche. Aucun ne vient dans ma direction…

55
Retour à la case départ

La porte du fourgon s'ouvre brutalement. Je ne les ai pas entendus venir. Une lampe torche m'aveugle. Une forte odeur de vinasse domine. On secoue mes chaînes. Je pense qu'ils vont me détacher, mais non. Rassurés, ils claquent la porte sans un mot, montent à l'avant et démarrent. Les lumières tamisées de la ville se font rares. Puis, progressivement, les soubresauts des pavés de la banlieue cessent. Dans les virages, la lumière vive des phares effleure les platanes. Un reste d'espérance s'éteint de minute en minute : c'était évident dès le moment où ils ont débarqué dans le vestibule de l'Aubette. Je n'ai pas voulu comprendre. Qu'est-ce que je croyais donc ? Cette fois, j'en suis sûr, ils me ramènent au camp. En plein hiver, la nuit, sans crier gare ils vont me rejeter dans la fosse. Quand je suis entré la première fois, ce n'était rien. Je m'étais préparé. Je ne savais pas ce qui m'attendait. J'étais armé cependant ; j'avais les muscles bandés pour encaisser… Cette fois-ci, ils m'ont pris, tout désarmé, dans un bain de tendresse. Ma bouche ouverte pour le baiser, ils l'ont remplie de terre. Avant, c'était simple… Je me sens maintenant glisser dans un fleuve glacé qui va me noyer. Ils ont anéanti le peu d'espoir que j'avais encore. Ma conscience est mal faite : je m'étais à peine senti revivre et à présent je me sens mourir. La vie est ainsi : quand tout va bien, on éprouve un vague bien-être, rien de plus. Mais dans chaque jour sommeille un demain de souffrance ; chaque cellule est un bourreau qui attend son heure. Comme les plaisirs sont fades face à l'océan de souffrance qui nous attend…

J'ai dû m'assoupir, car je n'ai pas entendu le portail du camp s'ouvrir. Maintenant je l'entends clairement : il claque comme une mâchoire en se refermant. Le fourgon repart en première, patinant sur la neige. Libérées des chaînes, mes jambes, où le sang se remet à circuler, me refusent leur soutien. Sous les coups de pied, je me redresse et retombe lourdement. En jurant, le sergent appelle son compagnon. Ils me traînent comme un sac jusqu'à la baraque voisine. Repérant un lit vide, ils m'y jettent. On grogne au-dessus. « Vos gueules ! », crie le gardien avant de claquer la porte.

Comment arrivent-ils à ronfler dans cette puanteur ? On saute et on se retourne au-dessus de ma tête, en gémissant. La paillasse qui fait office de matelas est enfoncée en baignoire. Je n'ai pas de couverture et mes tremblements font bouger le lit. Je maudis ce télégramme. Sans lui, je serai dans mon lit douillet après avoir dégusté un bon repas. Le lendemain, la gentille Janine, notre bonne, serait venue me dire bonjour en m'apportant mon café au lit… J'espère et redoute le matin. Ils n'ont pas voulu réveiller le doyen de baraque.[32] Demain, après l'appel, je m'imagine reprendre mon poste auprès de Günther et de Rupert Robert.

Pendant que résonnent les *Aufstehen*[33], j'astique en grelottant mon sigle R1, tout cochonné par ma reptation. On dirait que les damnés rigolent de me voir revenu. Mes anciens patients m'ignorent et ne répondent pas à mon bonjour. En piétinant durant l'appel, je m'étonne de voir vacante la place du doyen… Puis je vois Günther débarquer avec un échalas à lunettes qui le précède. Mon voisin observe mon regard interrogatif et devine ma pensée. « Ton successeur, grince-t-il. Un vrai docteur, lui ! » Pour me rassurer, je touche mon R1. Il y est toujours. Le commandant s'arrête à deux pas de moi sans me voir. Qu'importe, j'ai autre chose en tête : il a fallu un remplaçant, bien sûr, mais maintenant que je suis là… Je vois le doyen qui referme sa porte. « Rien n'est perdu, me dis-je. J'irai le voir tout à l'heure. On pourra s'arranger. Il faut le faire en dou-

---

32 Dès le début, pour leur besoin de gestion, les SS font appel à la collaboration des détenus eux-mêmes. Un système hiérarchisé de responsables est alors mis en place : doyens de camp, de baraque, de chambrée.
33 « Les debout »

ceur : pas devant tous ces types hostiles. Ne pas se joindre à un commando, surtout ! »

Une centaine de pelés battent la semelle sur la place déserte, comme au premier jour. Seulement cette fois, c'est de la neige glacée. Le sergent arrive emmitouflé comme un ours blanc. Une pelle pour trois balais ! Le damage était pénible, mais là, le ventre creux, les doigts gelés par la bise de la nuit ! Avec l'aube, la neige tombe soudain en rafale ; le vent disperse en une longue traînée la montagne que j'ai mis tant de coups de pelle à élever. De son coin, bien abrité, le sergent gueule que « j'aurais dû tasser ma montagne ». (Qu'il essaie donc, avec la neige poudreuse !) L'une après l'autre, les montagnes s'envolent. On en remplit des tombereaux à présent, qu'on va rouler vers une fosse, prés de l'entrée. Soudain, un homme convulse dans la neige. De l'écume sort abondamment de sa bouche. Je me précipite et je le reconnais. Il souffre d'épilepsie. Je me dis que c'est l'occasion de montrer mes capacités de soignant et j'entreprends aussitôt de le prendre en charge. Mais avec un regard qui en dit long, le gardien m'écarte et désigne deux des « balais » qui ne se sont pas approchés. Ça m'apprendra à lâcher ma pelle. L'espoir de réintégrer l'infirmerie fond à vue d'œil. Lorsque nous rentrons dans la baraque, Früh n'est plus là pour saler la soupe aux rutabagas. Et Wolf a oublié le sel, en cette veille de Noël, préoccupé qu'il était de rôtir les oies du sergent. L'odeur affolante se glisse sous la porte et envahit le dortoir glacé où je ne connais plus personne. Et soudain, dans la nuit, les haut-parleurs du camp diffusent : *Stille Nacht.* Douce nuit !… En ce mois de décembre 1941 qui m'avait rejeté des vivants, moi qui ne voulais qu'une chose : m'échapper coûte que coûte de cette guerre qui m'avait plongé dans un marasme ravageur. Maintenant je damais, je damais pour oublier. C'était devenu une seconde nature. Mais en vérité, j'étais comme un fantôme… Personne ne me parlait, et je ne parlais à personne. Il s'était fait comme ça, ce détachement. Encore une façon à moi de m'échapper.

56
Le général Marseille

La soupe était bonne et je mastiquais mon pain. J'étais bien. Mais on m'a dérangé. On m'a appelé. J'existais donc ? « 1834, *zum Kommandant* ! » Il a fallu qu'il répète pour que je réagisse. « Qui ?… Moi ? » Ma voix sonnait drôle. Il y avait longtemps que je ne l'avais entendue. Mes oreilles tintaient. « *Los, los, Mensch*, et laissez cette masse ici. » Où la poser ? J'étais mutilé sans elle. Je m'efforçai de ne pas penser que, dans un instant, j'allais affronter le *Hauptsturmführer*, Karl Buck et sa jambe de bois.

Je suis dans l'antichambre, devant sa porte. C'est à moi de frapper. J'ose un coup mais pas assez fort. Un autre, plus appuyé cette fois. Une longue minute plus tard, j'entends cette voix rauque que je reconnais aussitôt et qui ne me laisse présager rien de bon. « Entrez ! » J'essaie d'éviter le regard de Buck et détourne la tête pour ne pas croiser celui du Führer. J'entre donc en baissant le nez. Lorsque je le relève enfin et que je risque un œil pour lire une explication sur le visage du commandant, je découvre ma mère prostrée sur une chaise ! Elle est venue d'un lointain coin des vivants pour me retrouver dans cette maison de mort. J'ai honte qu'elle me voit tel que je suis devenu. Honte aussi de la voir livrée au commandant… Mais comment pouvait-il en être autrement ? Il était la puissance… « Allons. Embrassez votre mère », dit ce diable d'homme. Elle et moi ne pûmes que mimer ce baiser. À présent qu'il était mort, ce baiser, il n'y avait plus rien à espérer. Cependant, Buck rangeait ses crayons en ordre de bataille.

« Votre mère m'a demandé quand vous sortirez de ce camp ; je voulais que vous lui répondiez vous-même. Allons, c'est à vous. Nous vous écoutons…

– Après la victoire finale.

– Quelle victoire ?

– Celle de l'Allemagne.

– Cette victoire sera donc une fête pour vous ?

– *Jawohl, Herr Kommandant.*

– Hélas non, car vous serez forcément privé de vos droits civiques. Ce qui veut dire, entre autres, que vous ne pourrez jamais exercer une profession libérale. Vous resterez ce que vous êtes : un paria. Il y aura sans doute une sorte d'amnistie. Mais, ne comptez jamais être un citoyen allemand. Ceci est bien clair ?

– *Jawohl, Herr Kommandant.*

– Madame ? »

Ma mère sursauta et tourna les yeux vers moi pour me consulter. Elle répondit d'une voix tremblante : *Jawohl Herr Kommandant.* Content de lui, le commandant se renversa dans son fauteuil et prit une longue aspiration, puis continua :

« Ceci était vrai, hier. Depuis, il y a eu la campagne de Russie, puis l'hiver russe… Cette campagne devait se terminer avant décembre dernier… Elle sera plus longue, car l'hiver a été précoce… beaucoup plus longue. Savez-vous ce qu'est la guerre totale ?

– Non, *Herr Kommandant.*

– Eh bien, la guerre totale, cela veut dire que toutes les forces de la nation, toutes, doivent uniquement être utilisées en vue de la victoire. Ce qui sert la victoire est un devoir. Ce qui ne sert pas est à éliminer. Ce qui lui nuit est un crime… Pensez-vous servir à la victoire ?

– Je ferai de mon mieux », parvins-je à articuler faiblement.

Il se leva, furieux, fit valdinguer sa chaise et frappa violemment le plancher plusieurs fois avec sa canne. Ma mère tressaillit, tandis que mon cœur s'emballait. J'avais l'impression que ses battements étaient audibles dans la pièce. Je fus pris de tremblements que je ne parvins plus à contrôler. « C'est stupide ! Ici vous ne servez à rien.

C'est pourquoi on vous nourrit si mal. Il est probable que le Führer décide un jour de vous supprimer, ne serait-ce que comme bouches inutiles. » Après avoir fait quelques pas en claudiquant, il retourna à son bureau, et redressa sa chaise. Il avait l'air plus calme. « En ce qui vous concerne, il y a plus grave… On pourrait envisager de libérer les homosexuels pour les mettre à l'armement, les prisonniers de droit commun aussi, et même la plupart des politiques. Mais les traîtres, comme vous, n'ont rien à faire en Allemagne, hurla-t-il en frappant un grand coup de poing sur la table. (Ma mère sursauta comme si on l'avait giflée et se tassa encore davantage sur sa chaise). On ne fusille même plus les déserteurs : on les pend ! Croyez-vous que je ne sache pas que vous avez servi, comme nombre de vos camarades étudiants, à la mise au point d'une pommade anti-ypérite ? On vous a dit alors que vous ne deviez en parler à personne, sous peine de mort. Et qu'est-ce que vous faites, quinze jours après la fin des essais, hein, vous tentez de passer à l'ennemi ! »

Prestement, Buck sortit son Mauser qu'il pointa dans ma direction. Il retira le cran de sûreté. Sa voix devint sourde : un étrange rictus se dessina sur ses lèvres.

« Et si je vous abattais sur place !… Vous n'auriez que ce que vous méritez, et je n'aurais de compte à rendre à personne… »

Son doigt blanchissait sur la gâchette. Ma mère était livide. Quant à moi, je n'osai respirer, ni même lever les bras. Satisfait de son effet, Buck rengaina son revolver. « Croyez-vous que vous êtes digne de vivre dans un pays en guerre totale pour le salut de l'humanité ? » Il y eut un long silence.

« Je ne sais pas, *Herr Kommandant*, bredouillai-je

— Quelqu'un qui ne se serait pas senti complètement indigne, aurait assurément répondu oui. Il est très probable que l'ordre viendra bientôt d'exterminer les êtres de votre espèce, comme il est venu d'exterminer les bolcheviks que nous avions dans notre camp. On n'en respirera que mieux. »

Je regardais les lèvres de ma mère tressaillir et sa bouche s'ouvrir : « Monsieur le commandant, vous m'aviez dit… » Devant le regard furieux de Buck, elle s'interrompit.

« Laissez-moi finir, Madame, ou l'entretien s'arrêtera là et vous l'aurez voulu... »

Il s'avança lentement vers moi. Son ton était maintenant insidieux.

« J'avais déjà expliqué tout cela à votre mère et sa douleur m'a fait pitié. Vous êtes son seul fils... Elle m'a dit une chose qui m'a ému : votre mort n'est rien, c'est votre honte qu'elle ne peut souffrir. » Ma mère s'apprêtait à répliquer, mais il lui jeta un regard glacé qui la rendit muette.

« Elle m'a dit autre chose – vous voyez que je vous entends bien, Madame –, que vous étiez mineur, donc irresponsable quand vous avez déserté ce pays... Nous avons un grand soldat en Allemagne, il est général d'aviation et il n'a pas encore vingt et un ans : le général Marseille[34]. Prenez-vous ce général pour un irresponsable, puisqu'il est mineur ?

– Nein, Herr Kommandant.

– Mais revenons à votre honte... Dieu merci, le Führer n'en est pas à compléter ses bataillons en écumant les camps de concentration. Sans cela, je vous enverrais au front et tout serait dit. »

L'air pensif, le commandant ouvrit son étui à cigarettes, tassa une cigarette sur un coin de table, puis l'alluma en me dévisageant. À travers les volutes de fumée, il semblait jauger l'effet de ses paroles. D'une voix douce, il reprit :

« Il se trouve que je vous connais un peu mieux que la plupart des autres détenus. Je vous ai vu à l'œuvre quand vous étiez à l'infirmerie, et je me dis que vous n'êtes pas complètement pourri. Vous pourriez encore servir. Un des aspects nobles de mon rôle est de déceler parmi les déchets et les poisons voués à l'élimination ce qui peut encore être utile. Le Führer indique les grandes lignes, et c'est primordial ; mais il nous laisse le soin du détail. Goethe disait :

---

34 Hans-Joachim Marseille. Volant uniquement sur Messerschmitt BF 109, ce pilote est titulaire de 158 victoires aériennes remportées au-dessus de la Manche et, surtout, au-dessus de l'Afrique du Nord contre la Desert Air Force (DAF). Aucun autre pilote allemand n'accumulera autant de victoires contre les Alliés occidentaux que Marseille, ce qui en fera un as craint et respecté mais aussi une source de propagande pour le Troisième Reich. Un film allemand, Der Stern von Afrika (1957), réalisé par Alfred Weidenmann, retrace librement le parcours de Marseille pendant la guerre.

« Perte d'honneur, perte grave ; conquiers la gloire, ta honte sera effacée. » J'ai décidé de vous donner l'occasion de vous couvrir de gloire. J'enverrai au ministre Heydrich – en prenant sur moi de minimiser votre crime – une demande d'incorporation immédiate dans la Wehrmacht. Le ministre a confiance en moi, il acceptera sans doute. J'accepte moi-même de vous couvrir, uniquement si les sanctions qui frappent les individus de votre espèce ne se sont pas brusquement aggravées sur l'ordre du Führer. Nous le saurons d'ici un mois environ. J'espère que vous avez bien compris tout cela.

– *Jawohl, Herr Kommandant* ! »

Je suppose alors que Buck prit ce « *Jawohl* » pour une adhésion.

« Je vous envie, dit-il pour conclure, vous aurez la chance de participer à l'offensive du printemps ! » Sur ces paroles qui se voulaient réconfortantes, il me congédia d'un geste. Cette séance m'avait laissé un goût amer. J'avais l'impression que nous nous étions fait avoir, ma mère et moi. Mais à quel moment ? Il fallait que j'y réfléchisse ce soir. Ma mère avait dû être suffoquée par les morts-vivants qui hantaient ce camp, mais de là à me livrer à la boucherie ! La honte, les droits civiques, ça ne pouvait l'avoir décidée... Buck avait dû lui faire peur : lui dire que le crime d'être bolchevik n'est rien auprès du mien ; que l'ordre de pendre des types de mon engeance était sûrement en route ; qu'il fallait se dépêcher. Mais Buck lui-même, pourquoi se donnait-il tout ce mal ?

Je me tournais et me retournais dans mon lit, et je comprenais de moins en moins. Pourtant, une chose se détachait clairement : cette guerre n'était pas la mienne. Il ne fallait pas que je la fasse. J'étais coincé. Si je ne faisais rien, je serais bientôt dans un bataillon disciplinaire envoyé pour engraisser les steppes russes. Par contre, si j'allais dire à Buck que je n'étais pas d'accord, ce serait alors Dachau à coup sûr, et tout de suite. Et le temps pressait... Je ne m'en tirerai pas. Mon père saurait peut-être quoi faire ? Qui, sinon lui avait le pouvoir de trancher ce nœud gordien. Mais le voudrait-il ? Il m'en voulait, paraît-il. Mais c'était ma seule chance.

57
Heydrich

Cette même nuit, au pâle reflet des projecteurs, j'écrivis une longue lettre à mon père. Le surlendemain, je parvins à me glisser dans le commando des carrières et, la masse soigneusement démanchée, je m'approchais d'Alfred qui chauffait sa gamelle : « Poster une lettre, mais tu n'y penses pas ! Tu veux que je finisse dans ton camp ! Rien à faire, c'est trop dangereux. » Je plaidais, j'invoquais l'humanité, la pitié, l'honneur, les sentiments, tout y passa. Il se fermait de plus en plus. Il changea aussitôt d'attitude lorsque je nommais, je ne sais plus dans quel contexte, la fonction de mon père : *Kommissarischer Leiter* (gérant général d'usines réquisitionnées). Il me demanda de répéter, et j'eus un instant, la faiblesse de croire qu'un de mes arguments l'avait convaincu. Il empocha ma lettre. J'apprendrais plus tard qu'il avait pris une journée de congé pour remettre ma missive en main propre. Je compris la nature du « Sésame, ouvre-toi », lorsque le soir même, mes yeux tombèrent par hasard sur la raison sociale de l'entreprise des carrières où il travaillait : Bloch, Lévy et Cie. Elle figurait pourtant, à demi effacée, sur les masses que je maniais. Je n'y avais pas pris garde jusqu'ici. Évidemment, un contremaître pouvait peut-être trouver utile d'obliger un gérant général.

Huit jours plus tard, le commandant me fit venir. C'était un peu tôt pour la réponse de Heydrich… Il était face à mon père, et avait perdu de son lustre ; son génie l'avait abandonné. Mon père jouait avec ses crayons et avec ses nerfs. Je sentais le combat engagé et ne pipais pas. Ils se regardaient comme deux coqs de combat, prêts à se battre.

« Ah, voilà notre soldat. Une fière allure, ne trouvez-vous pas, commandant ; en voilà un qui fera honneur à l'uniforme que vous portez ! Faites-moi voir cette lettre que vous avez eu la bonté d'envoyer à Heydrich », ajouta-t-il d'un air de fausse jovialité.

Le commandant avait perdu ses couleurs. Il leva les yeux sur mon père qui découvrait ses canines dans un sourire carnassier, ouvrit lentement le tiroir, et lui tendit le double de la lettre.

« Bravo, mon cher, vous vous portez garant, voilà qui est bien. Personne que mon fils n'est plus digne de votre faveur. Je l'espère du moins, autrement vous risquez d'être ridicule. Cela vous est peut-être égal d'être ridicule ? Moi qui croyais qu'un type de votre trempe avait le sens des réalités. Mais non, vous vous êtes laissé embobiner par mon ex-femme. Une idéaliste, pas une once de bon sens. C'est elle qui a rempli de fumée la tête de mon fils… Je vous parle d'homme à homme et vous donne un conseil d'ami : songez à votre réputation, et continuez à dresser mon fils. Je reviendrais dans un an. Il sera mûr alors pour faire un soldat.

— Ce qui est fait est fait, dit piteusement Buck.

— Pas du tout. Le ministre donne ou refuse son accord de principe. Le jour de la sortie, c'est vous qui décidez.

— Permettez, je…

— Libre à vous de vous entêter, de ne pas tenir compte de mon expérience. Je vous aurai prévenu. » Le commandant accepta le cigare que lui tendait mon père, et me congédia. Mon père avait eu le dernier mot. Il avait rabroué Buck comme un enfant, et devant un détenu encore. J'allais le payer, c'est sûr. La vengeance du commandant serait terrible…

La nuit, les images se bousculaient dans ma tête. Tantôt cette peur panique l'emportait, tantôt c'était l'émerveillement. En voilà un qui avait un bâton de maréchal dans sa giberne. Il lui suffisait de paraître, et les autres se couchaient. Et quelle douceur : pas un mot plus haut que l'autre. Était-ce une technique ? Oh, non, c'était un

don, comme d'avoir des yeux bleus. C'était ce don et pas le travail
– quoiqu'il dise – qui avait porté mon père, en quelques années,
d'apprenti à directeur. À l'appel, je tremblais. Le commandant ne
me regarda même pas. « Je ne perds rien pour attendre », m'étais-je
dit. Les jours passèrent et je respirais de mieux en mieux. Lorsqu'un matin de début avril, un sergent vint me chercher aux carrières pour me conduire chez Buck, ma première idée fut qu'il avait
enfin trouvé sa vengeance. Je ne me trompais pas : après avoir reçu
l'accord d'Heydrich, le commandant avait convoqué ma mère. Je
l'entendis gueuler depuis l'antichambre : « Je puis vous assurer que
ma patience est à bout : ou bien, votre fils se présente à la *Wehrmacht* demain, ou bien il part aujourd'hui même pour Dachau ! » Il
se calma brusquement comme d'autres se mettent en colère, mais au
fond, bouillait littéralement. Ses lèvres étaient blanches. Il me laissa
au garde-à-vous durant tout l'entretien. Ma mère, figée au bord de sa
chaise, les mains pressant ses genoux, la tête dans les épaules, posa
un court instant les yeux sur moi, puis les détourna. Elle était d'une
pâleur effrayante.

« Qu'est-ce que c'est que cette famille, grinça Buck, vous croyez
que je n'ai que ça à faire ? Pour commencer, la mère me supplie de
verser son fils dans la Wehrmacht. Huit jours après, le père vient
faire son cirque et me recommande de le garder ici. Et le mois suivant, la mère revient à la charge… J'en ai assez ! »

Son poing s'abattit sur la table. Tous ses stylos valdinguèrent
sur son bureau. D'une voix sourde, il enchaîna : « Ou bien, il sort
aujourd'hui, ou alors je ne donne pas cher de sa peau. Prenez ça.
C'est la feuille qu'il présentera demain à la première heure à la
caserne. »

58
Madame Schmach

Je ne sus que répondre au préposé du vestiaire qui me félicitait en me remettant mes habits civils. Ma mère m'attendait devant la baraque, détendue et toute rose d'un plaisir qu'elle ne dissimulait pas.

« Madame Schmach est restée à la gare. Dépêchons-nous, on doit attraper le train de midi.

– Bien…», dis-je, la tête ailleurs. En vérité, je redoutais le tête-à-tête avec ma mère, et je m'arrangeai pour faire durer les banalités jusqu'à la gare. La mort dans l'âme, je pestais en silence contre le destin qui me faisait sortir de ce lieu maudit. Sur le quai, Madame Schmach m'embrassa sur la bouche. « À la russe », fit-elle en rougissant. Et tout de suite après, les deux femmes se congratulèrent.

Dans le train, l'air morose, je regardais défiler les champs dans la campagne grise comme le ciel, où une tranche jaune d'or marquait seule la place du soleil. Une pluie fine dégoulinait sur la vitre. À une station, le compartiment se vida. Ça devenait intime. Ma mère m'embrassa en se plaignant de ma froideur. « C'est le choc du retour », commenta sentencieusement Madame Schmach. Une mouche, rescapée de l'hiver, se traînait sur la vitre. Je ne percevais que le ronronnement de la discussion, mais un mot qui revint plusieurs fois alerta mon oreille : *Sanitätsdienst* (service de santé). Inquiet, je questionnais ma mère du regard. Elle devina ma pensée. « Oui, je l'ai demandé au commandant. Il a dit : *Jawohl, natürlich.* C'est le mot qu'il a employé.

– Tu es bien naïve. Si je fais cela, je vais me retrouver aussitôt dans un bataillon disciplinaire. Ils vont me sacrifier, et me colleront à l'avant, dans les attaques !

– Tu te trompes… Il se trompe sûrement, n'est-ce pas ? » dit ma mère en jetant un regard suppliant à Madame Schmach pour qu'elle la soutienne. Mais celle-ci resta impassible. Cela jeta un froid. La gare de Strasbourg leur rendit leur entrain. Un certain éclat des visages et des façades remplaçait le soleil absent de ce printemps. Elles acceptèrent volontiers de me suivre à la buvette : je reprenais donc, apparemment, goût à la vie. Mais, en réalité, j'avais un plan que je mûrissais depuis un moment en sirotant mon demi. Quand je fus prêt, je me levai et dis : « eh bien, au revoir ! » Elles me dévisagèrent avec stupeur. Malgré mon audace, je ne parvins pas à regarder ma mère. Je lui en voulais. Madame Schmach se leva à son tour, en se cambrant de curiosité, puis me fixa sans comprendre avec ses gros yeux écarquillés. Je profitais de ce moment de trouble pour quémander de l'argent à ma mère : « J'ai besoin que tu me donnes quelques marks. Puisque je pars à la guerre demain », lui dis-je avec une pointe de cynisme. Trop émue pour me contrarier, elle fouilla fébrilement dans son porte-monnaie. Jusqu'à ce jour, je ne m'étais pas rendu compte qu'elle tremblait. En dépit de mon refus catégorique, elle insista pour m'accompagner sur le quai. Je montais dans le wagon sans dire un mot. Lorsque le train s'ébranla, je la vis sur le quai : elle agitait son mouchoir en pleurant. Je l'observais un long moment. Sa frêle silhouette devenait de plus en plus petite et, lorsque le train accéléra, elle s'évanouit définitivement. L'express roulait à vive allure. Le compartiment était vide en ce début d'après-midi et je ne résistais pas : je passais la tête par la fenêtre et fermais les yeux. J'offrais mon visage au vent pour me laisser griffer. Le fracas du train, son grondement régulier sur les rails, illustrait ce que je ressentais pour la première fois : un indicible sentiment de liberté. Je prolongeais cette exaltation en chantant à perdre haleine malgré les escarbilles. Cependant, les questions commencèrent à m'assaillir et je refermais la fenêtre. « Mon père me tirera de là. Je ne sais comment, mais il m'en tirera », me répétais-je en boucle pour me convaincre. Il sera furieux de ce gâchis. Mais fuir n'était-elle pas ma seule chance ? Mon père me dirait sans doute : « Présente-toi, ou tu seras pris comme déserteur. Et tu sais ce qu'on leur réserve aux déserteurs en temps de guerre ! »

La porte entrebâillée du compartiment m'envoyait les inflexions rocailleuses du patois mulhousien. Depuis que j'étais assis, j'avais ressenti monter en moi le dégoût. Progressivement, la terreur que m'inspirait mon père avait pris le pas sur l'espoir qui renaissait. Pourtant, dans les catastrophes, il savait faire preuve d'un sang-froid plein de douce fermeté, comme ce jour où j'avais médité une farce à l'attention de ma sœur. Voici comment… Broyant des cristaux d'iode avec de l'ammoniaque, j'avais préparé un composé détonant qui explose au moindre contact, dès qu'il est sec : l'iodure d'azote. Quelques miettes déposées sur une table de nuit lui feraient une belle peur ! De la pointe d'un grattoir, je testai prudemment la siccité de la masse qui remplissait un coquetier, quand soudain, toute la charge m'éclata à la figure dans un fracas d'Apocalypse. Sur ma tête, ma main rencontra une étoupe calcinée. Plus forte que le désespoir d'être aveugle et sourd ; plus aiguë que la brûlure des yeux, une pensée me tordait le ventre… Après une telle explosion, mon père voudrait savoir ! Il téléphonerait et je n'entendrais rien. Je ne le verrais pas arriver et il me battrait à mort… Me cognant à la chaise, à la table, aux murs, je rampais à tâtons vers la porte. Dans le corridor, je suivis le fil de la main, jusqu'à la sonnette. Je m'allongeais à côté, le doigt dessus, pensant la sentir vibrer d'une seconde à l'autre… j'y restais plus d'une heure. Une main douce et ferme me souleva enfin et me guida jusqu'à l'auto…

L'ophtalmologiste nettoya les cornées mais réserva son diagnostic. Je fus aveugle durant quinze jours. Puis, je distinguais, penché sur moi, le visage anxieux de mon père. Il ne me fit jamais de reproches. Cette scène rassurante ne chassait pourtant pas l'image de l'homme, surgissant à sept heures une, et me sortant du lit à coups de canne.

La campagne, semée d'usines et bordée au loin par le dos noir ininterrompu des Vosges, m'apprenait qu'on arriverait bientôt à Mulhouse.

59
Le billet

Les rues me donnèrent envie de flâner. Je n'étais pas pressé du tout. Mon père ne m'attendait pas, et de toute façon il ne pourrait rien décider aujourd'hui. Les vitres des magasins me renvoyaient le reflet d'un grand garçon svelte, presque élégant, avec son crâne rasé. Je rôdais autour du cinéma le *Corso*, rue du Sauvage, qui proposait : *Les Aventures du Baron Münchhausen*. La caissière me sourit gentiment. L'idée de la séduire me traversa l'esprit, mais je chassai cette idée de mon esprit et continuai mon chemin. L'écho sourd et entrecoupé de mes pas était renvoyé par les parois des arcades. Rien de plus bruyant que de marcher sans but. Par instants, je me voyais courir exposer avec fièvre ma situation à mon père. Mais à cette idée, j'étais gagné par une soudaine panique, et je ralentissais aussitôt. Le canal du Rhône au Rhin m'apparut enfin. Que d'émotions gravées dans ces deux cents derniers mètres ! La crainte d'arriver en retard me faisait toujours presser le pas, contrairement à cette peur panique de l'accueil qui me poussait à ralentir. Cela devait sans doute me donner une démarche étrange et saccadée. Lorsque j'ouvris doucement la première de la double porte capitonnée – je n'osais frapper à la seconde – elle s'ouvrit largement sur mon père. « Ah enfin, te voilà ! Tu n'as pas bonne mine. Viens embrasser ton père, mais avant tout dis-moi : dois-tu te présenter à la Wehrmacht demain ? » D'un hochement de tête, j'acquiesçais mollement.

« Hum, je m'en doutais… Quand y a-t-il un express pour Strasbourg ?

– Je ne sais pas…

– Naturellement… Ne perdons pas de temps. Greder nous conduira à la gare. »

Pendant un long moment, son regard me détailla des pieds à la tête. Je pris alors conscience de mon accoutrement.

« Tu n'es guère présentable, mais on n'a pas le choix, dit-il à regret.

– Je ne dis pas bonjour à Tante Anne-Marie ?

– Tu veux donc être fusillé demain ? Ce sont des rapides, tu sais. Allons, dépêchons-nous. Nous sauterons dans le premier train. Les gens qui peuvent nous tirer de là sont à Strasbourg. »

Notre chauffeur était trop stylé pour se permettre une remarque quand il me vit. Appuyé confortablement sur les coussins, mon père était tout sourire. Ravi, il badinait sur mon retour avec Greder. Celui-ci écoutait, en lui adressant de temps à autre par l'intermédiaire du rétroviseur un sourire poli. On se serait cru sur la route des vacances. « Surtout ne dis pas un mot dans le compartiment ! » me recommanda-t-il, une fois dans la gare. Mon père avait la prudence instinctive d'un chasseur de gros gibier. Ce train de fin d'après-midi était en effet bondé. À Erstein[35], je vis qu'il piquait du nez derrière son journal. À Strasbourg, sur le quai, il me donna une liste des affaires de toilettes qu'il voulait que j'achète, et un billet de 100 *Deutsche Marks*. « Ensuite, tu me rejoins à l'Excelsior dans une demi-heure. Allez, File !

– Mais je ne sais pas où il se trouve !

– L'hôtel Excelsior est en face de la gare » précisa-t-il, excédé.

---

35 Commune française située dans le département du Bas-Rhin, en région Grand Est, à une centaine de kilomètres de Mulhouse

60
L'eau de Botot

Le portier de l'Excelsior me dit respectueusement que mon père s'était finalement rendu au Continental. Quand j'entrai dans sa suite, il tira sa grosse montre gousset : « Tante Anne-Marie t'embrasse. Je viens de lui téléphoner » me dit-il, en s'efforçant d'être aimable. Il décrocha le combiné : « Donnez-moi le 67 428 à Mannheim, s'il vous plaît mademoiselle. » Le temps que la communication s'établisse, il me dévisagea avec insistance, l'air soucieux. De l'autre côté de la ligne, on entendit un léger grésillement, puis aussitôt un *allô* énergique. Il se présenta : « *Heil Hitler, Herr Doktor.* Je suis de passage à Strasbourg, je tenais à vous inviter à dîner… Si, ce soir même… Non, je regrette, demain cela ne va pas être possible… Bon… C'est entendu… disons… 21 heures 30 ? »

Je passai le reste de la journée à l'observer. Il donna quelques coups de fil pour gérer ses affaires, et ne m'adressa pas une seule fois la parole, excepté le moment où j'avais manifesté l'envie d'aller me promener : « Tu ne bouges pas d'ici, m'avait-il dit sèchement, je ne veux pas te courir après. » Vers 20 heures, nous nous rendîmes à la gare, toujours avec ce silence oppressant entre nous. Il dénicha un compartiment vide. « Montre un peu ce que tu as acheté ? » Je pris conscience que j'avais oublié à l'hôtel mes achats. Je m'en expliquai, sans pathos ni détails. Ce qui dût le satisfaire sans doute, puisqu'il me dit :

« Tu ne fais plus de littérature, c'est bien. Encore quelques années de ce camp, et on faisait de toi un homme. Dommage… »

Comme je ne manifestais aucune réaction, il haussa les épaules en répétant d'un air las : « Oui, quelques bonnes années... Rends-moi tout de même la monnaie. » D'un air navré, je déposai quelques pièces dans le creux de sa main. Il les rangea soigneusement dans le gousset de son gilet en soupirant. Sur le chemin, il me fit encore ces recommandations :

« Bon, ne perdons pas de temps. Ce qui importe maintenant, c'est l'impression que tu vas faire sur le Doktor Werner von N. que nous allons voir ce soir. C'est le bon Dieu en ce qui concerne l'Alsace. Et un bon Dieu, ça se charme ! »

Moi, je pensais encore aux affaires de toilettes que j'avais oubliées. Pour me faire pardonner, j'aurais embrassé mon père si j'avais osé. Mais j'avais l'esprit ailleurs... « Tu m'écoutes ? dit-il agacé, en secouant mon bras. Ne fais pas ces yeux d'idiot. Tu sais bien ce que ça veut dire : charmer, non ? Souviens-toi, lorsque tu avais douze ans, tu avais réussi à me charmer tout au long d'un chemin en me parlant de la nature, pour que je ne voie pas ton dos couvert de boue parce que tu venais de t'étaler dans une flaque. Avec le comte von N., il ne faut pas être si bavard. Certes c'est un nazi. Mais un nazi qui a de la classe. Il adore les chevaux. Tu n'y connais rien, alors motus. S'il te parle de chasse, c'est pareil : tu l'ignores. Par contre, il cite volontiers le *Faust*. Et là, je crois que tu as une petite chance de le séduire. En résumé, sois discret. Ne t'étale pas ; fais en sorte que ce soit lui qui mène toujours la discussion... Tu m'entends ? Laisse-lui l'avantage. Accompagne-le en sourdine. Du tact, du naturel étudié, mais du naturel.

– Mais comment l'artificiel peut-il être naturel ? »

Mon père prit la peine de me répondre :

« Songe aux grands violonistes. Quel naturel ? Mais des années de travail, huit heures par jour... Tu te laves bien pour te montrer tel que tu es, non ? Le laisser-aller n'est pas le naturel. Si j'avais le temps, je t'enseignerais tout l'art qu'il faut employer pour être sincère. Être sincère, ce n'est pas dire tout ce qui vous passe par la tête ! Et surtout, quand il te servira du vin, contrôle-toi : laisse-lui remplir ton verre, mais ne le vide surtout pas. Il essaiera sûrement de te faire boire pour voir ce que tu as dans le ventre. Ne tombe pas dans son piège. Une dernière chose : ne prends jamais cet air moqueur qui est exaspérant. Regarde-le plutôt avec ces yeux ronds que tu sais si bien faire. D'ailleurs, il parle d'abondance et je le ferai boire. Écoute ses discours, et ponctue-les de *Ô !* et de *Ah !* admiratifs, qui pourront paraître spirituels, le vin aidant. »

À Mannheim, mon père cogne comme un forcené sur le volet clos d'une pharmacie et finit par avoir ce qu'il voulait : son eau de Botot[36].

---

36 Bain de bouche antiseptique, composé de plusieurs épices, toujours utilisé aujourd'hui

61
Werner

Devant la porte sculptée du comte, à vingt et une heure vingt-cinq exactement, il me fit ses ultimes recommandations. Il semblait pris, tout à coup à mon égard, d'une touchante sollicitude. Cette fois, il tenait sincèrement à me mettre à l'aise. La porte s'ouvrit sur Siegfried en personne qui se tenait devant nous. Je n'aurais pas à forcer mon admiration. Il était l'incarnation même de la race des seigneurs. L'argument irrésistible pour la théorie raciale ; le vivant rêve de Hitler. Les yeux d'acier et le menton volontaire (au-dessus duquel des lèvres dessinaient un sourire mystérieux) étaient tempérés par une douce et presque féminine harmonie qui semblait venir de ses cheveux d'or. Tandis qu'il nous observait, son sourcil droit se soulevait légèrement par intermittence. J'admirais l'air modeste qu'il sût prendre pendant les présentations. Avant le dîner, le comte nous invita à faire le tour de sa propriété. Pilotant avec décontraction d'une main sa Mercedes décapotée qui glissait entre les arbres, il remarqua : « Le parc et le quai du Rhin sont charmants ce soir. » De retour au château, dans l'antichambre aux lumières tamisées, un valet nous dépouilla de nos manteaux, et le maître d'hôtel nous conduisit dans un salon particulier. La lueur des dix candélabres à quatre branches faisait scintiller les couverts de vermeil. Un haut bouquet de roses blanches occupait tout l'angle de la pièce au plafond lambrissé. En marchant, on s'enfonçait dans les fleurs rouges d'un tapis persan. C'était l'écrin qui convenait au comte. Sans lui, ce luxe aurait senti l'artifice. « Ça, c'est la vie ! » dit-il dans un français impeccable et à peine teinté d'accent. Puis il nous servit un porto de 20 ans d'âge dans des verres en cristal. En le sirotant, il me revint en mémoire une réplique du Lear : *Every inch a king.*[37] Mais j'étais si impressionné d'être en sa présence que j'en oubliais l'enjeu de la soirée. Il me souriait de temps en temps, tout en parlant politique et affaires avec mon père. Après l'apéritif, nous nous installâmes autour de la table. Je me sentais bête en décortiquant devant lui mes cuisses de grenouilles. J'aurais préféré trouver une idée pour témoigner de mon respect : me mettre au garde-à-vous, par exemple… Avec mon père, ils bavardèrent encore un instant, puis le comte se tourna vers moi : il voulait simplement savoir si je me plaisais ici. *Jawohl, Herr Kommandant,* dis-je d'une voix que je voulais assurée.

– Je suis comte mais pas commandant », s'amusa-t-il en regardant mon père à la dérobée.

Il y eut un long silence pendant lequel je sentis que mon père semblait satisfait de mon comportement : l'effort que je faisais pour bien me conduire ne lui avait pas échappé.

« Excusez-le, il sort du camp de concentration de Schirmeck. C'est sa première soirée. Il y a passé un an et demi.

– *Ach soooo…* dit-il en me regardant étonné. Pourquoi ?

– Une erreur de jeunesse : il a voulu rejoindre la France.

– Il est donc libre à présent ?

– Pas tout à fait. On lui donne le choix entre Dachau et la Wehrmacht.

– Il est juste qu'il soit soldat. Il a l'âge. Mais pas comme cela. Ah, non ! Ce chantage, ce n'est pas correct… Seulement voilà. Il a accepté d'entrer dans la Wehrmacht, m'avez-vous dit ? Parbleu, que pouvait-il faire… Quand devez-vous vous présenter ?

– Demain à la première heure.

– Hum… Demain à la première heure, vous viendrez dans mon bureau. Nous tâcherons d'arranger cela. Il est juste que vous participiez à la lutte de votre pays pour son existence. Il faut pourtant que

---

37 Shakespeare. King Lear : Acte 4, scène 6 : *Every inch a king* qu'on peut traduire littéralement par : *Royal, jusqu'au bout des ongles.*

ce soit librement. Il y a là une fausse note, c'est plus grave que vous ne pensez. L'Allemagne doit rester le pays de la liberté. Comment s'appelle ce commandant ?

– Buck. Karl Buck.

– Bon, je vais lui dire deux mots à ce Buck. C'est inadmissible ! »

Le charme de la soirée ne fut pas rompu pour autant, bien au contraire. Tout au long du repas, un vrai courant de sympathie passait maintenant à travers les yeux de Werner quand il me souriait. Vers la fin, sous le regard inquiet de mon père, je m'enhardis au champagne et déclamai un extrait du premier *Faust* : « *De toute mon âme, je lève ce dernier verre, comme un salut de fête au matin*[38]... » Mon père ne s'était pas trompé : l'effet fut saisissant. Le comte se tourna entièrement vers moi en souriant. Les yeux brillants, il leva son verre et enchaîna d'une belle voix grave : ... *Célestes accords, musique puissante et douce, que me voulez-vous dans ma poussière ? Allez, résonnez ailleurs. Vous trouverez partout l'humaine tendresse. J'entends bien la musique mais la foi me manque...* Il récita, dans une sorte de ferveur, un long extrait de la promenade de Pâques. Dans la longue poignée de main qu'il me donna sur le pas de la porte, il me remercia encore d'avoir partagé avec lui cette œuvre majeure.

Le lendemain, derrière son bureau, ce n'était plus le même homme. Il était comme un soldat quelques secondes avant l'attaque. Il donna seulement trois coups de téléphone : à la Wehrmacht, à la Gestapo, puis à Buck.

« Vous avez entendu ? Je leur ai dit que vous aviez les qualités qu'il faut pour faire un officier, et que je m'en chargeais. Alors, ne me faites pas mentir... Vous êtes libre. Si la Gestapo vous cherche des histoires, ils auront affaire à moi. Ne vous inquiétez pas mais prévenez-moi tout de suite. Ils m'ont paru réticents, les frères... Quittez l'Alsace et cachez-vous dans une université du Reich... Voilà une affaire réglée, ajouta-t-il en se levant pour signifier que notre entretien arrivait à son terme. Je devais bien ça à votre père : c'est

---

38 Johann Wolfgang von Goethe, *Faust*. 1ère partie (1808)

notre meilleur *Komissarischer Leiter*. D'ailleurs, vous méritez un encouragement vous aussi. Allons, bonne chance et donnez-moi de vos nouvelles. »

J'étais un peu triste d'avoir à m'extraire de ce bon fauteuil club ; triste que tout soit si vite fini. Je retrouvais mon père qui m'entraînait au pas de course pour renouveler ma garde-robe. En m'accompagnant au train, il me dit :

« Si ta mère veut te voir, qu'elle aille à Fribourg. Tu ne viendras plus à Mulhouse non plus, pendant un an au moins. Et surtout ne mets pas ton adresse au dos des lettres. »

Plus tard, j'appris que mon père feignit l'étonnement quand la Gestapo le visita. Il me croyait au camp, leur dit-il.

62
Fribourg (1943)

Fribourg est une ville francophile. On le remarque aux statuettes de Napoléon qui ornent les cheminées. Le professeur Rehn fait sensation en extrayant les éclats d'obus du muscle cardiaque : les premières opérations à cœur ouvert. On est debout pour écouter Heidegger dans le grand amphithéâtre. Il est figé dans une veste boutonnée jusqu'au menton, et nous parle d'une voix terne du *Mit sein* (être avec) et du philosophe Friedrich Hölderlin. En médecine, l'uniforme *Feldgrau*[39] est partout : sur l'estrade et sur les gradins. C'est un peu inquiétant d'être le seul civil valide car, en dix mois, je me suis fait une santé.

Le 3 février 1943, vers midi, je déjeune au restaurant universitaire, lorsqu'après un roulement de tambours voilés, les bruits de fourchettes se taisent brusquement. Le Haut Commandement de l'armée communique : « La bataille de Stalingrad a pris fin. Fidèle à son serment de combattre jusqu'à son dernier souffle, la 6ᵉ armée, sous le commandement exemplaire du Maréchal Paulus, a succombé sous l'assaut d'un ennemi supérieur en nombre, et en raison des circonstances défavorables auxquelles elle eut à faire face ». On enchaîne avec la marche funèbre de la troisième symphonie de Beethoven. Le communiqué ajoute que le Führer a décrété un deuil national de quatre jours et la fermeture de toutes les salles de spec-

---

39 De l'allemand *Feldgrau*, composé de deux mots : *Feld* et *grau*, qui signifie champ et gris. C'était la couleur des uniformes de l'armée allemande appelé plus communément : uniforme « vert de gris »

tacle. La consigne semble superflue tant est profonde la consternation. Cette *Mensa Akademika* si bruyante tout à l'heure est une crypte. L'appétit se perd quand la mort plane…

Il y a près de six mois qu'on s'inquiétait de la durée anormale du siège de Stalingrad. On respirait mieux depuis le 8 novembre 42 : le Führer avait tout expliqué d'un ton familier et rassurant à son peuple : Stalingrad était entièrement en son pouvoir. Il n'existait plus que quelques îlots de résistance. Il avait décidé de les nettoyer à l'aide de minuscules troupes de choc. Il ne voulait pas faire un deuxième Verdun. Peu importait le temps passé. Aucun bateau ne remonterait plus la Volga. C'était cela qui comptait. « La Volga était l'aorte de toute la Russie. Cette aorte sectionnée, la grosse bête ne tarderait pas à succomber ». Deux jours avant ce fatal communiqué, von Paulus avait été fait maréchal du Reich… Dès lors, le désespoir était omniprésent : la maladie plombait les visages, les passants rasaient les murs comme des ombres et baissaient des yeux coupables, hagards et honteux. Le deuil sévit quinze jours car, le 18 février 1943, Goebbels fit un discours agité au palais des sports de Berlin :

« La victoire finale est à portée de notre main, nous n'avons qu'à la saisir. À jouer notre atout maître. C'est pourquoi dès maintenant notre mot d'ordre est : peuple lève-toi et tempête déchaîne-toi. »

L'immense clameur des *Heil* dura près d'une minute. Les visages s'étaient relevés ; les sourires triomphants ressoudaient l'unité menacée. Toute mélancolie était apparemment oubliée. L'armée avait repris l'offensive. L'ouverture de *Lohengrin* chantait dans les usines, dans les rues, dans les cours : la guerre sainte était sauvée… J'avais tressailli de joie à la catastrophe de Stalingrad (ça sentait la débâcle), et voilà qu'ils se redressaient. La fin semblait si proche et d'un seul coup tout était remis en question. Après l'éclaircie, c'était de nouveau l'interminable tunnel. Cette résurrection générale eut dû m'attrister. Mais non ! Je me sentais comme au diapason de l'enthousiasme général. Cela m'étonne encore, mais ce fut pour tout le monde un merveilleux printemps. La joie est peut-être contagieuse, et il y a sûrement quelque chose de dégoûtant à se réjouir du malheur des autres. C'était sans doute cela : j'étais soulagé dans le fond d'être débarrassé de cette joie mauvaise. Où diable se cachaient les Alsaciens dans cette université ? Je ne pouvais être le seul. Étaient-ils assimilés et fondus dans la masse ?

Je compris que la Gestapo avait perdu ma trace. Plus libre de mes mouvements, j'en profitai pour passer Noël chez ma mère et pris mes inscriptions de 1944 à Strasbourg. Les derniers Alsaciens mobilisables se maintenaient dans les gradins par d'obscurs stratagèmes. L'un après l'autre, ils recevaient, tout de même, leur feuille de route. Ça allait être mon tour, d'un jour à l'autre, c'est certain...

63
Deutsche Kriegsmarine

La radio anglaise était notre refuge. Pratiquement tous les soirs, vers 20 heures, ma mère, ma tante et moi descendions à la cave où nous nous enfermions dans une espèce de cagibi sans fenêtre. Nous collions alors notre oreille sur le poste, après l'avoir dégagé d'une multitude de paquets de macaronis qui le dissimulait. Pour donner le change, au rez-de-chaussée de la petite maison, nous avions pris soin de brancher un poste réglé sur l'onde de la radio officielle. À tour de rôle, l'un de nous montait la garde. L'écoute des Anglais était considérée comme un acte de haute trahison et puni de mort. Nous tremblions de peur, mais c'était l'aliment de notre espoir et presque toujours notre soif l'emportait sur la terreur. Nous suivions en frémissant les horreurs de la guerre moderne qui frappaient maintenant le peuple allemand au sein même de ses demeures : Kiel, Dortmund, Hambourg, Dresde, Cologne, Mannheim, Düsseldorf avaient été entièrement rasées. Des millions de femmes, d'hommes et d'enfants sans abri erraient dans les ruines glacées. Le jour, le ciel était obscurci par les vagues de centaines de bombardiers américains qui survolaient Strasbourg en se dirigeant vers l'Est. Le silence de la nuit était agité par le sourd grondement des bombardiers anglais.

Mon ami Franck me sourit de ses yeux rusés, par-dessus son bock de bière : « Tu sais où je vais lundi ? » D'un mouvement de tête, je lui fis signe que non.

« M'engager. Oui mon vieux, je vais m'engager.

– Quoi ?

« – Je devance l'appel. Pas de beaucoup, je crois… Tu as devant toi un futur officier de la marine allemande. Ça t'en bouche un coin, hein ?

– Tu es sérieux ?

– Franchement, tu devrais en faire autant.

– C'est une blague ? Officier allemand, toi ?

– Oui. Rien de tel que la *Deutsche Kriegsmarine*.

– Comment peux-tu ? Moi, en tout cas, je n'ai aucune envie d'être officier allemand.

– Tu préfères engraisser les corbeaux russes ? À quoi ça t'aura servi d'apprendre la langue framboisée de la scarlatine et tout le merdier ? Crois-tu que je donnerais le filon à tout le monde ? Réfléchis : on est le 26 mars 1944, la formation dure six mois. Après, tiens-toi bien : permission d'études d'un semestre. Ça nous met au 1er janvier 1945. Eh bien la guerre sera finie et nous serons médecins. Ça vaut-il pas mieux que de se geler les miches en Russie ?

– Je ne veux pas être officier allemand.

– Tu n'as pas envie ? Bravo. Tiens, prends tout de même cette carte de visite. La nuit porte conseil. Salut. »

Je me réveillai dans la nuit et jetai un œil sur la carte où il était imprimé en relief :

Ludwig Schmalz Kapitainleutnant der Deutschen Kriegsmarine.

Lorsqu'au bout d'une heure, je quittai l'appartement du *Kapitainleutnant* Schmalz, j'avais signé l'engagement. La seule façon d'exercer la médecine, c'était de la finir, m'avait-il assuré et j'étais médecin avant tout, n'est-ce-pas ? L'embonpoint de mon ami Franck riait à l'étroit dans son costume de gala pendant que nous dégustions un excellent petit déjeuner. Je ne reçus ma feuille que le 4 mai. Dans le train qui m'amenait à Stralsund, à la frontière du Danemark, je songeais qu'il y avait deux ans que j'étais sorti du camp de concentration. Deux ans d'insouciance. De cet épisode, j'avais rapporté une fringale inquiète et chronique pour tout : des plats sans ticket, je mangeais trois portions ; dans les cinémas je flirtais ; je me grisais d'amourettes sans lendemain. Mais je me piquais aussi de philosophie. Je noircissais avec fièvre des cahiers entiers. Élucubrations abstraites, pâle resucée d'études classiques mal digérées, qui se voulaient originales. M'appuyant sur l'aphorisme du vieillard Goethe : « Je ne lis pas de journaux, ils servent le temps. » Alors, je fermais ma porte au monde et me terrais avec Platon, ignorant que Goethe, jeune, avait été le journaliste de la campagne de France. Je fouillais les siècles à la recherche de la grandeur. Pourtant, sous mes yeux, le problème était posé : un peuple entier s'offrait en holocauste pour ce qu'il croyait être le salut de l'humanité. Ils le croyaient ; ils le vivaient ; ils se tuaient pour l'an 3000. Dans ma tour, les bruits de guerre m'arrivaient comme les murmures assourdis et insensés d'un lointain match de football.

Toutes les vitres du train avaient été soufflées. Pourtant le froid n'était vif que la nuit. À partir de Hambourg, un vent glacial venu de la mer traversait le compartiment. Pas trace de printemps ; les champs étaient couverts de neige. Par instants, le train longeait la côte, dévoilant des morceaux de Baltique qui se confondaient avec le ciel gris. Midi sonnait au beffroi hanséatique en brique rouge. Le soleil était presque chaud sur Stralsund. De mes jambes ankylosées par quarante huit heures de chemin de fer, montait en moi un désir de liberté. Hélas, le chef de gare m'avait indiqué sur ma feuille de route mon heure d'arrivée. Mes pas de civil étaient donc comptés. C'était la première fois que j'approchais de la Baltique : je pourrais seulement y tremper mes doigts de pieds...

Deux jeunes lieutenants de marine sortent du casino. Une jeune fille les rejoint. Demain, je devrais les saluer... Le sable blanc est presque sec. La brise détache de petites crêtes d'écume qui tombent sur mes pieds comme des flocons de neige. La mer gronde au vent, tel un interminable train de marchandise. C'est d'ici qu'ils sont partis les Germains d'avant l'ère chrétienne, vers des terres plus chaudes, envahissant l'Europe... Le vent me pousse vers la caserne. J'arrive devant deux corps de bâtiment de trois étages, en brique rouge. Un *Obermaat* (second maître) examine mes papiers et, sans relever la tête, dit :

« Bloc B. Dortoir 54. Deuxième étage. Si vous n'avez pas déjeuné, passez vite à la cantine, il y a du goulasch aujourd'hui. Présentez-vous ensuite à deux heures moins le quart à votre *Obermaat* Klinge. »

Je patauge dans le réfectoire désert que deux hommes en treillis arrosent à grands jets de lance d'incendie. Le cuisinier m'engueule, mais malgré tout me sert une énorme platée de succulent goulasch. L'estomac bien lesté, je fonce dans l'escalier, et je suis surpris par la résonance de mes pas. Dans le dortoir, les jeunes apprentis sous-mariniers sont assis sur leur lit en train d'astiquer leur fusil. Sauf un. Un blondin qui, posant son livre sur la chaise en me voyant, me tend une main longue et fine. Il s'appelle Patzig. Aussitôt, il me prend en charge. « Viens. Tu as juste le temps de passer au vestiaire. » Devant le costume neuf que me propose le sous-officier, il grimace. « C'est du synthétique, ça se déforme. » Il insiste pour que l'on me donne de la laine cardée. Au mess des sous-officiers, il me mène droit à une table. Un petit homme, la tête enfoncée dans les épaules, lit un journal en buvant son café. Klinge rend mollement son salut à Patzig.

« Quel âge avez-vous ? me demande-t-il, sans relever les yeux.

– Vingt-quatre ans, Herr Obermaat.

– Qu'attendiez-vous pour vous engager ? Patzig en a dix-sept !

– Je terminai ma médecine.

– *Ach soôo…* »

Il me dévisage un moment, les yeux mi-clos.

« Patzig va vous donner les paroles des chansons de marche. Vous me les réciterez après-demain. » Il étouffe un bâillement en fermant les yeux, et nous invite à le suivre dans une sorte de salle de classe. « L'heure du chant », me souffle Patzig, accompagnant sa remarque d'une mimique qui semble dire : « Quel barbe ! » Un soldat s'approche de la chaire et donne le *la* en soufflant dans un petit cylindre. Klinge parcourt les rangs, stimulant l'ardeur des chanteurs par de petits coups de règles censés battre la mesure. Pourtant il s'agit d'une romance bien douce, pas martiale du tout : Un moulin se dresse dans la vallée. En France, les patronages sont plus guerriers. Je me sens ému, mais le ton change : « Dans cinq minutes, tout le monde dans la cour en tenue de campagne. »

Heureusement que Patzig me montre comment accrocher casque et bêche sur le sac. On arrive quand toute la compagnie est déjà au garde-à-vous. Klinge est apparemment patient et ne dit rien. « Premier rang… un pas en avant ! Revue des fusils ! » Culasse ouverte, Klinge me colle le canon de son fusil sur l'œil. Je dois ensuite comparer l'âme de mon fusil à celle des autres. « Le fusil est la fiancée du soldat, il faut le nettoyer au moins deux fois par jour. » clame-t-il avec lyrisme. Puis les ordres s'enchaînent. Au pas de course : toute harnachée, la compagnie fonce en soulevant un nuage de poussière. Durant le retour : on me bouscule. Au « coucher » : mon voisin m'envoie son fusil dans les tibias. J'ai mon masque à gaz dans l'estomac. Pour finir, l'adjudant nous inflige cinquante flexions des genoux, le fusil à bout de bras. Nous qui chantions si joliment il y a un instant ! « C'est mou tout ça, glapit-il. Garde à vous ! » Dans le silence, il y a un bruit de ferraille. C'est mon fusil qui vient de me tomber des mains. « Patzig, apprenez-lui le garde-à-vous, au nouveau. » C'est un maître d'école très agréable, Patzig. De temps en temps, lorsque Klinge a le dos tourné, il me met au repos et nous regardons la compagnie ramper dans la poussière. Je suis fier de montrer mon garde-à-vous à l'adjudant. Pas un de mes muscles qui ne soit tendu. Klinge a l'air tout étonné. « Repos » : je m'affaisse, même mes paupières tombent à demi. Au garde-à-vous, admirable contraste : je suis figé, les yeux écarquillés dans une raideur excellente. L'adjudant me regarde d'un air ahuri, puis ses joues se gonflent. Moi, je pense qu'il est content, mais il se congestionne : on dirait qu'il va éclater. Il tourne le dos et appelle Patzig. « Apprenez-lui encore, et le salut aussi. Je ne veux pas d'un Charlot dans ma compagnie. » Klinge s'éloigne vers le fond. *Gazalarm !*, crie-t-il en se retournant. Il s'avance en regardant avec satisfaction sa compagnie masquée. « Pas de course ! » Patzig m'avait prévenu : « Respire bien profondément, le plus lentement possible. » J'ai beau faire, je suffoque, crache dans mon masque ; ma respiration est saccadée comme un soufflet de forge. Cent autres locomotives asthmatiques se traînent sur trois cents mètres. Mais ce n'est pas fini, il faut revenir. Klinge est là, qui insiste : « Pas de course ! » Je respire du feu. Ce que l'on voit des têtes est violacé. *Halt !* Attentif, Klinge parcourt les rangs. Plusieurs fois, il met la main sur l'ouverture du masque pour sentir si l'aspiration l'applique convenablement au visage. Quatre fois il arrache un masque. Avec un rugissement de satisfaction, il retire un bout d'allumette que le soldat avait glissé pour coincer la soupape en position d'ouverture. « Repos et fin d'alerte au gaz pour tous, sauf pour les quatre saboteurs », ordonne-t-il. Puis il vérifie que leur masque s'applique bien. L'adjudant ne leur fait pas de morale, mais allume une cigarette et leur commande simplement de sauter sur place. Les jeunes soldats s'accroupissent, sautent en l'air, s'accroupissent à nouveau, ressautent. Leurs grosses veines se gonflent à leur cou et prennent une couleur plus sombre, tirant sur le violet. Imperturbable, l'adjudant tire sur sa cigarette et stimule d'un coup de pied celui qui ne se relève plus. Après avoir rangé tout le fourbi, on se retrouve en classe. Il faut réciter la leçon de la veille : montage et démontage de la mitrailleuse. Klinge suit du doigt sur son livre. Il veut le mot à mot. Chacun prend son cahier, et il nous explique avec un grand air de mystère, une sensationnelle invention : la charge creuse du *Panzerfaust* (Lance-grenade). La soirée se passe à nettoyer les habits et surtout son fusil. Spontanément, Patzig me fait signe et me demande de l'accompagner dans le couloir. Avec une patience d'ange, il me fait répéter le garde-à-vous. Pas un de mes muscles qui ne soit tendu. Patzig a l'air étonné. « Repos ! » En réalité, plus je m'applique, plus je suis raide. Il n'y comprend rien.

64
Anna Hansen

Le premier dimanche, on s'était promené, Patzig et moi, dans la brume et le crachin. Mais le dimanche suivant, le 16 mai, le printemps explosa. Je ne reconnaissais pas la campagne ; elle éclatait dans un immense tapis de fleurs sauvages et colorées, fêtée par la turlute joyeuse et obsédante de l'alouette des champs qui semblait la remercier. Patzig marchait à mes côtés, ma joie semblait le contrarier. « C'est comme ça dans le nord. Le printemps arrive tard et d'un seul coup », dit-il, taciturne. Je le laissai à sa mauvaise humeur pour courir dans les prés. Je voulais me rouler dans l'herbe. De loin, il me cria d'arrêter. « Un peu de tenue ! Ce soir le commandant apprendra qu'un de ses élèves officiers était ivre. » Au bout du chemin, je vis une jeune fille qui venait dans ma direction. Arrivé à ma hauteur, elle me regarda de ses yeux sombres et me sourit. « Bonjour, je m'appelle Anna. Anna Hansen. » Je restais bouche bée. Derrière moi, j'entendis le claquement d'un talon qui me rappelait que je n'étais pas seul. Tandis que je continuais de la contempler, Patzig se présenta. Indifférente, elle reprit son chemin et je lui emboîtai le pas. J'avais l'impression qu'Anna et moi, on était déjà complices. Derrière nous, Patzig suivait mollement à distance. Elle se retourna un moment pour l'observer à la dérobée, puis m'adressa un sourire entendu. « Il n'a pas l'air gai, votre copain… Il ne vous pèse pas trop ? » me dit-elle en me regardant par en dessous d'un air complice. Troublé, je cueillais un œillet sauvage.

« Il ferait très bien dans vos cheveux, dis-je timidement.

– Je ne trouve pas », intervint Patzig, qui était maintenant derrière nous. Avec une petite moue charmante, Anna glissa l'œillet sous sa barrette.

« Et pourquoi donc ? dit-elle sans se retourner.

– Tout simplement parce que violet et jaune sont des couleurs complémentaires », ajouta-t-il sèchement, avec une pointe de jalousie. Tout à coup, elle me saisit par le bras et m'entraîna à travers les pâquerettes. Elle s'arrêta essoufflée devant une petite chapelle qui venait d'apparaître derrière un bosquet. « C'est là que je vais » fit-elle en me tendant la main pour me saluer. Son regard fouillait le mien. Je ne savais que faire. Je ne voulais pas la quitter et que tout s'arrête. Elle ne bougea pas jusqu'à ce que Patzig arrive à notre hauteur.

« Je vais avec elle, soufflais-je à Patzig.

– Et alors, que veux-tu que ça me fasse », dit-il, l'œil sombre.

J'entrais à ses côtés dans la chapelle. Elle avait une respiration un peu saccadée. Je ne me sentais plus seul. L'harmonium, les cantiques, le sermon, la prière surtout, me donnaient la sensation que nous étions en totale osmose. C'était comme nos fiançailles.

Après l'office, nous avons marché en silence dans cette campagne qui n'était plus la même. Nous nous sommes assis sur l'herbe. Je sentais mon cœur battre la chamade. J'avais peur qu'elle l'entende. J'ai pourtant osé lui prendre la main et j'ai vu ses yeux se fermer doucement. J'ai fait de même, et j'ai senti ses lèvres humides et tièdes se poser doucement sur les miennes. Nous nous sommes embrassés comme si nous ne parvenions plus à nous arrêter. Je buvais ce baiser comme l'on boit à une source. « Viens déjeuner à la maison. Je crois que mon père nous a vus, tu sais, c'est le pasteur. »

En croquant ma cuisse de lapin, je regardais Anna que je n'avais pas quittée des yeux depuis le début du repas. Je répondais machinalement aux questions du pasteur qui s'intéressait à mes origines. Loin de tout cela, mon esprit était ailleurs. Je m'imaginais, tenant la main d'Anna, marchant dans un jour sans fin à travers les boutons d'or et les marguerites.

Les jours passaient, et continuellement je pensais à Anna. Je m'y abandonnais sans crainte depuis le miracle de notre rencontre. Mais ce jour-là, je dus la chasser de mon esprit : j'étais consigné et je savais que je ne la verrai pas. L'*Obermaat* Klinge me faisait présenter arme devant la compagnie au repos. Les copains s'en amusaient. Les plaisanteries à mon égard (à propos de ce qu'ils considéraient être une simple amourette) fusaient, et l'adjudant laissait faire. On m'avait recommandé de tenir le fusil d'une main légère. Perfide comme conseil ! Plus d'une fois il m'avait échappé. Maintenant j'avais compris et serrais l'arme fermement de tous mes doigts. Et j'oubliais tout : la caserne, l'adjudant, les soldats, l'exercice. Comme par miracle, l'image d'Anna était là et s'imposait dans sa grâce. Elle m'aidait à exécuter à la perfection l'exercice : le fusil semblait se déplacer tout seul. À compter de ce jour, je cessais définitivement d'être le clown de la compagnie : l'automatisme entra dans ma vie et j'avais l'esprit libre. Possédé par sa présence, je changeais, en roulant sur moi-même, le canon brûlant de ma mitrailleuse en un temps record. Le simple fait de penser à elle m'aidait aussi pour le tir de précision. Les poings dans les poches, Patzig m'observait. Son visage d'adolescent insouciant savait par instants prendre des airs graves qui ne me faisaient même pas sourire. Il se promenait nonchalamment d'un groupe à l'autre pendant les pauses mais, au coup de sifflet, il était toujours le premier en place, vibrant comme un cheval de race.

Le 6 juin 1944, le Haut Commandement annonçait le débarquement. Le Führer avait ordonné qu'on rejette les Alliés à la mer avant la fin du jour. Je pensais à tous ceux qui comme moi attendaient ce jour. Peu avant l'extinction des feux, Patzig revint dans la chambrée avec un journal. Il était tout excité. Il allait d'un groupe à l'autre :

« Ils se sont enfin décidés ! Jamais ils n'auraient mis les pieds en France sans la permission du Führer. Il les avait prévenus, nous dit-il en citant un passage de l'article :

« Indiquez-moi l'endroit où vous voulez débarquer. Je vous ferai évacuer ce coin d'Europe. Je vous épargnerai volontiers les difficultés du débarquement et nous nous expliquerons alors puisque c'est le seul langage que vous comprenez... » Nous allons les saigner comme des porcs, reprit Patzig totalement exalté. Vous allez voir : cette fois ça sera l'hallali ! Mais qu'est-ce qu'on fait ici ? Demandons qu'on nous laisse vite aller là-bas pour aider à l'estocade ! »

Profitant d'un instant où il passait à côté de moi, je saisis Patzig par le bras et lui fis remarquer en douce qu'Hitler avait dit cela en 1941 quand, ni la Russie ni l'Amérique n'étaient en guerre. « Bêtises ! » me cria-t-il en éclatant d'un rire sarcastique. Il enchaîna très haut à l'intention des autres, par un extrait devenu proverbial du même discours : « … Et quoi qu'ils mobilisent contre nous ; même si le monde se remplissait de diables, nous gagnerons quand même ! » L'œil illuminé d'une gravité prophétique, il enchaîna :

« Le Führer a entrouvert le mur de l'Atlantique et ces fous s'y précipitent. L'heure de la décision a sonné. Désormais, deux conceptions de la vie vont s'affronter à visage découvert : d'un côté l'asservissement de l'homme et de l'autre l'idéal de liberté, de pureté raciale et de fraternité. Nos adversaires verront d'un coup que leurs ennemis, ce sont leurs chefs. Ils tueront leurs officiers et se jetteront dans nos bras, comme le firent jadis, à un moindre degré, les mercenaires des ennemis de la liberté, pendant les campagnes napoléoniennes… Comprenez-vous enfin que nous ne luttons pas pour un espace vital ! Notre enjeu est l'humanité. Dieu est avec nous puisqu'il est bon. Soyons dignes de notre Führer et de la sainteté de son combat. »

Les jours suivants ne virent pas vaciller la foi de Patzig, bien au contraire…

« Ils saignent, répétait-il exalté, ils se vident sur le sol français. Ils commencent à comprendre que la France sera leur cimetière. »

Les Alliés avançaient lentement. J'étais inquiet. Et si Patzig disait vrai ? Si on ne leur permettait d'avancer que pour mieux les exterminer à la fin ?

65
Mein Kampf

Peu après, mon ami Patzig cessa de fumer, refusa toute boisson alcoolisée et renonça définitivement à la viande. Ses yeux bleus brillaient d'une étrange lumière dans son visage amaigri. Une nuit, je fus réveillé à trois heures du matin. Il lisait à la lueur d'une lampe torche. « Qu'est-ce que tu fais ? » lui dis-je intrigué. Sans me répondre, il me tendit le livre et la lampe. Chaque titre de chapitre était composé d'une courte phrase issue d'un discours du Führer : « La plus grande décision de ma vie » ; « Je ne l'ai fait ni pour l'argent, ni pour le profit, mon seul but était de servir » ; « Ce qui pour nous est le plus élevé » ; « Que mon peuple reprenne conscience enfin » ; « Ce peuple allemand, je le sais et j'en suis fier, est conjuré avec moi » ; « L'étoile de l'Allemagne va se lever », etc. C'est la seconde biographie que j'ai entre les mains (depuis celle de Benvenuto Cellini que j'avais découvert à la prison de Mulhouse). Les deux ouvrages relatent des aventures, mais ce livre d'Hitler est écrit de telle sorte qu'on dirait que son aventure a seulement consisté à chercher le bien de son peuple. Ce fut, de la part de Patzig, le début et la source de confidences troublantes :

« J'ai mis du temps à comprendre. J'avais presque oublié que, parti de rien, le Führer a lutté avec courage, pendant quatorze ans, pour faire triompher la justice et accéder au pouvoir. J'avais perdu de vue qu'il a failli être tué à Munich en novembre 1923. La libération de la Rhénanie, de la Sarre, l'abolition du Traité de Versailles, la suppression du chômage, le développement des œuvres sociales, la création des autoroutes, le retour de l'Autriche au Reich, l'annexion de la Tchécoslovaquie, la rapide victoire sur la Pologne, la Norvège, la France, les Anglais, la poussée fulgurante en Russie : tout cela me paraissait normal... Ce n'est que l'année dernière, après la catastrophe de Stalingrad, que j'ai compris la grandeur de l'être prodigieux qui nous gouverne. Seule l'adversité donne la mesure de l'homme. Une suite de victoires faciles distille l'ennui. C'est pour ça que je décidai immédiatement de m'engager. Le Führer demandait enfin à son peuple de se vouer entièrement à lui. Je plains celui qui préfère mourir gâteux et inutile dans son lit que de lutter en héros jusqu'à son dernier souffle... » Il médita un instant, et s'enhardit davantage.

« Si la Providence a imposé de si rudes épreuves à notre peuple et à son chef, c'est qu'elle le destine à jouer dans l'avenir le rôle le plus sublime. L'Allemagne sera toujours le modèle et l'ange gardien de la vertu de l'humanité. Les temps sont durs, c'est bien. Le martyr exalte ; je préfère son auréole aux lustres des victoires. » Cela étant dit, Patzig s'en alla prêcher ailleurs son catéchisme... J'étais soulagé de le voir s'en aller.

66
La Tanière du Loup

Le 20 juillet 1944, sous un soleil éclatant, nous revenons de manœuvre en chantant. C'est la fin d'un bel après-midi d'été. La sentinelle dit à voix basse quelques mots à Klinge. L'air sombre, il nous demande de presser le pas. Assis dans la salle de cours, nous attendons en nous demandant bien ce qui se passe. Au bout d'une heure, Goebbels annonce, d'une voix émue, qu'une bombe visant Hitler a éclaté au quartier général de Rustenburg[40]. Il y a des morts mais par miracle, le Führer n'est que légèrement blessé. Cet attentat faisait partie d'un coup d'État qui a pu être déjoué à la dernière minute. Le Führer s'adresserait au peuple allemand, avant la fin de la journée. Patzig est livide, ses paupières sont crispées et pas un mot ne sort de ses lèvres. Le reste de la compagnie est moins discret : le premier moment de stupeur passé, les chuchotements crépitent comme la grêle sur une verrière. Tandis que le reste de la compagnie se dirige vers le réfectoire, Patzig reste à proximité de la radio en dodelinant d'avant en arrière le haut de son corps. Je l'entends qui murmure :

So eine Gemeinheit (quelle infamie). Au moment où plus que jamais nous devrions être unis contre le monde qui nous persécute, il se trouve des traîtres pour faire le jeu de nos ennemis. Le Führer a tout donné à son peuple, et voilà sa récompense… c'est horrible. *So eine Gemeinheit… So eine Gemeinheit…*

---

40 La *Wolfsschanze*, en français « La Tanière du Loup » était le nom de code désignant le Quartier Général d'Adolf Hitler. Il était situé dans les bois près du hameau de Forst Görlitz - aujourd'hui Gierłoż -, non loin de Rastenburg, alors en Prusse Orientale et désormais aujourd'hui la ville de Ketrzyn en Pologne.

– À quelle heure va-t-il parler, dis-je pour meubler le silence.

– Ils ne le savent pas, mais je ne bougerai pas de ce poste avant de l'avoir entendu ! »

Lorsque je reviens du réfectoire, il est toujours là. À partir de neuf heures, le speaker refit son annonce tous les quarts d'heure. Vers onze heures, il n'y avait toujours rien de nouveau. Lassés, les camarades allèrent se coucher. À minuit et demi, la voix annonça que le Führer parlerait d'une minute à l'autre. Je montai quatre à quatre l'escalier pour tenter d'ameuter quelques dormeurs et, lorsque je revins, Patzig, le visage tendu et pâle, attendait l'oreille collée au poste. Juste avant une heure du matin, la voix rauque mais plus grave et plus vibrante que d'habitude, éclata dans le silence de cette nuit d'été : « Camarades allemands, si je m'adresse à vous aujourd'hui, c'est afin que vous entendiez ma voix et que vous sachiez que je n'ai pas été blessé... » Dès les premiers mots, le sang était remonté aux joues de mon ami et ses yeux s'étaient remplis de larmes. « ...C'est aussi pour que vous appreniez qu'un crime sans précédent dans l'histoire vient d'être commis. Une petite clique d'officiers, à la fois ambitieux, irréfléchis, stupides et insensés, a ourdi un complot pour m'éliminer et, avec moi, l'état-major du Haut Commandement de la Wehrmacht... » Les misérables, soupira Patzig. « La bombe, déposée par le colonel von Stauffenberg[41] ce 20 juillet, a explosé à deux mètres de moi. Elle a grièvement blessé plusieurs de mes fidèles et loyaux collaborateurs et en a tué un autre. Je suis moi-même totalement indemne, à part quelques égratignures, contusions et brûlures superficielles. C'est pour moi la confirmation de la mission que m'a dévolue la providence. Si en ce jour le destin avait frappé l'Allemagne, si ce projet criminel avait réussi, peu de gens sont capables d'imaginer quelles auraient été les conséquences. Moi-même je remercie la providence et mon Créateur parce qu'il a préservé ma vie ; vie qui n'est que souci et travail pour mon peuple ; si je le remercie ce n'est que parce qu'il me permet de continuer à

---

41 Le comte Claus von Stauffenberg est un officier de la Wehrmacht, né le 15 novembre 1907 à Jettingen-Scheppach et mort le 21 juillet 1944 à Berlin. Il est l'une des figures centrales de la résistance militaire contre le nazisme

assumer ma mission et de poursuivre mon travail comme je puis le faire avec ma conscience et devant ma conscience... »

Sans bruit, la porte s'était ouverte et la salle se remplissait peu à peu de jeunes soldats fascinés par le magnétisme de cette voix :

« ... Les usurpateurs ne forment qu'un petit groupe qui n'a rien de commun avec l'esprit de la Wehrmacht et surtout avec le peuple allemand. Il s'agit d'une bande de criminels qui seront tous exterminés impitoyablement. En conséquence, je donne l'ordre à toutes les autorités militaires de ne pas obéir aux ordres émanant de ces imposteurs. Je donne également l'ordre à tous d'arrêter, ou en cas de résistance de tuer à vue, quiconque donnerait ou exécuterait de tels ordres : nous les traiterons de la façon dont nous autres, nationaux-socialistes, avons toujours traité nos ennemis. »

Sieg-Heil ! Sieg-Heil ! Sieg-Heil ! hurla Patzig en se levant, suivi par tous les soldats qui entonnèrent spontanément un *Deutchland über alles* (Allemagne avant tout) plein de ferveur. Après avoir enchaîné par le *Horst-Wessel-Lied* [42], personne ne semblait plus avoir envie d'aller se coucher. L'audace inouïe des dernières paroles du Führer résonnait encore dans la tête de chacun et l'emplissait d'étonnement et de fierté. Hitler avait investi tout homme, quel que soit son grade ou sa fonction, du rôle de justicier avec un imprescriptible droit de vie ou de mort sur ceux qui ne lui paraitraient pas conformes. Patzig était comme transfiguré : il avait essuyé son visage mouillé de larmes et ses yeux lançaient maintenant des éclairs.

La semaine qui suivit fut marquée par un très curieux relâchement de la discipline : tous les gradés témoignaient d'une sorte de déférence à l'égard des soldats en qui ils voyaient des justiciers en puissance. Le dressage militaire – le Drill prussien[43] – en était considérablement adouci. L'exercice devenait un passe-temps. À peine étions-nous arrivés sur le champ de manœuvre que l'adju-

---

42 Sous le nazisme, c'est l'hymne officiel des SA, puis du Parti national-socialiste des travailleurs allemands (NSDAP). Il a été constamment joué et chanté sous le Troisième Reich. Son interprétation était obligatoire avant chaque concert de musique classique
43 Le terme *drill* s'appliquait aux méthodes d'entraînement mécanique de l'armée prussienne de Frédéric II.

dant Klinge commandait un : *Ruhe und Tarnung* (repos et camouflage) au lieu de l'exercice prévu ; et il nous laissait jusqu'à midi, assis par petits groupes, dans des renfoncements de terrain, à fumer et à jouer aux cartes. Un mystérieux personnage, tout de noir vêtu, avait fait son apparition dans le régiment. C'était un délégué de la Gestapo. Son rôle était de juger de l'humeur politique de la troupe et des chefs. Il assistait sans mot dire aux appels et notait parfois dans son carnet des observations sur le comportement de certains soldats. Il mangeait au mess des officiers, mais il pouvait faire irruption dans les chambrées à toute heure du jour et de la nuit. Plusieurs fois des camarades constatèrent que leurs affaires personnelles avaient été fouillées et laissées ensuite ostensiblement en tas.

67
Torpille humaine

Peu après l'attentat, Hitler avait lui-même donné l'ordre de remplacer du jour au lendemain le salut militaire par le salut nazi dans toute l'armée. Cela n'alla pas sans bavures. Fréquemment, les vingt ans de routine de l'adjudant Klinge avaient raison de sa bonne volonté. À l'appel du matin, il accueillait sa troupe d'un superbe salut militaire, puis soudain pris de panique et avec un regard affolé vers le sinistre délégué, il enchaînait par un vigoureux salut hitlérien. Il ne s'y fit jamais. En multipliant à tout bout de champ les saluts, nous nous faisions un jeu de l'embarrasser. Huit jours après le jour de l'attentat, Patzig me fit ses adieux. Ce qu'il appelait *l'affreux crime* avait eu sur lui un effet décisif : il s'était porté volontaire pour les *Ein-Mann-Boote* (torpilles humaines)[44] et avait exigé du commandant d'être immédiatement versé dans une unité de formation accélérée.

« Mais tu es fou !

— Il faut être prêt à se sacrifier pour ses convictions, dit-il calmement ; la vie n'a pas d'autre sens. Je n'ai que ça à donner au Führer. Je lui donne. Si chacun agissait comme moi la victoire ne ferait pas

---

44 Appelé couramment : Torpille humaine Neger, type de torpille porteuse pilotée allemande, conçue en 1943 par le laboratoire expérimental de torpilles de Kiel-Eckenförde, la technique d'attaque était des plus simples. La torpille humaine Neger devait s'approcher de la cible, se mettre en position de combat, armer la torpille inférieure et ensuite se désengager de la zone d'action. L'engin n'avait pas de capacité de navigation sous-marine. Ne pouvant plonger, il était facilement repérable par les guetteurs et était extrêmement vulnérable aux attaques ennemies. De plus, en cas de détérioration du dôme transparent, le pilote avait très peu de chance d'échapper au naufrage de l'engin.

de doute… Et puis, ajouta-t-il pour me rassurer, on quitte la torpille au dernier moment, lorsqu'on est sûr qu'elle est bien dans l'axe.

– Mais l'onde de choc peut vous faire éclater les poumons, protestai-je.

– Et Stauffenberg ?

– Quoi, Stauffenberg ?

– Crois-tu qu'il se soit préoccupé de l'onde de choc ? Même si l'attentat avait réussi, il ne pouvait guère compter sur la victoire ni sur la vie sauve. Stauffenberg a cependant agi. Il a fait preuve de courage dans un combat de traître ; un combat déloyal et criminel, mais un combat tout de même ! Et je manquerais de cœur pour le bon combat ! Allons donc ! Cet odieux attentat vient à point nommé pour renforcer le pacte sacré qui unit le peuple allemand à son Führer. Les quelques brebis galeuses vont être éliminées. Nous allons nous retrouver entre purs nationaux-socialistes. Cette providentielle victoire du Führer sur les forces du mal, est le prélude à l'assaut final qui verra le triomphe des forces du bien. Qui peut être assez sourd pour ne pas entendre ce suprême appel ? Qui peut être assez grotesque pour préférer une survie dérisoire à l'engagement total ? La voilà, l'arme absolue, plus puissante que les glaives les mieux trempés : je ne resterai pas un instant de plus dans cette planque. Tous les camarades devraient faire comme moi ! »

Mais l'exemple du fils de l'amiral Patzig ne fut suivi par personne. Attristé, je regardais ce fier jeune homme aux yeux clairs, déjà détaché du monde, qui devançait en pensée la fin du voyage ; en pleine jeunesse, il tournait résolument le dos à la vie. Patzig m'avait accueilli à mon arrivée. Il était devenu plus qu'un camarade. Il m'avait laissé en souvenir sa flûte à bec, sur laquelle il m'avait si souvent joué les thèmes des symphonies de Beethoven et les motifs des opéras de Wagner. Et voilà, il était parti… Cependant, tandis que notre formation à terre touchait à sa fin, je ne pouvais m'empêcher d'admirer ce soldat. Le soir, avant de m'endormir, j'imaginais le film de ce que seraient ses derniers instants. Sur ce jeune homme bien vivant on refermerait le couvercle de l'énorme cercueil explosif. La seule lumière qui éclairerait ses dernières minutes serait la lueur pâle du tableau de bord, unique horizon de sa vie qui se terminerait en un meurtrier à plat ventre. Il mettrait son point d'honneur à appuyer le plus tard possible – trop tard sans doute – sur la manette d'éjection.

Quant à Anna, son attitude me déçut : le récit pathétique que je lui fis de l'héroïsme de notre ami commun parut la laisser indifférente. Elle avait probablement compris qu'elle et moi, c'était fini. Me mentant à moi-même, je l'embrassais. Des larmes entre ses yeux mi-clos s'échappaient. Je promettais de revenir la voir sitôt la guerre terminée. Résignée, elle secouait la tête : « L'Allemagne sera vaincue ; tu retourneras en France et tu m'oublieras vite. »

68
Le Schlesien

Il était trop tard pour poser à Patzig une question qui longtemps m'avait brûlé les lèvres. Une question impossible d'ailleurs… D'où lui venait cet aplomb face à la hiérarchie ? Je le vis plusieurs fois tenir tête à l'*Obermaat* (sous-officier) et même au capitaine. Il se comportait alors comme un voilier faisant gonfler ses voiles au vent arrière et se laissant pousser par lui ou, au contraire, en les affrontant vent debout. Mais qu'il obéisse ou qu'il résiste, il en sortait toujours triomphant. Moi, l'autorité me déboussolait et me faisait très vite chavirer. Je devais sans doute avoir l'air perpétuellement affolé puisque la remarque que l'on m'adressait le plus souvent était : « Cessez de vous inquiéter inutilement »

L'intendance nous distribua nos uniformes bleu marine et un sac de marin. Posé par terre, celui-ci nous montait jusqu'aux épaules. La plus grande partie du bataillon fut affectée à deux cuirassés jumeaux : le *Schlesien* et le *Schlesvig-Holstein*. On nous aligna face à la mer, sur le quai de Gotenhafe[45]n où nous étions arrivés en début d'après-midi. La muraille d'acier du colosse s'élançait verticalement bouchant tout l'horizon et la moitié du ciel. Le Schlesien nous écrasait de sa masse majestueuse et sombre de ses 50 000 tonnes. Nous allions loger dans son ventre trois mois durant.

Décidément, je ne m'y faisais pas à ce réveil différé. Au beau milieu de la nuit, j'entendais le sous-officier Taumel traverser à pas feutrés, de la poupe à la proue, les casemates où pendaient les

---

45 Port important de la baie de Gdansk sur la côte Sud de la mer Baltique.

hamacs. Sur son sifflet à trois notes, il modulait en sourdine une mélopée enchanteresse que je percevais comme une berceuse. Cela s'appelait d'ailleurs : *die Locke* (la séduction). Lorsque quelques instants après j'ouvrais les yeux dans la vive lumière déchirée de sifflets stridents, les hamacs étaient déjà pliés et entassés dans le placard. J'étais tout étonné de me voir suspendu au milieu de la casemate vide. Chaque matin, nous suivions un entraînement intensif : deux bonnes heures à ramer. Pour nous stimuler, l'*Obermaat* avait promis trois semaines de permission à qui briserait sa rame. À priori la chose était impossible : ces rames étaient grosses comme le bras. J'avais toutefois repéré un défaut sur l'une d'elles, et je fis en sorte qu'on me l'attribue. Au lieu de répartir l'effort, je le concentrai en un vigoureux coup de reins quand la rame était à l'horizontale. Au bout d'une heure, elle émit son premier craquement. Je redoublais d'efforts et tout à coup elle explosa. Les rameurs s'arrêtèrent. Le sous-officier regardait, incrédule, cette rame pliée à angle droit. Il ne fut malgré tout pas question de permission.

À quoi sert d'avoir appris à manier le fusil, la mitrailleuse, la grenade, alors qu'il n'y a que les canons à démonter, à astiquer, et à remonter. Un jour, on pointe l'un des gros 280 sur un radeau dérivant à un mille : un coup long, un coup court, un coup au but. C'est raté mais on ne recommence pas. C'est trop cher. On se rattrape avec le 75 braqué sur une douzaine de gros ballons multicolores qui s'élèvent lentement en grappe dans le ciel. C'est le branle-bas de combat. Pendant quatre jours et quatre nuits, nous ne dormons que quatre heures. Le reste du temps, nous sommes de garde, éparpillés sur tous les ponts. Les yeux ensommeillés, nous scrutons la mer à la recherche de bombes flottantes ou de sous-marins. La dernière veille de la nuit fut la plus pénible. La peur de tomber à la mer n'empêcha pas mes yeux de se fermer. J'avais beau me mordre les lèvres, le vent qui soufflait à mes oreilles me plongeait dans une torpeur irrésistible. Je marchai les yeux fermés dans l'espace étroit face à la proue, l'instant d'après je me retrouvai face à la poupe. Soudain, je sursautai. Il m'avait semblé entendre un léger bruit. À tout hasard je gueulai : *Wer da ?* (Qui va là ?) La tête du sous-officier Taumel émergea de l'écoutille. Le traître avait cru me surprendre en se glissant à pas de loup jusqu'à mon poste. Cette fameuse nuit, il me mit de garde dans la soute aux munitions, ce qui était une sinécure puisque, couché sur les obus, on pouvait dormir sans trop de risques. Il y avait quelque chose d'hallucinant à être enfermé avec tous ces explosifs sous les fesses, mais on s'y faisait.

69
Le calot

Ce matin, le silence m'a réveillé avant la Locke. Les machines sont arrêtées. Les hamacs immobiles. Pas le moindre roulis. À l'appel, nous ouvrons des yeux étonnés. Le *Schlesien* est entouré de grues, la mer est absente. Il restera en cale sèche pendant huit jours. Du matin au soir tout l'équipage est suspendu par petites nacelles individuelles le long du flanc du cuirassé. Au couteau, à la raclette, à la râpe et à la brosse de fer, nous arrachons à la coque des incrustations que la faune marine y a déposées pendant un an. Une couche de minium en fait un homard géant, trop visible sans doute, puisqu'on le recouvre vite de bleu de Prusse. Mais où ai-je bien pu égarer mon calot, me dis-je en débarrassant fébrilement le haut de mon armoire du linge qui l'encombre. « Tu fais le ménage ? » ironise Fritz Lahm, un Alsacien qui est toujours là quand on ne l'attend pas. Qu'il aille au diable ! Je suis de plus en plus embêté. Je remets tout en vrac dans le haut et fouille le reste. Je commence à m'affoler. Ils ne connaissent pas leur bonheur ceux qui tournent autour de moi et qui ont l'objet de mon souci coincé dans leur ceinture… Je n'ai guère d'espoir de le retrouver, mais je recommence ma fouille en me questionnant. Quand l'avais-je vu pour la dernière fois ce calot ? Au dîner je m'étais assis dessus. Il avait dû tomber… Je retournais au réfectoire pour poursuivre mes investigations. Tout était désert. On se sent nu quand on n'a rien pour se couvrir. Enfin, un calot qui manque, ce n'est tout de même pas la mort du petit cheval ! Je n'avais qu'à prétendre qu'on me l'avait volé. On le mentionnerait dans le *Soldbuch* (livret militaire). Cela me vaudrait un blâme. À trois semaines de la permission d'études, ne risquait-on pas de me la supprimer ? Si j'allais voir le premier-maître du vestiaire… Je paierai cher pour arranger les choses. Tout ce que j'ai et plus encore. Mais la brute ne voudrait rien savoir : l'équipement n'est pas à vendre, lui non plus… Ah, si par miracle je devais le retrouver, j'y veillerai. Comme à ma peau.

70
Le ${11}^e$ commandement

À l'heure du coucher, je décidais de me réfugier dans les W.-C. « Mais où pouvait-il bien être ce fichu calot ? » Heureusement, le lendemain, nous allions à terre : une permission à Dantzig. La grande tenue comportait le *Tellerhut*[46] à la place du calot et cela me laisserait toute la journée pour trouver une solution. Je souhaitais visiter la ville hanséatique qui avait été l'un des prétextes de la guerre. Toutes les villes allemandes de quelque importance étaient rasées. Dantzig, apparemment, avait été épargnée. Le lendemain, assis, tête basse, sur un banc de square, je songeais au bon vieux temps : au train qui m'avait amené à Stralsund et qui s'était arrêté en gare de Hambourg. Je n'avais pas eu à me lever de ma banquette pour mesurer d'un coup d'œil ce qui restait de la grande ville. Un paysage lunaire. Rien ne bornait l'horizon. Pas le moindre édifice. La ville avait été construite en briques. Elles étaient toujours là, mais à terre. Des montagnes de briques. Pas une façade pour accrocher le regard. Quelques tapis de bombes auraient eu le même effet sur Dantzig : ici aussi c'est de la brique. Les avenues sont si larges qu'elles paraissent désertes. Elles convergent vers la monstrueuse cathédrale. Une immense forteresse qui eut pu recevoir dans son ventre deux Notre-Dame de Paris. L'intérieur nu et froid reflète bien mon désarroi. On dirait un hangar destiné à abriter le *Graf Zeppelin*[47]. Le silence oppressant nourrit mon angoisse. Je vais être puni, et

---

46 Chapeau assiette
47 Le Graf Zeppelin était un porte-avions de la marine de guerre allemande

ma permission d'études sera supprimée. Je n'ai aucune expérience de ce genre de situation. Il faut pourtant que je réagisse… En regardant mon bateau, tout en suivant des yeux un V1 qui trace sa route rectiligne vers l'ouest, ma décision est prise : je parlerai à Taumel le soir même. J'imagine ce que ferait Patzig à ma place :

« Lâche, tu te rendrais sans te défendre, c'est indigne ! Hé bien quoi, on t'a piqué ton calot ? Piques-en un autre ! »

Patzig dirait-il vraiment cela ? Il y a peut-être des femmes qui se jettent par la fenêtre par peur d'une souris. J'en étais là : invoquer le souvenir d'un brave pour une peccadille. Car c'en était une de peccadille. Je n'avais bien sûr pas à craindre la suppression de la permission d'études. Cette crainte n'était que le résultat de l'essai de rationalisation d'une panique. La crainte n'est pas la peur. Quand on craint la foudre, on invente le paratonnerre. La crainte est génératrice d'expérience de sagesse et d'audace. Elle calcule. La peur n'a jamais rien fait inventer. Elle est toujours une involution. Toutes les peurs ne sont-elles pas des peurs d'enfant ? J'étais téméraire et casse-cou ; je marchais avec sang-froid quand l'épouvante figeait les autres. Mais, en me terrorisant, mon père m'avait hyper sensibilisé à toute forme d'autorité. Je regardais la mort droit dans les yeux, et pourtant la silhouette d'un adjudant me faisait trembler de frayeur. J'en étais là. J'aurais tué quelqu'un tant j'avais peur. Pour le moment, j'échafaudais plusieurs hypothèses : si on me pinçait le calot à la main, je pourrais dire qu'il traînait là, et que je l'avais ramassé machinalement… Bon Dieu, que j'ai bien fait de ne rien dire… En trouver un qui traîne, d'abord, et pas dans mon groupe si possible. Plus tard, je passe devant quatre matelots qui jouent aux cartes. L'un d'eux a mis son calot sur le banc à sa droite. J'imagine m'asseoir négligemment au bout du banc comme si je m'intéressais à la partie, puis, ni vu ni connu, le dérober. J'évalue le risque et finis par renoncer. Ainsi, toute la soirée, l'air de rien, je rôde autour des armoires où les matelots s'affairent. Agacés certains se retournent l'air de dire : « Tu veux ma photo ? »

Les dernières brosses à dents sont rangées. Les armoires bouclées. Tout le monde est couché. Je rôde encore dans l'ombre de notre entrepont. Celui de la machine est de plain-pied. Il vient de s'allumer : je m'immobilise. Un matelot fouille dans le bas de son armoire. Sur le haut, je remarque qu'il a posé son calot qui dépasse un peu. Je suis à deux mètres. Il ne peut me voir. J'avance à pas feutré, centimètre par centimètre. Le gars jure, il ne trouve pas son calot. Il s'agenouille pour fouiller un peu partout au sol. Je fais un pas en avant, me mets sur la pointe des pieds et touche l'objet de ma convoitise. Il ne m'a pas vu. Mon bras est ankylosé, mais je parviens à saisir ma proie. Dominant le bruit de la machine mon sang bat dans mes oreilles. Je presse le calot contre mon ventre. J'ai beau être dans le noir, je sais que si l'homme se relève, il me trouvera. Alors je ne le quitte pas des yeux et recule d'un pas, puis d'un autre, comme cela jusqu'à m'éloigner de trois mètres. Malheureusement, je cogne en plein dans un hamac. Le type grogne mais ne s'aperçoit de rien. Je n'ai qu'une envie, c'est de courir. Je tourne le dos à la machine, et continue de glisser à pas prudents en surveillant mes arrières. L'homme accroupi fouille toujours. Une bouffée de joie m'envahit : j'ai réussi ! Je me réfugie dans les W.-C où la lumière brille nuit et jour. La fontaine de l'urinoir me chante une chanson rassurante. Ce calot est raide de crasse, mais débarrassé de l'huile et du mazout, il sera méconnaissable. J'ai triomphé du malheur simplement en appliquant ceci : *Das elfte Gebot : Nicht erwischen lassen* (le 11ᵉ commandement : ne te fais pas attraper). Une demi-heure plus tard, je serpente entre les hamacs et retourne chez moi. L'entrepont des machines est obscur et j'y vais à tâtons. Armé d'un savon, je retourne aux toilettes. Pendant une heure, je nettoie le calot. J'use toute ma provision de savon : la purée noire qui s'écoulait au début fait place maintenant à une couleur café à peine clair. Il ne me reste plus qu'à retirer le nom du propriétaire, Ludwig Zimmer, et coudre mon nom à la place. Dissimulé dans un journal, mon nouveau calot sèche maintenant sur le tuyau bouillant du chauffage. Il sera sec dans deux heures. Enchanté de m'en être si bien sorti, je m'étire dans mon hamac en m'efforçant toutefois de ne pas m'endormir, de peur qu'on me le dérobe. Je me réveille en sursaut : j'ai dormi près de trois heures ! La première chose qui me vient à l'esprit, est de le récupérer. Comme il est mince et léger ! Je l'aplatis sous ma tête et m'abandonne enfin voluptueusement au sommeil. Au réveil, je m'avise que je ne l'ai pas essayé : bon Dieu, il est minuscule ! J'ai beau tirer dans tous les sens, il ne me couvre que le sommet du crâne. Est-ce le châtiment ?

À l'appel, Taumel me repéra aussitôt. Surpris par mon allure clownesque, il s'arrêta devant moi, me regarda un instant sans comprendre, puis s'en alla en pouffant de rire. Toute la matinée, je les entendis glousser dans mon dos, et lorsque j'en rencontrai certains des yeux, ils se détournaient. Lorsque c'était possible, je coinçai mon compromettant calot dans ma ceinture. Fritz Lahm fut plus direct : « Où as-tu dégoté cet invraisemblable galurin ? » Sentant le rouge me monter au front, je me souviens lui avoir dit très vite : « Il a rétréci au lavage. »

71
La tête dans le mazout

C'est bien pire le lendemain : dès que j'arrive, les gars chuchotent et ont des regards sournois. Taumel nous explique le fonctionnement des bombes magnétiques que nous allons larguer cet après-midi : « C'est assez difficile à comprendre, mais les grosses têtes doivent y arriver… » Tout le monde comprend l'allusion. Moi le premier. Les rires fusent de toutes parts. Ils se doutent bien que je l'ai volé ce calot. Je m'y attendais à chaque instant qu'ils le disent. Au moins, je pourrai me défendre. Cependant j'évite de les provoquer. Je voudrais tant passer inaperçu. Qu'on m'oublie. Paradoxalement, cette histoire me rend populaire et dispense la bonne humeur. « Tu es impayable ! » me dit carrément Fritz Lahm. Comme s'il attendait que je lui demande pourquoi, il insiste : « Tu es comique, vraiment comique. »

Cette nuit-là, je rêve que je suis condamné à mort ; les copains croient que je l'ignore et s'en réjouissent. Quelle bonne farce. Je ne les détrompe pas ; s'ils rient, je pense que je ne risque rien. Ils me demandent que j'invente un supplice pour un traître. Je propose d'installer le condamné debout dans un tonneau rempli de mazout jusqu'aux yeux, de telle sorte qu'il serait contraint de se dresser sur la pointe des pieds pour respirer. Cela durerait un bon moment. Il commencerait à se fatiguer. Ses yeux exprimeraient une sorte de vide. Il boirait la tasse de temps en temps. Et puis, et puis… « Bravo, dit Taumel, essayons tout de suite pour voir si ça marche. » À cet instant, je me rends compte que le tonneau est derrière moi. En riant, ils m'y précipitent la tête la première. Je m'étonne de respirer ainsi la tête en bas dans le mazout… Soudain, je comprends que ma fin est proche : ils sont en train de souder le couvercle ! Je m'éveille, trempé de sueur… J'étais marqué ; j'avais sur le front le signe de Caïn. Je comprenais ce qu'avaient pu éprouver les Juifs parés de l'étoile jaune, pendant qu'on les avait laissés courir provisoirement en les montrant du doigt. Dans tous les sourires, il n'y avait pas l'ombre d'une amitié, d'une connivence, d'une complicité. Ces sourires étaient les barbelés qui me repoussaient, me déportaient. Un ami m'aurait arraché de la tête cette marque infamante et l'aurait jeté à la mer. Seule la main d'un ami peut laver une honte. Je haïssais ce calot et ne pouvais m'en débarrasser moi-même. Je crevais de culpabilité, mais ne pouvais me pardonner tout seul. Était-ce encore le châtiment ? Puis, le vent tourna. C'était l'amnistie générale. On ne me tapait pas encore gentiment sur l'épaule, mais ça ne tarderait plus. Bientôt je pourrai de nouveau rire avec eux. Dire n'importe quoi, comme avant. Ce changement d'atmosphère avait une cause : l'amiral venait demain visiter le *Schlesien*. Nous en parlions depuis un mois. Cette fois on y était. Taumel, dans tous ses états, nous ordonna de tout faire en douze heures : briquer le pont, l'entrepont, l'équipement, et répéter les chants. Tout le monde s'affaira jusqu'à l'extinction retardée des feux. On en oublia de sourire en me voyant. Je respirai enfin. Béni soit cet amiral qui allait me délivrer…

72
L'échelle de coupée

Le signal vient de tomber : tout le monde sur le pont dans cinq minutes. Qu'est-ce qu'ils ont ? Les cinq minutes sont loin d'être écoulées, et pourtant tous ont disparu ! Cela m'inquiète et je fonce. Au milieu de l'échelle de coupée[48] qui mène au pont, j'entends quelqu'un qui galope derrière moi. Je pense qu'il s'agit d'un retardataire. Je me retourne, et je vois un marin qui est nu-tête. Il est petit et arrogant et m'interpelle d'une voix aiguë : « Voleur ! Rends-moi mon calot ! Rends-le moi ! » J'ai les jambes coupées. Je rate une marche. Il en profite pour se jeter sur moi et tente de me l'arracher. Je lui échappe de justesse. Ses cris me poursuivent tout au long de ma fuite. Arrivé sur le pont, je vois tout l'équipage en rang en train de se compter. Personne ne fait attention à moi. Je n'ai qu'une idée en tête : me cacher, disparaître, éviter le scandale. Je reprends mon souffle, coince l'objet du délit dans ma ceinture, et cours le long de la rambarde pour m'éloigner le plus vite possible du rassemblement. Je grimpe à un hauban en direction du pont supérieur. Où que je sois, je me sens affreusement exposé et repérable. J'envisage de me dissimuler dans la grande cheminée. Si je pouvais m'y introduire, je serais peut-être sauvé ! Je monte quatre à quatre l'échelle extérieure. À mi-hauteur, il y a une petite porte de tôle. Le temps de voir mon poursuivant qui erre sur le pont à ma recherche, je la referme sur moi et c'est le noir absolu. Suspendu aux barreaux de l'échelle intérieure, j'entends la machine qui halète dans l'ombre, vingt mètres

---

48 Échelle mobile qui permet aux marins d'embarquer ou de débarquer des navires

plus bas. C'est alors que je commence à prendre conscience de la situation : l'amiral ne pourra pas passer en revue un équipage incomplet, et ils partiront sans doute à ma recherche ! J'entends un sifflet strident, puis l'*Obermaat* crier mon nom. Le son s'éloigne, se rapproche, puis s'éloigne à nouveau. Puis la sirène du bateau retentit. Elle fait un vacarme assourdissant parce qu'elle est fixée sur la cheminée et beugle à trois mètres de moi. Puis la voix nasillarde d'un mégaphone répète en boucle mon nom. Je me fais tout petit en priant que cela se termine. Après d'interminables minutes, la porte de la cheminée s'ouvre brusquement. Taumel passe la porte et scrute l'obscurité. Je retiens mon souffle et tente de monter silencieusement deux échelons pour fuir, mais une main agrippe mon pied et le tire vers le bas. « Venez », dit simplement l'*Obermaat*. Il m'entraîne sans un mot au pas de course vers l'entrepont. Je me rends compte à cet instant que le calot n'est plus accroché à ma ceinture. Il s'interroge : « Où est votre calot ?

– Je l'ai perdu.

– Ça ne fait rien. Mettez votre *Tellerhut* et venez vite, l'amiral attend. » Il me laisse seul devant mon armoire et remonte vers sa troupe alignée sur le pont. Pendant de douloureuses secondes, je regarde ce *chapeau assiette* si incongru sur ma tenue de service. Je pense fuir à nouveau, lorsque Taumel réapparaît à la porte : « Que faites-vous ? On vous attend ! » L'amiral n'a pas l'air de remarquer l'apparition tardive de la brebis galeuse au chapeau rond. Chose étrange : ni Taumel, ni personne ne me fait la moindre remarque pendant tout le reste de la journée. Autre mystère : qu'est devenu le matelot qui réclamait à cor et à cri son calot ? En me couchant, je me prends à espérer que l'incident est définitivement clos, puisque personne n'en parle. En effet, le lendemain tout le monde semble avoir oublié.

Le surlendemain, je suis appelé chez le commandant. Il me fait attendre au garde-à-vous pendant cinq bonnes minutes, en lisant attentivement une feuille placée devant lui. Jamais je ne l'avais vu d'aussi près. Il frise la cinquantaine. Sec de corps, le visage émacié, il a le regard aigu. Après m'avoir fixé un instant de ses petits yeux clairs, il me tend le fameux calot. « Mettez-le », me dit-il sèchement. Je m'efforce de l'enfoncer, mais il tient tout juste en équilibre sur le sommet de mon crâne.

« Où vous l'êtes-vous procuré ?

– Je l'ai trouvé par terre, *Herr Kommandant*.

– Vous pensiez bien qu'il appartenait à quelqu'un ?

– Je croyais que c'était le mien, *Herr Kommandant*.

– Vous n'avez pas remarqué la différence de taille, insinue le commandant.

– Je pensais que quelqu'un s'était trompé et avait confondu le sien avec le mien, *Herr Kommandant*.

– Ce calot est très usé, comment expliquez-vous que votre nom y figure ?

Que répondre ? Je restai silencieux.

– Je vous écoute… Reconnaissez-vous, oui ou non, avoir volé ce calot à un camarade ?

– Ce n'était pas un camarade. C'était un matelot de la salle des machines. »

Il écrivit une phrase à l'encre rouge sur sa feuille.

« Mais… si vous l'avez trouvé par terre – comme vous le prétendez –, comment avez-vous su qu'il appartenait à quelqu'un de la salle des machines ?

– Il était sale et imbibé d'huile, *Herr Kommandant*.

– Mais, ce calot est propre. L'avez-vous lavé ? En y cousant votre nom vous pensiez le rendre méconnaissable. C'est exact ?… Répondez ! »

Coincé et pris au piège, je choisis de ne rien dire en attendant la suite. Le commandant continue de sa voix douce et monocorde :

« Pourquoi vous êtes-vous caché au moment où la revue allait commencer ?

– Parce que j'étais sans calot, *Herr Kommandant*.

– N'est-ce pas plutôt parce que vous vous sentiez coupable ? »

Dire oui : c'était l'avouer. Dire non : aggraverait mon cas. Je décidai donc de me taire.

« Dans les pays latins, reprit suavement le commandant, on

considère que la discipline est la force principale des armées. Nous autres Allemands, nous pensons que c'est la camaraderie qui est la valeur suprême. Chacun doit placer l'intérêt de ses camarades au-dessus du sien propre. Tous pour un, un pour tous. La camaraderie est le ciment sacré de la communauté. Ce que vous avez fait est le crime majeur. Cela s'appelle : *Kameradschaftdiebstal* ! (Vol de camarade). Vous avez longuement prémédité et froidement exécuté un acte odieux. Il y a pire. Au moment où vous avez commis cet acte, vous représentiez pour la victime un futur officier. L'officier est un modèle aux yeux de la troupe. Les privilèges dont il jouit, il les justifie par son sens le plus élevé du devoir. Non seulement vous avez trahi l'idéal de la camaraderie, mais plus grave encore : vous avez souillé aux yeux de tout l'équipage l'honneur du corps des officiers. Bien entendu, vous vous êtes arrangé pour que tout le monde soit au courant. L'équipage entier ne parle que de cela. Il est donc indispensable que les corps des officiers vous rejettent avec éclat.

— Je regrette, je ne me rendais pas compte, dis-je sincèrement.

— Il est trop tard, je ne puis rien pour vous, quand bien même je le voudrais. Je n'en ai d'ailleurs nulle envie… » Le commandant se renversa sur sa chaise. « Heureusement, vous êtes alsacien, votre trahison n'engage guère l'honneur du peuple allemand : elle est le fruit pourri de l'éducation individualiste que l'on dispense dans les nations ploutocratiques. Chacun pour soi et système D, précisa-t-il en français. Au nom de tels principes, l'armée française vous absoudrait peut-être, mais le gouvernement allemand ne protège pas les Stavisky. Dieu merci, nous avons un modèle. Tous les actes, toutes les paroles du Führer lui sont dictées par la vertu. Je frémis à la pensée que vous auriez pu être chargé d'un commandement ; qu'on vous aurait salué ! Il y a une justice, heureusement. À partir d'aujourd'hui, je vous raye des cadres. Vous ne participerez plus aux exercices. Vous n'avez plus de camarades. Jusqu'à nouvel ordre, vous resterez au pain et à l'eau dans la cale. Pour vous montrer ce qu'est un camarade, c'est de votre victime, le matelot Ludwig Zimmer, que vous dépendrez à l'avenir. Rompez ! »

Sans dire un mot, Taumel me fit descendre d'escalier en escalier jusqu'au réduit sans lumière où j'allais vivre désormais. Mon cachot se trouvait sous la salle des machines, sous l'énorme arbre de l'hélice dont je ressentais les trépidations dans toutes mes jointures. L'atmosphère était lourde, irrespirable. Les murs de mon étroite prison étaient gluants d'huile. Tout ça m'était bien égal. Hier encore, je m'estimais. En prison ou au camp de concentration, j'avais pu m'imaginer être persécuté pour mon idéal. Les périodes sombres que j'y avais vécues étaient rehaussées à mes yeux de l'auréole du martyr. Là, tout à coup, déshonoré, déchu, rejeté à fond de cale, je me sentais remis à ma vraie place. Mes yeux s'ouvraient sur ma misérable personne. L'idée exaltante que je me faisais de moi avait vécu. « Ne fais jamais rien par peur », répétait fréquemment ma mère. N'était-ce pas la raison pour laquelle j'avais volé ce calot ? Sans doute. Ma vie était perdue. La victoire des Alliés ne me libérerait pas. Qui pourrais-je regarder en face ? La guerre ne finirait jamais pour moi. Je ne pourrai plus être en paix avec moi-même. Jamais. Pourquoi ne pas en finir tout de suite ? Si je le pouvais, je me jetterais à la mer. Ludwig Zimmer m'apporta le pain et l'eau. Comme je le remerciai, il hésita un instant, puis me dit : *Fass Mut, es geht alles vorüber* (Prends courage, tout passe.)

73
La guigne

Je n'espérais plus rien de l'avenir. Les jours et les nuits se confondaient dans une somnolence à laquelle je m'abandonnais. Qu'il était loin le cachot du camp de concentration où je faisais des exercices de remémoration pour maintenir ma vigilance. Ici, pourquoi lutter contre l'abrutissement, puisque tout était fini… Autant que j'en puisse juger, mon obscur cachot ressemblait à une coquille d'œuf dont je remplissais tout l'intérieur. Sa paroi s'animait d'une vibration continue de très basse fréquence qui m'irradiait le bas du dos. Ma tête oscillait dans un rythme lent comme un grelot fatigué. À l'instant même où j'avais la sensation que les murs de ma prison se resserraient, la panique me saisissait. Du dos et des pieds, je tentais de repousser les mâchoires d'acier qui m'écrasaient. Haletant et dégoulinant de sueur, je me recroquevillais dans mon œuf. Le grondement lancinant de l'hélice broyait toute pensée. Le matin – ou était-ce le soir ? –, Ludwig Zimmer me menait dans les W.-C. aveuglants où j'étais censé faire ma toilette. Une nuit, au bout de huit jours, il me traîna par le bras pour m'inciter à me rendre sur le pont. M'ayant fait asseoir sur un rouleau de cordage, il s'éloigna discrètement. L'air du large m'enivrait… Je devinais bientôt que je n'étais pas seul. Comme des lucioles, des points rouges[49] bougeaient à mes côtés. L'un d'eux s'avança vers moi. Je lui expliquai que je ne voulais plus vivre. Il explosa :

« Mais tu es fou, ce n'est rien du tout. Nous avons tous vécu ça,

---

49 Surnom donné aux marins

plus ou moins. Tu n'as pas eu de chance, voilà tout. En attendant, tu te la coules douce, alors que nous, depuis la visite de l'amiral, on n'arrête pas ! »

Il me donna une cigarette. Je la fumais en silence sans aucun plaisir. De retour dans mon œuf étouffant, ces manifestations de sympathie sonnaient en moi comme la cordialité que l'on témoigne aux condamnés à mort.

Une main me secoue pour me réveiller : « Venez vite ! » dit Taumel. Je le suis comme un somnambule. Tous les lieux où nous passons sont plongés dans l'obscurité ; on n'entend même pas les machines. Il est deux heures du matin et notre entrepont est brillamment éclairé : une agitation intense y règne. Je suis aveuglé. Personne ne fait attention à moi. Je devine juste qu'en toute hâte, les copains bourrent leur Seesack : « Soyez prêt dans un quart d'heure, me dit Taumel, vous partez à Vienne. » Je le regarde, incrédule. Qu'est-ce qu'il a dit ?… Je pars à Vienne ! Je vais pour lui demander confirmation, mais il est déjà loin… Cette nouvelle ahurissante me plonge dans la stupeur. « Alors, vous y êtes ? », me crie le premier-maître en repassant devant moi. Je réponds mécaniquement en le fixant d'un air hébété : « Jawol, Herr Obermatt ! » Mais je ne bouge pas. Il m'attrape par le col et me conduit devant mon armoire qu'il ouvre. Il en tire mon Seesack et commence à y fourrer dare-dare mes affaires. (C'est donc vrai que je pars… Je ne rêve pas.) Je remonte sur le pont et me colle au milieu du groupe. J'ai eu beau faire, je suis quand même le dernier. Taumel fait l'appel. Quand il s'apercevra que mon nom est rayé, il va me rejeter au trou. Mais non. J'entends mon nom et je m'empresse de répondre. Je suis passé. Je n'en reviens pas d'avoir été appelé. Au signal donné, tout le monde se dirige en direction de l'échelle de coupée. J'ouvre la bouche pour happer l'air glacial de la liberté.

Le Schlesien est ancré à un mille de Flensbourg, dont on aperçoit au ras des flots les lumières camouflées. Mon énorme sac sur le dos, je m'accroche comme je peux le long de l'échelle. J'ai l'impression que mes mains se déchirent. Je veux me faire mal. Une façon d'être sûr que je ne rêve pas. Nous nous entassons dans une chaloupe à moteur. Le vent siffle et me coupe le visage. En novembre, c'est déjà l'hiver par ici. On accoste. Je commence à y croire à ma liberté. Presque tout le monde a mis pied à terre. Lorsqu'arrive mon tour, j'hésite. Cela m'est fatal : je rate le ponton et entraîné par mon lourd Seesack, je disparais dans les eaux noires de la Baltique. Je coule à pic comme une pierre. Inexorablement, je descends toujours. Je suffoque. Adieu Vienne... Mes poumons sont vides. Des images ensoleillées se déroulent à toute vitesse en silence où les visages de mes proches apparaissent. Je suis dégluti par l'œsophage brûlant d'un monstre... Puis soudain, je me sens tiré par les épaules. Après m'avoir fait couler vers le fond comme un plomb, mon sac, gonflé d'air, remonte en me hissant vers le haut. On me hisse sur le quai. La première chose que je vois, ce sont mes compagnons d'infortune qui me regardent d'un air désolé. Ils ont tous l'air de penser : Décidément il a vraiment la guigne, Ortlieb...

74
Chien mouillé

Nous avons un bon kilomètre à faire à pied avant d'atteindre le train. Le sac me scie les épaules. En marchant, j'entends comme un robinet mal fermé qui coule derrière mon dos. Un froid polaire commence à me glacer. Je claque des dents. Pas un poil de sec. À chaque pas, mes chaussures trempées couinent. Heureusement, dans le train il fera chaud, me dis-je pour me rassurer. Malheureusement, le train n'est pas chauffé et toutes les vitres ont été soufflées par les bombardements. Sans perdre une minute les copains s'installent pour dormir, tandis que de mon côté, je grelotte dans un coin. Je n'ose pas les déranger : il y a pourtant dans leurs sacs tant de lainages qui feraient mon bonheur. Je m'étonne tout de même que personne ne se préoccupe de moi. J'entreprends de me déshabiller et j'essore sommairement mes vêtements. Mes voisins grognent : je les éclabousse. Je fais bien attention cependant. Frissonnant, je renfile mes habits mouillés et je m'attaque à mon sac. Les protestations se font véhémentes : est-ce que je ne vais pas enfin m'arrêter de remuer ? Autant que me le permettent mes tremblements, je m'efforce de ne pas bouger durant une petite heure. Enfin, dans un concert de ronflements, j'ouvre mon sac. Dans le noir, je sors mes chemises, mes chaussettes, mes tricots. Tout est imbibé d'eau de mer ! J'entasse mes affaires dégoulinantes sur un coin de banquette. J'ai beau chercher du sec, il n'y en a pas. Alors j'essore à nouveau l'un après l'autre mes vêtements jusqu'aux premières lueurs de l'aube. À Hambourg, sur le quai, des femmes nous versent du café dans des timbales et nous les tendent à travers la fenêtre. Il n'a aucun goût, mais il est chaud. Le train repart et s'arrête au bout d'un quart d'heure en rase campagne, pendant deux longues heures. Le soleil est une grosse boule rouge sur l'horizon, alors que se fraie au travers du train en passant d'une fenêtre à l'autre, un vent glacial.

« Ma parole, il neige ! Brrr… on s'les gèle ! » grogne Fritz Lahm en s'enroulant plus étroitement dans sa couverture et en se rendormant, à l'instant même ou j'allais lui demander s'il voulait bien me prêter un de ses tricots… La rage au cœur, je décide que je n'attendrai plus rien de personne. L'un après l'autre, je retire les chiffons humides de mon sac et je m'y emmitoufle malgré tout. Fritz Lahm ouvre un œil pour se plaindre : « Ça pue le chien mouillé ! » Ces pelures trempées ne servent à rien. Je gèle toujours autant. Après le repas de midi – froid, comme le reste – ceux qui ne dorment pas ou ne lisent pas jouent aux cartes. Je suis ivre de sommeil et je suis transi de froid.

Aux abords de ce qui reste des grandes villes, le train fait de longues haltes. Plusieurs fois nous sommes contraints à descendre pour nous coucher à terre en attendant la fin de l'alerte. Les bombardiers ne s'intéressent pas à nous. Ce voyage semble interminable. Puis c'est de nouveau la nuit. Jamais je n'avais imaginé pas que la grande Allemagne était si vaste… Je cherchais encore en vain le sommeil quand le train entra en gare de Vienne à trois heures du matin.

Je suis surpris et rassuré de voir que l'hôpital universitaire de Vienne est chauffé. Je me demande bien qui à intercéder en ma faveur. Taumel ? Zimmer ? Le commandant ? La peur qui m'a tenaillée depuis la veille est encore présente. Pourtant , tout semble être pardonné, même la honte est effacée.

En juillet 1944, l'Allemagne, obligée de lutter sur deux fronts, à l'est et à l'ouest, est pilonnée par l'aviation alliée. Elle est au bord du désastre. Seul Hitler ne veut pas l'admettre. Croyant encore possible de retourner la situation en sa faveur, il ordonne la grande contre-offensive des Ardennes, mais ses troupes s'épuisent dans la terrible bataille de Bastogne sans parvenir à percer les lignes américaines. Tandis que la marche en avant des Alliés reprend à l'ouest, les Russes déferlent à l'est. Prise entre deux feux, l'Allemagne agonise. La façon dont Fritz Lahm et quelques autres Alsaciens de notre groupe s'en réjouissent me dégoûte. C'est certain : ils ont définitivement retourné leur veste.

75
Hiltgund Sacher

Les Russes venaient de prendre Belgrade. Les soldats allemands se battaient désespérément en Hongrie pour tenir la ligne du Danube. Budapest était menacé. Les libérateurs étaient à moins de 240 km. Mi-décembre, je reçus une lettre timbrée du ministère de la Guerre. Elle me donnait l'ordre de partir « dès réception de la présente », pour le camp de Mürwick dans le Schleswig-Holstein, sur la Baltique… C'était sûrement une erreur, le lieutenant l'éclaircirait. « Je ne sais pas ce que cela veut dire, dit-il, lorsque je le vis. J'obéis aux ordres. » Et après une hésitation, il ajouta : « N'avez-vous rien à vous reprocher ? » Je lui assurai que non. « Vous savez, les délais administratifs sont parfois longs, insista-t-il. À toutes les gares où vous vous arrêterez, vous vous présenterez à la *Feldgendarmerie* avec votre ordre de mission. Sinon, vous seriez porté déserteur. Allons, bonne chance. Votre train est à minuit. »

Lorsque je reviens au dortoir, mes camarades sont en cours. Je suis anéanti comme si on m'avait rossé. Moi qui croyais définitivement enterrée cette histoire de calot. Il a fallu qu'elle me poursuive jusqu'ici. Le souvenir des six semaines que je viens de passer à Vienne me fait trembler. Il y a une heure, j'étais heureux, insouciant. Rien ne semblait pouvoir m'atteindre. On a cogné au carreau. Je sursaute. Ce n'était qu'une branche du grand tilleul de la cour, agitée par le vent. Du coup, je comprends : je redoute maintenant la vue de mes semblables. Je les fuis comme un coupable. Non, je n'attendrai pas leur retour. Je filerai me cacher à la gare. Pendant que je coulais ici des jours paisibles, cette lettre cheminait lentement de bureau en bureau pour venir à la fin me livrer son poison. L'idée d'obéir à cet ordre cruel me révoltait. J'étais de nouveau seul. À Vienne, je ne voyais qu'une amie qui pourrait me secourir : Hiltgund Sacher. Je l'avais retrouvée sur les bancs de la faculté tandis qu'elle achevait son doctorat. Depuis mon départ d'Heidelberg, je l'avais oubliée. Lorsque je lui fis le récit de mes aventures, elle ouvrit de grands yeux étonnés. C'est ainsi que je renouais une liaison interrompue depuis quatre ans. Pourtant nos rapports étaient aussi chaleureux qu'avant. Je savais que je pouvais compter sur elle. Elle m'aimait sans doute assez pour cacher un déserteur dans ce secteur jusqu'à la fin de la guerre.

Assis sur mon lit, mes affaires à moitié emballées, je compris soudain ce qui n'allait pas : mon amie trouverait anormal qu'au lieu d'attendre tranquillement à l'hôpital l'arrivée des Alliés, j'éprouve le besoin de déserter. Je ne pouvais lui avouer la raison de ma fuite. Elle me mépriserait sans doute et n'aurait pas tort. Non, je ne pourrais rien lui dire… En tout cas pas la vérité. Ma honte devait rester cachée. Personne ne pouvait la partager. Cependant, une idée commença à germer dans mon esprit : je lui dirais que mon sentiment de culpabilité m'avait joué un tour. Oui, j'insisterais là-dessus : on avait besoin de moi comme médecin, et c'était la raison pour laquelle je ne pouvais poursuivre mes études. J'ajouterais que le sort était s'acharnait sur moi. Fritz Lahm et les autres, eux aussi, recevraient d'ici peu une convocation semblable. Et puis, m'aurait-on laissé partir à Vienne pour m'enfermer à nouveau ? Je cherchais encore des motifs pour m'accrocher à cet espoir. À mon dernier examen clinique, mes notes avaient été bonnes. Dans cette humeur changeante, passant de l'espoir fou au désespoir, je m'acheminais vers la gare sans avoir eu le temps de saluer mes amis. C'est dans cet état que je rejoignais les bords de la Baltique.

Le 22 décembre 1944, je me présentais devant le portail de ce pénitencier militaire qui rappelait le camp de Schirmeck : le camp de Mürwick. Mes mains sont moites malgré le froid. Faut-il passer cette maudite porte et me constituer prisonnier, ou m'enfuir ? À Vienne : c'était possible, les Alliés y seraient d'ici un à deux mois. Dans ce Nord au contraire, je suis au centre de la résistance allemande. Depuis Vienne, mes papiers ont été contrôlés dans le train à chaque arrêt, par des SS armés. De la gare au pénitencier, j'ai encore été arrêté deux fois par ces hommes vêtus de noir surgis de nulle part, qui me braquaient leur mitraillette sur le ventre. De voir que je me dirigeais en direction du pénitencier, cela leur était égal. Ils n'ont rien dit. Ils voulaient voir si je n'étais pas un déserteur, cela leur suffisait. De toute façon, mon laissez-passer n'était valable que dans un sens. Un voyage sans retour en quelque sorte. Je ne pouvais m'éterniser là. À la gare, l'heure de mon arrivée avait été notée. Je n'avais pas le choix : il me fallait franchir ces derniers mètres. La sentinelle appelle un caporal. Il me conduit à une maisonnette entourée d'un jardinet aux volets jaunes, jurant avec une façade rose bonbon. Pour couronner le tout, elle est surmontée d'un toit vert. Des rideaux blancs pendent en diagonale. Tout cela jure avec les baraques noires qui l'entourent.

Dans l'antichambre, une enivrante odeur de ragoût de mouton titille mon estomac à jeun depuis longtemps. Le gros adjudant-chef me scrute de la tête aux pieds. Après avoir fait disparaître ma feuille de route dans un classeur, il me dit sans me regarder : « Baraque 7, passez d'abord au vestiaire, laissez-y votre sac, on vous donnera deux couvertures. »

Entre les baraques, l'espace paraît désert. Dans le lointain, les dunes annoncent la mer. Un linceul de neige poudreuse recouvre le camp. Si je portais des semelles de crêpe, je ne ferais pas moins de bruit. Au camp de Schirmeck, des bataillons de balayeurs étaient mobilisés dès les premiers flocons. Je vois un homme d'une quarantaine d'années qui vient droit sur moi. Alors que je m'apprête à le saluer, ses yeux fixes regardent au loin, sans me voir. Il porte un col d'officier d'infanterie. Au bout de vingt mètres, il fait un quart de tour à gauche, marche d'un pas mécanique vers la clôture puis s'arrête soudainement et se met au garde-à-vous. Sa veste mutilée porte la trace d'épaulettes à tresses et, semble-t-il, la présence de deux étoiles : un ancien colonel. Discrètement, je me tourne davantage pour l'observer. Tel un automate, il refait un demi-tour et marche vers le chemin. Quelques pas encore, puis un quart de tour à gauche, et il repart vers la clôture. Immobile, face aux barbelés, il dit très vite des mots sans suite avec une troublante conviction. J'imagine que ses stations répétées, jour après jour, ont fait fondre la neige, car c'est dans les trous creusés par ses pieds joints et à peine recouverts par la neige de la nuit qu'il replace ses pas. Je m'attendais à tout autre chose dans ce pénitencier ; à je ne sais quelle torture. Ce calme mortel, ce personnage étrange me mettent mal à l'aise. Lorsque j'arrive en bas des marches de la baraque 7, j'entends des éclats de voix. C'est un sergent-major qui tourne le dos à l'entrée dans laquelle je me trouve maintenant. Il est campé, jambes écartées au milieu du couloir et s'égosille en vain en donnant des ordres. Vautrés sur leurs lits, les hommes restent indifférents. Il se tourne vers l'un d'eux, occupé à lire, assis sur un tabouret. Celui-ci porte aussi un col d'officier. Pour toute réponse, l'ex-officier pivote et lui tourne le dos. . Le sergent-major renonce. Ailleurs, il aura peut-être plus de chance de se faire entendre. Il se retourne pour sortir et m'aperçoit. Son autorité refait surface. Il me somme de me présenter, séance tenante à la villa du commandant, pour battre ses tapis. *Jawohl, Herr Haupt Feldwebel !* Le sergent-major est surpris. Il n'est plus habitué à ce que l'on réponde avec autant de ferveur à un ordre. Il cherche des yeux des témoins de son succès et ne trouve que des dos. En dégradant les officiers, l'armée avait tué la hiérarchie. Le résultat n'était pas l'anarchie mais une sorte de mort. Car la hiérarchie est aussi un principe de vie tout court.

76
Le dégoût

Les tapis (des butins de guerre vraisemblablement) étaient beaux. L'un après l'autre, je les étendais dans la neige fraîche et les travaillais avec fougue au battoir. Le soir, le terrain autour de la villa s'ornait de grands rectangles de neige noire. À l'intérieur, le résultat était bien au-delà de mes espérances : les tapis étincelaient. Le commandant était ravi, tant et si bien que, les jours suivants, il m'utilisa pour son argenterie, puis pour ses cuivres (autres butins de guerre). Je faisais durer les travaux et en suggérais d'autres. La vision de ses repas suffisait à me nourrir et je ne regagnais ma baraque que pour dormir. Parfois, crises passagères, je me reprochais ce rôle de larbin. Je continuais de plus belle. La rancune de mes compagnons n'en était que plus tenace. Jugeant mon attitude servile, ils me battaient froid depuis le début. Je renonçai sans peine à nouer avec eux des liens de camaraderie. D'ailleurs, je n'étais pas de leur caste. Leur amitié ne me faisait pas envie. Je les trouvais malsains. L'adjudant-chef, dépité de ne pouvoir se faire obéir par eux, craignait que je subisse leur influence. Il finit par trouver la solution : il m'investit de la fonction fort enviée de fourrier[50]. Ce poste était occupé par un sergent qui partait pour le front de l'Est. La mort dans l'âme il m'expliqua le travail. Dès le lendemain, je dosais souverainement la margarine, tranchais le saucisson et le pain, puis répartissais la confiture pour tout le camp. À l'heure exacte, j'ouvrais mon guichet aux représentants de chaque baraque. Les portions calculées en fonction

---

50 Le fourrier est un sous-officier chargé de l'intendance.

de l'effectif variaient selon les arrivages. Quand les tranches de saucisson étaient trop minces, c'étaient des hurlements ; les prisonniers, toujours les mêmes, m'insultaient. Je fis du minimum leur maximum et constituai ainsi un stock qui grossissait à vue d'œil. Il n'y eut plus de variations et les protestations cessèrent définitivement.

Mon guichet fermé, je me repaissais de ce stock jusqu'à la nausée. J'obtins bientôt de coucher dans la cantine même, ce qui facilitait ma digestion. La confiture me réservait des ennuis : je crus bien faire en remplaçant par de l'eau les larges prélèvements que je pratiquais dans les seaux de mes agapes vespérales. La confiture se transforma aussitôt en un sirop des plus fluides. Ce fut un beau tollé : la fraude sur la qualité était trop visible. Mon guichet me semblait tout à coup un abri bien précaire contre cette bande déchaînée. L'adjudant me rassura. Je continuai à manger beaucoup de confiture mais ne mis plus d'eau à la place. J'engraissais. Une nuit où, trop gavé de saucisson je ne parvenais pas à dormir, des idées moroses s'élevèrent en moi comme les vapeurs puantes d'un marais en m'asphyxiant. Après m'être levé, j'ouvris en grand la fenêtre grillagée de la réserve. Le froid de cette nuit de janvier ne dissipa pas ma nausée et je la refermai. La dîme que je prélevais me mettait à l'abri du besoin. Tout n'était-il pas pour le mieux ? Le mot pénitencier, inscrit sur le portail m'avait effrayé. Pendant quelques jours j'avais attendu un châtiment sauvage. Rien n'était venu. Sauf ce confort imprévu, cette aubaine. Pourquoi ce soudain dégoût alors ? Ce n'était pas une indigestion mais une brusque panique, alors que rien ne me menaçait. Ce pénitencier s'assombrissait tout à coup d'un mal insolite. C'était pire qu'une prison : des oubliettes. Ceux qu'on y jetait étaient des morts-vivants. Aucun travail forcé, aucun exercice qui eut risqué de distraire ces consciences de la contemplation de leur déchéance. On nourrissait ces hommes pour qu'ils aient toujours sous les yeux leur existence vidée de son sens. Ils avaient tout donné au Reich, le Reich se passait d'eux. Leur vie durant ils avaient servi. Honorés hier, ils ne servaient plus à rien. Pourtant, des hommes dépendaient d'eux jadis. Aujourd'hui leur ombre seule les suivait. J'étais exclu par définition de l'aventure allemande. Eux en étaient rejetés comme des déchets. Lorsqu'ils n'en pouvaient plus, ils se réfugiaient dans la folie (comme cet officier hagard, rencontré le premier jour) ou bien on les trouvait un matin pendus à une poutre.

77
Le camp

À la fin du mois, l'adjudant-chef pénétra dans ma réserve, un sourire fendant sa face ronde d'une oreille à l'autre. Ma bonne conduite lui étant allée droit au cœur, il venait m'annoncer la nouvelle joyeusement : il avait demandé et obtenu ma libération. « Je n'ai rien voulu vous dire avant d'en avoir la certitude et vous éviter un faux espoir. J'ai tenu à vous faire la surprise : vous allez être intégré dans une unité combattante » Je remerciai le brave homme de son indiscrète démarche, et avalai avec un sourire crispé un chapelet de lieux communs patriotiques. Pour une surprise, c'en fut une ! Il avait réussi… Adieu les saucissons ! C'était trop beau pour durer.

Ma feuille de route porte deux mots : *Sammellager Fallingbostel* (Camp de rassemblement.) Régulièrement, le train faisait une courte halte, chargeait deux ou trois hommes, puis repartait. La plupart étaient maigres et blêmes. Je me réfugiais en me penchant à la fenêtre pour échapper à cette ambiance. De temps à autre, je les observais discrètement. Mais d'où venaient-ils ? De l'hôpital, sans doute… Pas un ne parlait. À d'autres moments, des contrôles SS les tiraient un instant de leur torpeur. Ils avaient la même feuille de route : un convoi pour Fallingbostel. Le soir, le train traversa sans s'arrêter la petite gare de Fallingbostel et s'enfonça de nouveau dans la grande forêt de Lüneburg. Le camp s'y cachait, à dix kilomètres de la ville. Pendant cette journée d'hiver sombre et maussade où les nuages pesaient bas sur le ciel, j'avais traversé, seul à la fenêtre du wagon, des landes lugubres et désertes. Par instants, les rougeurs du couchant se glissaient à travers une coupe, puis l'inquiétant tunnel de sapins se refermait. Dans une clairière, le train s'immobilisa dans un long grincement de freins. On nous ordonna de descendre. Une douzaine de sous-officiers nous attendaient. Ils nous firent mettre en rang, et chacun emmena une trentaine d'entre nous. Pas pressé, je m'étais glissé dans le dernier groupe. Notre adjudant-chef ne semblait pas pressé non plus. Tirant sur sa bouffarde, il regardait les autres s'éloigner. Il nous mit au repos et, parcourant lentement nos rangs, prêtait une oreille attentive à notre âge, à nos états de service, à notre profession dans le civil. La nuit était tombée quand il se présenta : « Je suis l'adjudant-chef Finch. J'ai vingt-huit ans de service ». Il allait ajouter quelque chose mais se ravisa : « Qui connaît *Drei Lilien* ?[51] » Six ou sept mains se levèrent. « Vous l'enseignerez aux autres. C'est le chant de notre compagnie depuis 1939. » Quelques secondes d'un silence attentif plus tard, il nous ordonna de nous mettre en route.

La compagnie occupait l'un des premiers éléments d'un grand complexe de baraques. Elles s'alignaient à perte de vue dans un espace où les arbres, bien que plus clairsemés, ne devaient guère se distinguer, vus d'avion, du reste de la forêt. Plus de cent compagnies s'y dissimulaient. En avalant ma soupe, je songeais aux vingt-huit ans de service de l'adjudant-chef. C'était sûrement un dur. Pourtant, son attitude bienveillante à notre égard ; cette attention à l'identité de chacun ; son air rêveur, m'intriguait. Peut-être voulait-il seulement nous connaître avant que nous ayons pris contact avec les anciens ? Toujours est-il que, le lendemain, il nous fit manœuvrer dans la forêt jusqu'à l'épuisement. Après quelques coups de pied bien placés, je cessai de me réjouir d'être de cette compagnie. Trois jours après, il nous fit chanter pour la première fois *Drei Lilien*. Je retrouvai le Finch que j'avais pressenti. Il nous arrêta dès la première strophe : « Pensez à ce que vous dites : *Drei Lilien, drei Lilien, die pflanzt ich auf mein Grab.*[52] *Grab* (tombe) n'a rien de sec. C'est long, profond,

---

51 « Drei Lilien » est un des chants allemands les plus connus. Il remonterait à 1777 ou 1830.
52 « Trois lys, trois lys je plantai sur ma tombe ».

tendre. Tout cela se prolonge, non sur un demi temps, mais sur deux. Comme ceci : *Gra...ab*. Reprenons. Allez-y doucement, puis vous monterez naturellement crescendo. » Il distribua les deuxième et troisième voix et nous dirigea avec soin et patience. Ces simples paroles exerçaient un pouvoir incantatoire surprenant : « Trois lys, trois lys, trois lys je plantai sur ma tombe. Un fier cavalier vint à passer et les coupa, les coupa... » À la fin de la répétition, Finch nous congédia d'un geste de la main peu réglementaire. Les autres s'étaient hâtés vers le dortoir. Du couloir, où je m'attardai, je vis Finch se laisser tomber sur une chaise et se prendre la tête entre les deux mains. Je crois bien qu'il pleurait...

Deux mois plus tard, notre adjudant-chef avait créé une famille. À force de chant choral et d'exhortations, tantôt violentes, tantôt presque tendres, il était parvenu à fondre en une communauté senti-mentale ce ramassis disparate de résidus fatigués de toutes les armes.

78
L'Obergruppenführer

Aujourd'hui, c'est goulasch. J'aime ça. Je m'en suis mis jusque-là. Les yeux mi-clos, je digère en rêvant de sieste lorsqu'un hurlement de l'adjudant-chef déchire cette béatitude : « Tout le monde dehors ! » De tous les coins de la forêt surgissent les compagnies qui convergent et se rangent sur la grande place parsemée d'arbres. La poussière retombe peu à peu dévoilant l'effectif au grand complet : treize à quinze mille soldats ! J'ai l'âme molle. Comment en suis-je arrivé là ? Je me sens enveloppé par cette masse. Au centre, une estrade sur laquelle monte difficilement un géant massif, en habit noir de général SS, chamarré de décorations. « C'est l'*Obergruppenführer*[53] Dorpmüller, chuchote un ancien de la compagnie. Ça sent mauvais ! »

Au garde-à-vous, c'est mou, mais le général SS s'en contente. Il a autre chose en tête. Des haut-parleurs disposés autour de la clairière tombent soudain ces mots étonnants que je reçois comme un apaisement : « Soldats, la guerre touche à sa fin… » À cette bonne nouvelle, il croit bon d'ajouter : « La coalition perverse de la ploutocratie et du bolchevisme est en train de se briser. Roosevelt, la tête de la conjuration ennemie, vient d'être écrasée par le Destin. Celui qui doute de la victoire finale ne mérite pas d'appartenir à notre communauté. C'est un traître à notre cause. La victoire est devant nos yeux, nous l'avons à portée de la main, il ne nous reste qu'à la

---

53 L'*Obergruppenführer* (abréviation : Orgue.) est un grade de général dans la SS, et dans sa branche militaire, la *Waffen-SS*.

saisir. » Puis d'une voix qui se veut plus douce, il poursuit :

« Il n'en est pas un parmi vous, j'en suis sûr, qui ne brûle de faire partie du régiment SS que je forme et qui partira ce soir, 19 avril, anéantir dans un piège grandiose les hordes barbares bolcheviques qui se sont imprudemment aventurées à soixante kilomètres d'ici. Je ne peux malheureusement pas accueillir tout le monde aujourd'hui. Je ne prendrai que les premiers… Volontaires, sortez des rangs. »

Plusieurs secondes d'un silence dense. Personne ne bouge. Qu'importe, il continue son laïus et scande encore quelques slogans pour conclure cette fois par : « Pour la patrie, pour le Führer, pour la victoire, un triple *Sieg Heil !* » La troupe répète en écho *Sieg Heil.* L'effet est incroyable : certain d'avoir eu gain de cause, le général respire profondément en bombant le torse, et tonne à nouveau : « Volontaires, sortez des rangs ! » Mais le silence absolu lui répond. Il se penche et gueule, hors de lui : « Êtes-vous morts ! » Encore une fois, pas un ne bouge. Il a eu tort de commencer sa harangue par : « la guerre touche à sa fin ». Chacun se dit sans doute intérieurement : « Finissez-la sans moi ! » Furieux, le général SS descend de son estrade. « Soldats ! Je vais faire fusiller le premier rang de ces lâches ! » dit-il en parcourant les rangs et en cinglant sa botte de sa cravache. « Premier rang : trois pas en avant, marche ! » Il confère ensuite avec quatre *Sturmbannführer* (lieutenants SS). Je comprends vite qu'il n'est plus question d'une décimation salutaire. Ils font un tri. Du bout de sa cravache, le général SS désigne un sur quatre soldats environ, dans les premiers, deuxième et troisième rangs. Au cinquième, la proportion n'est plus guère que d'un sur six. Ceux qui sont choisis sont envoyés vers l'avant et stationnent autour de l'estrade. Au neuvième rang, la proportion d'élus n'est plus que d'un sur douze. Comme j'occupe le dixième et dernier rang, j'espère que le nouveau régiment SS se constituera sans moi. Nouveau conciliabule entre le général et ses aides. Ils comptent les hommes du centre. La sélection s'arrête. Je soupire. (Non. ils reviennent… mes ongles s'enfoncent dans mes paumes.) Au dixième rang, les cinq sélectionneurs se rapprochent dangereusement. Ils sont à cinquante pas sur ma droite. Mon dos se voûte. Je me ratatine, creuse mes joues et prends un air hébété ; nullement digne d'un SS. Je veux avoir l'air d'une loque, d'un type pas appétissant du tout. Je m'arrête de respirer ; en ne bougeant pas d'un cil, je me crois invisible. Mon cœur fait un bond : ils sont passés… Du coin de l'œil, je vois le moins grand des quatre qui s'arrête dans mon dos. Qu'est-ce qu'il fait là ? (Non, non. Pas maintenant. Pas maintenant, puisque ça va être la fin !) Je sens qu'on me tâte doucement les côtes du bout d'une cravache. Je regarde droit devant moi, incapable de penser, de bouger. Dans mon dos la poussée se précise, devient bourrade : « Alors, tu viens ? » Stupide, je m'avance à travers les rangs encore si denses des épargnés. Ah ! S'ils pouvaient m'absorber. Mais le lieutenant me suit des yeux. On dirait qu'ils s'écartent d'instinct pour me frayer un chemin jusqu'à l'estrade. « La vermine restante, rentrez dans vos baraques ! » Ne suis-je donc pas assez misérable pour en faire partie de cette vermine ? Cette vermine qui emporte avec elle mon espoir de vie.

79
Le livret

La grille est tombée soudainement derrière moi. Trop tard. Plus d'espoir ; aucune fuite possible. Les SS, comme une nuée de mouches noires bourdonnantes, se pressent pour nous entraîner et nous répartir vers les nouvelles baraques. Au vestiaire, chacun de nous reçoit un pantalon noir, une chemise noire, une veste noire, un calot noir à tête de mort. Il me brûle les doigts ce maudit uniforme ! Pourtant il va falloir le mettre et se présenter à l'appel dans une demi-heure. Dans quelques minutes il sera trop tard. Les autres s'habillent déjà. Les Russes ne feront certainement pas de prisonniers SS. J'avise mon *Scharführer* (sergent-chef) :

« Herr Scharführer, j'ai oublié mon *soldbuch* (livret militaire) dans ma baraque. Je vais le chercher. Je reviens dans cinq minutes. »

Mon chef de section fronce les sourcils, puis s'esclaffe :

« Quelle blague ! Chez nous vous n'en aurez pas du tout besoin.

– Dans mon livret, j'ai une lettre de ma mère. J'y tiens beaucoup. Vous comprendrez, je vous la ferai lire. J'en ai pour trois minutes. »

Il hésite. Je sens qu'il va dire oui. Avec un sourire, il laisse tomber :

« Changez-vous et, après le rassemblement, vous pourrez chercher la lettre de votre mère.

– Merci, Herr Scharführer », dis-je en me mordant les lèvres.

En faisant mine de me changer, je pense : « Mais comment me dissoudre dans mon unité quand j'aurai cet habit noir ? » Lorsque le sergent-chef est sorti, j'en profite pour me glisser dans le couloir. Je le vois : il est là, au bout, bloquant la porte, de dos heureusement. Il s'éloigne sans se retourner. J'attends qu'il sorte et, en deux enjambées je me retrouve en haut des marches, le dos collé au mur. Je le vois disparaître au coin de la baraque sur sa gauche. Comme je ne veux par rester à découvert, je me dirige à pas prudents dans la direction opposée. Au loin, à droite, ma baraque d'origine m'attire comme un aimant. Mais luttant contre l'instinct, je décide de prendre à gauche. Je suis maintenant pile au milieu de leur territoire ! Je m'efforce d'avoir l'air naturel en m'éloignant de la baraque SS et en virant à droite tous les cinquante mètres. Ainsi, je pense opérer un vaste cercle qui doit m'amener dans l'axe de la troisième compagnie. D'une seconde à l'autre, je m'attends à entendre dans mon dos un « *Halt !* » sorti d'une des baraques noires que je longe. Finalement, dans un état second, je franchis cette limite du régiment SS et, quelques pas tendus plus tard, je parviens enfin à rejoindre ma baraque. J'emprunte le couloir désert et entre dans les W.-C, puis je pénètre dans une cabine et referme doucement la porte sur moi. Exténué, je m'affale sur le siège des toilettes. Au seuil de l'épreuve, je veux goûter ce moment de quiétude, mais mon cœur cogne. Il me faut faire le vide. Je prends appui contre la chasse d'eau pour me détendre, mais je ne parviens pas à oublier un seul instant ce qui m'attend. Je suis en nage. Je ferme les yeux et aussitôt des images tourbillonnent dans ma tête : je vois mon sergent-chef albinos entrer dans la chambrée SS pour constater que son unité est prête. Ses petits yeux de lapin avisent la tenue noire sur le lit. « *Halt !* Où est l'homme qui doit mettre cette tenue ? » J'essaie fébrilement de me souvenir si, dans mon unité SS, un soldat venait de la troisième compagnie. Si c'est le cas, je suis cuit à brève échéance. Il m'exécutera ici même !

Soudain, une porte s'ouvre avec fracas. Je sursaute comme si j'avais pris 220 volts. J'entends des éclats de voix. « Cette fois, c'est la fin », me dis-je tétanisé. La porte de la cabine s'ouvre vers l'extérieur, pas moyen de me cacher derrière elle. Pour renforcer le loquet, je m'arc-boute en tirant sur la poignée. Je tends l'oreille mais je n'entends plus rien… Juste un bruit de robinet suivi de grands éclats de rire, puis la porte se referme. Je reviens de loin. Pour le moment, tout va bien. Si le sergent-chef ne m'a pas trouvé d'ici vingt minutes, c'est que mon absence n'aura été signalée par aucun copain de ma compagnie. Ma chance serait alors assez bonne : ils n'auront jamais le temps de fouiller les cent baraques, puisqu'ils doivent partir dans la soirée. Ne devrais-je pas tenter de me glisser dans une autre compagnie ? Et s'ils étaient déjà à ma recherche ? En changeant de baraque, je risque de me trouver nez à nez avec mon albinos. Rien qu'en y pensant, un frisson me parcourt tout le corps et je commence à claquer des dents. C'est un suicide de rester ici pendant trop longtemps. Hélas, la logique est impuissante face à cet instinct de bête qui m'a poussé dans l'endroit que tout désigne à mes poursuivants, et où je me cramponne à présent. Le protestant que je suis prie la Sainte Vierge à s'en péter les phalanges. Le dernier pisseur a éteint. Je craque une allumette et regarde à nouveau ma montre : il ne s'est écoulé pas plus de sept minutes depuis que je me suis réfugié dans ces W.-C. Le rassemblement est dans une demi-heure pour l'appel. J'imagine que mon sergent-chef ne partira pas à ma recherche avant, alors j'ouvre doucement la porte et prête l'oreille. Des pas résonnent dans le couloir. Vite, je me renferme dans la cabine. N'y a-t-il pas une chance pour que je sois seul de ma chambrée dans l'unité SS ? Je fais un rapide calcul : sur cent compagnies, on en a pris vingt à trente par compagnie pour former une centaine d'unités SS. Si la répartition est régulière chaque unité compte un exemplaire de chaque compagnie, et un seul. C'est un calcul assez simple mais je le refais plusieurs fois fiévreusement pour en être sûr. J'en arrive à la conclusion que mes chances ne sont peut-être pas si mauvaises, si je ne bouge pas d'ici… L'urine et les excréments exhalent une odeur épouvantable et me donnent l'impression qu'elle pénètre mes vêtements tant elle est forte. J'ai bien envie de m'allumer une cigarette pour tout masquer. À tâtons, je compte tristement les cinq cigarettes qui me restent. Voici plus de deux heures que j'ai faussé compagnie aux SS, et mon optimiste est à la merci d'une porte qui s'ouvre. Ces alertes répétées m'épuisent. Je ne serai tranquille que quand j'aurai entendu démarrer le régiment SS. « Ce soir », avait dit le général. À la lueur d'une allumette, je regarde ma montre : il n'est que cinq heures ! Mon angoisse n'empêche pas la torpeur de me gagner. Je risque de m'endormir dans ce noir. Il est plus de minuit quand j'entends un chant lointain qui s'amplifie puis décroît, un autre puis un autre, une vingtaine de fois. Des portières claquent. Ensuite, c'est le vrombissement des camions qui s'éloignent progressivement. Cette rumeur aurait dû me soulager mais curieusement elle ne me fait aucun effet...

Il y a maintenant une heure que ma panique s'est apaisée. La cause de ma tristesse m'apparaît. Jusqu'à maintenant, la peur masquait ma honte. Tout à l'heure, ce chant m'avait rendu brusquement solidaire de ces camarades que j'avais l'impression de livrer à la mort. Abandonner un camarade en détresse est encore plus lâche que de le voler... Le danger n'est-il pas passé ? C'est qu'il va falloir affronter Finch. Le héros des deux guerres ne voudra jamais réintégrer un déserteur dans sa compagnie... Et si, profitant du sommeil des copains, je me glissais dans mon lit ? En tout cas, j'ai conscience qu'il faut que je dorme pour être en forme demain.

8o
Drei Lilien

Un ronflement sonore me réveille en sursaut. C'est le mien. Ma montre m'indique que j'ai dormi une vingtaine de minutes. J'ose à peine imaginer à ce qui me serait arrivé si un pisseur nocturne m'avait entendu ronfler ! Du coup, je m'efforce de ne pas sombrer. Sur mon cadran, les heures se traînent… La meilleure des choses, sinon le pire, serait d'aller me confesser seul à seul à Finch dans son bureau. Je sais qu'il est toujours debout avant les autres. Il est cinq heures ; plus qu'une demi-heure à attendre. Quatorze heures que je me terre ici ! Je suis tout ankylosé. Sans bruit, je me traîne dans le couloir et avance lentement vers le bureau du Hauptfeld Webel. Un rai de lumière passe pas la porte entrouverte. Mais alors que l'envie me vient de détaler, j'entends Finch se racler la gorge. Je reconnais l'odeur de sa pipe… Et puis, je me dis tout bas : ma situation est impossible à défendre : il ne pourra me pardonner. Cet homme est ma mort assurée ! Cette pensée achève de me clouer sur place. Une voix basse profonde résonne dans le couloir : « hé bien, entrez donc ! » C'est comme une secousse électrique. En automate, j'avance un pas puis un autre jusqu'à la porte entrebâillée. Finch, la pipe à la bouche, a le regard plongé dans un registre. Je fais deux pas hésitants puis je claque des talons. « Soldat Ortlieb, à vos ordres mon adjudant ! » Il lève la tête et ses yeux fouillent les miens en silence pendant quelques secondes.

« Tiens, vous voilà, chante-t-il dans un sourire. Vous tombez bien. Vous êtes étudiant en médecine, n'est-il pas vrai ? Notre infirmier a été enrôlé par les SS. Vous le remplacerez ; voici une clé ; vous trouverez une petite voiture à bras, une sorte de poussette. Vous y mettrez la pharmacie. Ce soir, nous nous replions sur Ratzeburg près de Lübeck. »

J'ai envie de lui sauter au cou pour le remercier, mais je comprends à travers son regard qu'il sait pertinemment que depuis la veille j'ai tout fait pour ne pas être embrigadé chez les SS, et j'y renonce. L'air de rien, il replonge dans ses papiers, et me dit doucement : « Rompez. » Comme je ne bouge pas, il ajoute en souriant sans relever la tête : « Vous n'avez plus rien à craindre. Ils sont déjà loin. »

La clé ouvre un réduit dans lequel l'infirmier disposait même d'un lit pliant. Si je m'écoutais, je me coucherais pour piquer un somme. Plus sagement, je m'assois et je réfléchis : si les copains me posent des questions indiscrètes, je pourrai toujours me réfugier ici. D'ailleurs, ma fonction commande le respect. Et de toute façon, nous partons ce soir…

Dans le compartiment du train qui nous emmène à Hambourg, je suis seul avec ma poussette. Sur le quai, Finch nous ordonne de nous mettre en rangs parmi les gravats qui jonchent les ruines de la gare. L'air préoccupé, il nous inspecte d'un pas rêveur, rectifiant ça et là un bouton. Puis prenant du recul, il nous considère en silence. « *Drei Lilien* », commande-t-il enfin. Les yeux vagues, il écoute les trois couplets. Ça lui fait reprendre du poil de la bête. Chassant du pied un bout de vitre, il monte sur le tas de briques et se redresse :

« Troisième compagnie : Garde-à-vous… Repos. Vous allez pouvoir mettre en pratique ce que je vous ai appris et montrer ce dont vous êtes capables. Notre mission est une opération antichar. Cela se passera dans une étroite vallée étranglée en un goulet ; nous recouvrirons ce goulet de cinq rangées de *Tellerminen* (mines assiettes antichar). Les blindés américains passeront nécessairement par là pour aller à Lübeck. Ce fameux goulet, se trouve à soixante-seize kilomètres de l'endroit où nous sommes. Entre Hambourg et Ratzeburg, les voies ferrées sont détruites et les routes contrôlées par l'ennemi. Il faudra donc y aller à pied, en tout petits groupes, à travers champs ou par les sentiers. Vous marcherez par trois ou quatre. Gare aux patrouilles SS ; ils vous pendront à la première branche si vous ne pouvez justifier de votre présence. Alors n'égarez pas l'ordre de mission que je vais vous remettre. Départ immédiat ; rendez-vous dans la première ferme à deux kilomètres de la sortie sud de Ratzeburg. Des questions ? » Son laïus est suivi d'un long silence ; pas un de nous ne réagit, ne bouge ni ne questionne. Il distribue pourtant les ordres de mission et, lorsque mon tour arrive, il m'emmène un peu à l'écart de la troupe :

« Vous, c'est autre chose, la carriole de pharmacie vous retardera. Votre ordre est valable pour trente-cinq heures. De plus, vous aurez la charge de recueillir et de soigner les blessés légers éventuels. »

81
La pharmacie

Malgré la graisse dont j'ai copieusement tartiné les essieux, les roues de la voiture d'enfant grincent. Après avoir marché en silence à mes côtés pendant une demi-heure, Finch presse le pas et disparaît au loin sans dire un mot. Le soir tombe, et je comprends que j'ai parcouru à peine seize kilomètres en quatre heures. Pour me donner du courage, j'ai fredonné tout mon répertoire de chansons de marche mais, progressivement, la somnolence me gagne. Je m'efforce d'ouvrir un œil de temps à autre pour être sûr de ne pas perdre la route. Une sonnette tinte dans mon dos. Je regarde par-dessus mon épaule et je vois un soldat sur une bicyclette de dame qui me dépasse. Il met pied à terre quelques mètres plus loin et m'attend. Arrivé à sa hauteur, il me fait signe de m'arrêter. Autour de son cou il porte une minerve sous un uniforme de capitaine d'infanterie.

« Soldat, quelle est votre unité ?

– Troisième compagnie P.A.K. Herr Hauptmann.

– Hé bien, je suis votre capitaine. Où allez-vous comme ça ? »

Sur la défensive, je biaise :

« Je suis chargé de la pharmacie. Je dois rejoindre ma compagnie plus tard. »

Comprenant ma réserve, il sourit.

« Je vais à Ratzeburg. Vous avez un drôle d'accent ; d'où venez-vous donc ?

– Je suis alsacien, je lui dis vexé.

On se remet doucement en marche.

– Vous êtes jeune… Que faisiez-vous avant la guerre ?

– La médecine, Herr Hauptmann.

– Vous avez de la chance, avant la fin de l'année vous reprendrez vos études. »

Sur le bord du chemin, il ramasse un bâton et décapite d'un geste sec les chardons de l'année dernière.

« Regardez cette végétation, elle ressemble à ce ciel gris. Quand je pense que nous avions la France… Oui, nous l'avions. Il ne tenait qu'à nous de la garder ; de la dominer pour qu'elle nous choie, me dit-il en balayant cette fois d'un geste rageur une rangée entière de chardons. Qu'allions-nous faire dans les steppes de Russie ? Misère de misère ! » Il s'arrête tout à coup, soupçonneux :

« Êtes-vous engagé volontaire ?

– En aucune façon, je lui dis en mentant.

– Eh bien moi, oui ! Je me suis engagé dès le 1er septembre 1939. Et quand nous nous sommes rués sur la Russie, je m'en suis félicité jusqu'au 22 juin 1941. Deux ans de bonheur, dit-il en se remettant à marcher, ce n'est pas si mal ! Stalingrad m'a secoué, mais j'ai fini par comprendre que la forteresse Allemagne ne serait prise que de l'intérieur. Tant que l'Allemagne triomphait sur tous les fronts, tous ou presque, même les généraux froussards et raisonneurs, marchaient d'un seul cœur. Le Reich était invincible. En 1941, la Wehrmacht écrase la Yougoslavie en onze jours. Elle n'a – je ne me souviens plus du chiffre exact – qu'une centaine de tués je crois, et fait environ 300 000 prisonniers, peut-être un peu plus… Comme si un Allemand valait 2 000 Yougoslaves. Pourtant, ils n'étaient ni lâches ni désarmés, les Yougoslaves ! On comprend que Hitler n'ait pas hésité à attaquer la Russie et l'Amérique puisqu'il possédait l'arme absolue : la Foi ! Tous les espoirs étaient permis, si l'on songe que la population du globe n'est que cinquante fois celle de l'Allemagne. Le peuple sentait cela.

– Il a pourtant fini par succomber sous le nombre, osai-je.

– Le nombre ? Sottise ! dit-il en stoppant net et en me faisant face. Déjà, le ver était dans le fruit[54], oui ! L'attentat du 20 juillet 44 l'a bien

---

54 Cette expression : « le ver est dans le fruit » est utilisée pour la première fois en 1944, alors qu'Hitler se débat et lorsque commence son lent déclin

montré. La politique audacieuse du Führer a très tôt été sabotée par son entourage, le Haut Commandement militaire. »

Nous nous remettons à marcher. Je pense alors qu'il a dit tout ce qu'il avait sur le cœur, mais non, il poursuit :

« Beck[55], qui était notamment le chef de l'état-major général, s'opposa dès l'abord aux légitimes visées d'Hitler sur la Tchécoslovaquie ; il démissionna de l'armée en 1938 et fut l'âme d'un complot contre la vie du Führer, qui n'éclata que six ans plus tard. C'est triste pour le peuple… » Aux abords d'un lac, nous découvrons la présence d'un corps de ferme en partie détruit. « On va passer la nuit dans cette grange, propose le capitaine, elle a l'air de tenir encore debout. »

---

55 Ludwig Beck est un général allemand. Il était en réalité chef d'état-major adjoint de l'armée de terre Allemande. En juin 1934, contestant la politique agressive d'Hitler, il tire la sonnette d'alarme. En mai 1937, il estime que le « plan Otto » (*Fall Otto*) - l'expansion territoriale du Reich vers la Tchécoslovaquie - est trop ambitieux. Il produit de nombreux mémorandums pour que son supérieur, Werner von Fritsch, tente de faire changer Hitler de point de vue. Il démissionne le 18 août 1938 et se trouve confronté à la réprobation publique.

82
Le ver est dans le fruit

Depuis son tas de foin, le capitaine m'avait dit « bonne nuit ». Mais le matin, plus de capitaine : il s'était éclipsé. Il avait sûrement rejoint la tête de la compagnie… En attendant, ma main enfouit sous mon oreiller de fortune, bricolé avec une chemise remplie de paille, je suis bien et je n'ai pas du tout envie de bouger. Je finirais bien la guerre ici… Cette pensée traverse mon esprit dans un bâillement qui n'en finit pas. Le foin sent bon la paix. En définitive, la recherche de ma brosse à dents dans mon paquetage m'intéresse plus que la disparition du capitaine. Je finis par la trouver posée à côté de mon savon sur une poutre de la grange. Après avoir fait un brin de toilette (la veille, nous avions eu la prudence de remplir un seau à ras bord dans la rivière), je remarque que ma montre indique neuf heures quinze. J'avais dormi neuf heures ! Certes, Finch me manquait, mais je me sentais en sécurité.

En guise de petit-déjeuner, je déguste un morceau de saucisson à l'ail que je mastique longuement. Au camp de Schirmeck, je faisais la même chose avec le pain. À la différence que cette fois je suis mollement allongé dans la douce herbe fraîche qui sent si bon. Puis il m'arrive une chose inouïe : comme si j'avais honte de ce bonheur, j'ai peine à avaler ma dernière bouchée. Est-ce le contrecoup du risque couru hier ou le contraste avec le confort de ce matin ? Je folâtrais si bien tout à l'heure ! Pourquoi ne puis-je jouir un moment de la vie sans qu'une voix me reproche aussitôt de me vautrer dans une quiétude bourgeoise ? Pire, un bonheur presque animal… Oui, ce bonheur me dégoûte. Certes, maintenant que je suis repu, je puis bien cracher dans la soupe. J'aurai de nouveau faim tout à l'heure ; et si une saucisse ou une femme passent à ma portée, j'oublierai tout une fois de plus ; j'oublierai que je voulais être un dieu. Je me traînerai sur la viande, comme un ver. Cependant, je ne peux me faire à l'idée que mon manichéisme est un leurre, ou que je n'en suis pas digne. C'est pourtant simple : le mal, c'est la foule. Les fourmis, ce dont il ne reste rien ; le bien, la poignée d'hommes par siècle qui donne son visage à l'homme. Ceux-ci seuls comptent. Faut-il se garder de frayer avec les autres ? Pour les gens de la catégorie foule, les génies n'ont pas plus d'importance que les fioritures dont on décore les assiettes. L'affaire essentielle étant ce qu'on y met. Les génies sont des amuseurs ; pas à prendre au sérieux ; inutile de perdre son temps avec eux. Pour moi, les génies forment une famille à travers les siècles. Une seule chose importe : faire partie de cette famille. Pour en être, il faut s'assimiler à eux. À force d'écouter, bouche bée, les grands hommes, ils me sont devenus familiers. Je crois que ce sont mes frères aînés. Je joindrais ma voix aux leurs ; et on verra alors… Ô ma famille ! Rien d'autre n'a de sens ; surtout pas ce pauvre bonheur, fruit d'une vie de labeur obscur. Il faut rester disponible pour le *Grand Œuvre* ; ne s'engager dans aucune de ces carrières qui n'en finissent pas… Tout petit déjà, en me tâtant les omoplates, je croyais qu'il me poussait des ailes d'archange ; ma mère ne me détrompait pas. J'ai continué longtemps à prendre des moments d'ivresse ou des instants d'exaltation pour les vagissements du génie… Ô, joindre ma voix aux leurs… Et si je n'étais qu'un phonographe ? Couché dans ce foin, je viens de comprendre qu'alors que mon éthique refuse le bonheur, me réservant à l'extase, je suis d'une pâte jouisseuse ; je me vautre dans un sybaritisme d'autant plus grossier qu'il est inconscient. Cette soif d'absolu n'était-elle donc que la rêverie d'un jeune estomac de bourgeois repu, pour qu'elle ait si vite cédé à la faim toute charnelle du camp de concentration ? Ne suis-je plus qu'un ventre désormais ?

Après avoir visité le poulailler où je ne trouve ni poule, ni œuf, je me mets en route avec une boule au ventre : « Ne traînez pas », m'avait recommandé Finch.

83
Une jeunesse foudroyée

Ils avaient choisi un platane au fût droit et élancé. Sa branche la plus basse s'étendait bien à trois mètres au-dessus du chemin. On y avait passé une corde de deux mètres de long, au bout de laquelle se balançait un jeune soldat. Les vertèbres cervicales avaient dû se rompre, car sa tête pendait comme celle d'une marionnette désarticulée. Son calot gisait sur le sentier. Une mèche blonde lui cachait un œil. Un bout de papier épinglé à sa veste, portait l'inscription : *Feigling* (Lâche). Il devait avoir dix-sept ans, à peine. Je sentis remonter mon saucisson à l'ail et dégluti à plusieurs reprises. Pressant le pas, je me retournais de temps en temps, comme pour voir si personne ne me suivait. Tout en marchant, je songeai à ce que durent être les derniers instants de ce jeune homme tout juste sorti de l'adolescence. Je prenais conscience que, pendant que je dormais tranquillement, la guerre venait de finir pour lui. Était-il vraiment un déserteur ? Quel avait été son crime ? Finch nous avait prévenus de ce risque. Pourtant je n'arrivais pas à y croire. C'était triste pour ce gosse… Deux motos me dépassèrent en freinant brutalement dans un nuage de poussière. *Halt !* gueula l'un des SS. Après avoir épluché attentivement mon ordre de mission, ils fouillèrent sans mot dire la voiture d'enfant. *Los… los… Schneller. Sie sind noch weit von Ziel* (en route, plus vite, vous êtes encore loin du but), crièrent-ils en démarrant en trombe. C'était sûrement eux qui avaient exterminé ce môme. Je ne parvenais pas à détacher ma pensée du cadavre. Je m'en voulais de ne pas avoir coupé la corde… Si seulement il s'était caché dans la grange… Il était fait pour vivre encore cinquante ou soixante ans, ce gamin. Qu'on coupe des chênes pour faire des maisons, d'accord, mais un gamin !

Les actualités présentées à Fallingbostel montraient un Hitler souriant. Plaquée dans son dos, sa main gauche dissimulait un tremblement intense. On le voyait tapoter et pincer affectueusement la joue de volontaires de douze à quinze ans. Ces adolescents avaient un sourire franc, pur et vivant ; comme s'ils recevaient le prix d'excellence. Hitler leur apprenait à tuer et à être tué, au lieu de vivre. On acclamait ses paroles d'abnégation : « Il est totalement inutile que tu vives ; la seule chose importante, c'est que vive ton peuple ». Je revois encore ces images : les enfants riaient parce que chacun d'eux avait incendié au moins un char ennemi, et que Hitler épinglait sur leur poitrine la *Kriegsverdienstkreuz* (Croix du mérite de guerre de première classe). Depuis 1933, le peuple allemand flambait de ferveur mystique. Waterloo, c'était une journée qui consacrait la Grande Armée. Depuis plus d'un an, un peuple entier vivait un long Waterloo – hommes, vieillards, femmes et enfants – et s'armait dans la fournaise du désespoir où durcissait sa foi. Les généraux de l'entourage du Führer pouvaient vaciller, lui seul maintenant tenait la barre et le peuple suivait en criant : *Führer, befiehl, wir folgen dir !* (Führer, ordonne, nous te suivrons !) L'image du peuple martyr devait-elle être souillée par des égarés ? Et fallait-il pendre les rares soldats que la grâce abandonnait ? Le peuple vivant et mourant pour son messie pouvait-il tolérer qu'on le traite avec autant de mépris ? Le Führer abolissait la peur. Par-dessus la tête des traîtres qui l'entouraient il tendait à son peuple une main ferme. Chacun devait être fier de l'escorter vers l'abîme où il trouvait sa gloire. Les générations futures comprendraient-elles le sens de ce mariage ? Le peuple allemand avait fleuri douze ans. Il lui faudrait vivre un siècle comme un légume avant que s'élève la tige d'où jaillirait la fleur carnivore. On dirait que j'ai peur de me voir banni de cette religion des Seigneurs. Oh, ce qui vient de me traverser l'esprit n'est qu'un regard : je suis le voyeur de cet amour, un clochard dans cette salle des pas perdus ; je n'attends aucun train. Je n'ai ni amis ni ennemis. Dois-je aimer ces Alliés qui me rendront aux divins plaisirs de la table ? Ne voient-ils pas ce qu'ils écrasent sous leur déluge de feu ? Une fois de plus, une idée sera écrasée à coups de marteau… Qu'est-ce qui m'arrive ? Suis-je fou ?… Allons, pas de panique, c'est un mauvais moment à passer ; aucun danger que je devienne nazi : Zadig me sauvera de Siegfried. Cette digestion pénible fut souvent interrompue par des avions russes isolés qui volaient en rase-mottes et mitraillaient au hasard ce qui bougeait. À plat ventre dans le fossé, les balles me sifflaient aux oreilles. Ils avaient probablement repéré la voiture d'enfant sur le sentier. Mon paquetage était troué en plusieurs endroits ; mais il ne saignait pas…

84
Avril 1945

Vers le soir, je traversai Ratzebourg. Deux kilomètres après la petite ville, j'avisai le poteau : 3e K. PAK. Drôle d'endroit pour une rencontre : un vallon creux, dominé par deux collines parallèles. Une cachette pour s'y terrer jusqu'à la fin, ou s'agissait-il du goulet que nous étions censés miner ? L'adjudant-chef m'avait-il attendu pour sonner le rassemblement ? Pour le moment, il tournait le dos aux hommes alignés et s'absorbait dans la contemplation des collines. Un coup d'œil m'apprit qu'apparemment personne ne manquait, sauf le capitaine. Pas un déserteur. Il est certain que la personnalité rassurante de Finch y était pour beaucoup. Mettant fin à sa méditation il se tourna vers ses hommes : « Garde-à-vous. Vous avez suivi mes instructions, puisque vous êtes toujours là. C'est bien. L'ennemi n'est qu'à quelques kilomètres. Notre premier objectif est le camouflage. Il ne faudrait pas qu'un avion de reconnaissance nous repère. » Intuitivement, quelques-uns levèrent les yeux vers le ciel : le coin était si tranquille qu'on avait peine à croire que la bataille faisait rage autour de nous. « Ne vous y trompez pas, notre tour viendra ! Il faut qu'à midi nos mines soient posées »Tandis qu'il expliquait plus en détail l'opération, la nuit tombait et transformait rapidement les lieux. Au Nord, trois grands sapins dominaient la nappe brume qui remplissait notre cuvette. « Il est temps de vous reposer ; une grosse journée nous attend. Nous commencerons dès l'aube. Je prendrais les deux dernières gardes. Je veux que tout le monde dorme. Je ne veux pas voir la moindre lumière. Rompez ! »

La compagnie tenait dans une grande étable. Des bottes de paille étaient dispersées sur le sol en terre battue qui sentait la vache et le purin. Contrairement aux autres qui dormaient déjà, je ne défis pas ma couverture ; cette paille faisait office d'un confortable et moelleux duvet. La fatigue des soixante-seize kilomètres me donnait la sensation d'un délicieux vertige ; l'impression d'être couché sur le pont d'un bateau qui roule. Avant même d'avoir choisi une position pour dormir, je sombrai et, aussitôt, une rafale de mitrailleuse m'arrachait l'avant-bras droit. Je m'étonnais de ne pas souffrir. Je sentais mon bras ankylosé et ceci me réveilla : j'étais couché dessus. La sensibilité revint vite dans ma main, mais je ne parvins pas à me rendormir. Tout le monde ronflait, mais mon voisin de gauche passait les bornes : le gros Rumpelmeyer, cuisinier dans le civil, couché sur le dos et la bouche grande ouverte, émettait des rugissements entre-coupés de silences inquiétants ; plus ils se prolongeaient, plus le rugissement suivant était féroce. Au bout d'une heure de ce concert, n'y tenant plus, je me levai. À tâtons, j'enjambai les corps et je me frayai un passage vers la porte.

85
La question

Dans la nuit froide et étoilée, j'emplis mes poumons de cette forte odeur d'humus de bois, de feuilles, mêlées à celle de la terre humide. La forêt respirait. À part ce lointain ronflement, le silence était total. La guerre, elle-même, semblait être endormie. Je m'enfonçai sous les sapins pendant une cinquantaine de mètres, et je perçus ces mille rumeurs qui animent la forêt au début du printemps. Une joie égoïste montait en moi. Malgré l'action prévue pour tout à l'heure, je sentais que la guerre allait enfin se terminer. J'avais le sentiment que je lui survivrais. Je venais tout juste d'avoir 25 ans, et je ne pouvais admettre l'idée que ma vie s'arrêtait là. Soudain je sursautai : dans l'ombre, tout près de moi, une voix murmura :
« Vous pensez fuir… Hein ?

— Pas du tout, je…

— Le rat veut quitter le navire, on a flairé *l'opération-suicide*, n'est-ce pas ? »

Je reconnus sa voix. Il dégringola d'un poste d'affût de sanglier, atterrit à deux mètres de l'arbre contre lequel j'étais adossé.

« Allez-y, vous avez une chance, après tout. Les SS dorment peut-être et les Américains ne sont qu'à trois kilomètres. Mais moi, je ne dors pas », dit-il en armant d'un coup sec sa mitraillette qu'il pointa dans ma direction.

— Je vous jure que je ne voulais pas m'enfuir, dis-je en levant lentement les bras.

— Vous vouliez leur communiquer notre position et nos intentions, à vos amis ? La première fois je n'ai rien dit, mais là vous passez les bornes ! Je ne réveillerai même pas la compagnie ; une rafale suffira. Ah, vous n'êtes pas bête quand il s'agit de votre peau ! Seulement vous n'avez pas pensé à tout, voilà…

– Laissez-moi vous expliquer…

– Quoi, que vous ne vouliez rien leur dire ? De toute façon, ils sauraient vous faire parler, je vous jure. Et pourquoi avoir attendu d'être bien informé pour filer ? Depuis Hambourg c'était possible, non ?

– Je ne voulais pas partir. Je voulais faire quelques pas seulement. Cette nuit de printemps est si belle et je ne dormais plus.

– Au fond, vous êtes un romantique, n'est-ce pas ? C'est vrai que la nuit est belle et ne croyez pas que ça m'amusera de vous tirer dessus. Mais mettez-vous à ma place ; je suis responsable de mes hommes. Ainsi, petit futé, vous avez compris que cette mission était un suicide ! Ils ne sont pas fous les Américains ; dès qu'ils auront vu sauter sur nos mines deux ou trois de leurs chars, ils ratisseront tout le secteur et nous serons écrasés, nos bazookas à la main.

– Pourquoi alors respecter les ordres ? » Ma question provoqua chez Finch un énorme éclat de rire.

« Vous ne manquez pas d'humour… Pourquoi ? dit-il en posant sa mitraillette et en me faisant signe de baisser les bras. Oui, pourquoi, répéta-t-il sourdement. J'ai donné ma vie à l'Allemagne, je ne me suis jamais demandé pourquoi. Je lui ai sacrifié mes deux fils sur le front de l'Est et je n'ai pas voulu savoir pourquoi. Il y a longtemps que j'ai compris que l'Allemagne était perdue et j'ai continué sans me poser de question. Eh bien, sans m'être interrogé, je sais maintenant que tout est inutile.

– Mais pourquoi sacrifier vos hommes ? Ils ne savent pas, eux, que tout est perdu.

– Parce qu'ils ne le savent pas, précisément. Ils se battront comme des lions et feront une belle fin. » Il frotta une allumette et tira sur sa pipe. Le reflet de sa braise me montra un instant un visage grave qui m'était jusqu'alors inconnu. Je respectai le silence.

« J'aurais mieux fait de vous abattre tout de suite ! J'ai l'impression que vos doutes me gagnent… Trêve de plaisanterie, j'ai une chose à faire et je la ferai. Que deviendraient mes hommes s'ils apprenaient tout à l'heure qu'ils n'ont plus de chef ?

– Songez plutôt à votre femme : vous devriez lui faire un enfant de la paix.

– Rien que ça : un enfant de la paix !… Quelle drôle d'idée… Vous êtes désarmant… » Mais sa voix était triste et il ne riait pas. Il serra étroitement son écharpe, toucha sa croix gammée et s'adossa au tronc en soupirant. La brise ricanait dans les branches.

« Je puis vous l'avouer puisque vous allez mourir. J'ai comme le mal de mer. L'issue de la guerre n'y est pour rien. J'ai senti cela une fois en plein triomphe, alors que j'entrais avec les premiers à Paris. Le dégoût, l'envie de s'en aller ; l'impression que tout ce massacre est inutile. Ça passera, je vous assure… Quand viendra le ronronnement des premières chenilles, je serai guéri d'un seul coup… Ah, vous ne connaissez pas l'ivresse du combat ! Qu'un soldat affronte une compagnie ; qu'une compagnie se rue sur un régiment, et l'air est plus vif ; le ciel plus bleu ; la cendre prouve la flamme. Tu ris aux éclats tant que tu frappes et tu ne vois pas venir le coup qui te blesse. J'ai senti cela cent fois… »

Il se tut un long moment. Les premiers chants d'oiseaux se répondaient d'arbre en arbre. Il leva les yeux un instant, arquant les sourcils comme un signe d'étonnement.

« Peut-être ai-je vécu un jour de trop. On verra bien tout à l'heure… Quand mes deux fils sont morts à Smolensk, le même jour. Je les ai enviés. Oui. Enviés… Ne prenez pas cet air étonné. Le bonheur est de mourir à l'attaque. Seuls les vivants voient les ventres ouverts. Vous me conseillez de me rendre ? Allez, dites-le donc ! Déposer les armes ? L'abomination. Ah, je me sens trop vieux tout à coup. Pressentais-je ce qui m'arrive quand j'ai envié leur mort ?… Vous êtes content ? Vous avez fait du joli avec votre *enfant de la paix* ! Voilà que je penche la tête comme une petite femme. Héros ou femmelette, il faut choisir. J'aime trop m'attendrir, j'ai voulu être les deux et j'en paye le prix aujourd'hui. Dites donc, j'ai l'impression que vous êtes en train de sauver votre peau… Enfin, ça n'a plus grande importance, puisque tout à l'heure nous y passerons tous.

— Vous pouvez encore renoncer, ou du moins, retarder l'action de vingt-quatre heures.

— Vous êtes un drôle de soldat ! Ils peuvent venir d'une heure à l'autre et vous parlez d'un armistice unilatéral ! Si je m'arrêtais dans l'état où je suis, je ne trouverais plus l'élan pour repartir. La gracieuse femmelette aurait gagné. Pour l'instant, on peut encore compter sur moi. »

Était-ce le héros que je connaissais ? Volontaire à seize ans et n'ayant pas quitté l'armée depuis. L'homme fort, un des très rares sous-officiers décoré de LEKI *mit Schwertern* (croix de guerre avec épées).

86
Dieu et Père

Une étrange lueur blafarde et vacillante envahissait maintenant la clairière. Finch surprit mon regard et me dit d'une voix étrangement calme : « Ce n'est pas encore l'aube ». À l'Est, sur la colline qui bordait l'horizon, une demi-lune montait lentement. Dans un moment, le rayon qui se déplaçait doucement éclairerait Finch en plein visage. La clarté révéla une bétonneuse que je n'avais pas aperçue la veille. Voyant ma surprise, Finch dit dans un soupir : « Elle est sûrement là depuis le début ; elle attend la fin de la guerre. Beaucoup de maisons seront à rebâtir ; toute l'Allemagne sera à rebâtir. »

Il tapota les flancs de la machine qui rendit un son creux.

« Celui qui conduira cette bétonneuse ne sera pas un national-socialiste », dit-il songeur.

Comme le silence se prolongeait, je lui demandai :

« Comment avez-vous pu consacrer toute votre vie à la guerre ?

– Et vous, pourquoi avoir fait médecine ?

– Pour guérir les malades.

– Je peux comprendre le mécanicien qui répare une machine, elle est faite pour fonctionner et n'a pas d'autre sens, il est juste qu'on la répare. Mais un homme, pourquoi le réparer ?

– Pour qu'il vive, pardi !

– Vous pensez qu'il suffit de réparer un homme pour qu'il vive ? Pourquoi n'a-t-on pas réparé Mozart, alors ?

Je trouvais que sa question était saugrenue, mais je m'efforçais d'y répondre.

– La médecine n'en était pas capable… » Finch éclata franchement de rire.

« En êtes-vous sûr ? Mozart est mort de tuberculose, mais il
est mort de faim aussi. Ceux qui écoutaient sa musique n'ont pas
su prendre soin de sa vie ; on l'a laissé mourir. Il y a des tombes
pour les chiens. Il n'y en a pas pour Mozart. C'est curieux, non ?
Sans Louis II de Bavière, il n'y aurait ni Siegfried, ni Walkyries, ni
Tristan. Il faut des fous pour faire vivre les génies, et à part les fous
et les génies, les hommes ne songent qu'à manger. Mais les génies
sont rares. Et chose curieuse, l'humanité est assez absurde pour se
valoriser à ses propres yeux en se réclamant d'eux. Ils se disent le
peuple de Goethe et de Beethoven ! La vie de l'homme moyen n'a
pas de sens. Les fourmis sont plus nobles : elles se dévouent. Les
hommes ont mis au point une société où ce qu'ils appellent la liberté
revient à vivre en réalité chacun pour soi. Ils courent en tous sens,
sans jamais se rencontrer ; leur agitation fébrile n'a que pour seul
but d'éviter de se poser des questions. En réalité, ils ne savent pas
qui ils sont et où ils vont.

– Et que voulez-vous qu'ils fassent ?

– Se demander pourquoi ils vivent, parbleu ! Interrogez-les pour
voir ; vous serez édifié. Ne parlons pas des femmes ; leur vie est
tracée ; si elles refusaient de faire des enfants, il n'y aurait plus
de problème. Ne riez pas ; on mourait beaucoup en couches avant
Semmelweiss[56].

Il fallait de l'héroïsme pour faire un enfant. Et pour en garder
trois, on en faisait une douzaine en risquant sa vie chaque fois…
Voici donc cet enfant, si chèrement disputé à la mort. Qu'en faire ?
Un maçon, un tailleur, un boulanger ; pour loger, habiller, nourrir
ces gens ? Puis un retraité enfin, posé en équilibre sur sa fosse, en
attendant qu'un léger souffle l'y pousse ? L'enfant rêvait d'autre
chose. Je rêvais d'autre chose.

– Est-ce que cela compte, des rêves d'enfant ?

---

56 Ignace Philippe Semmelweiss. Médecin obstétricien hongrois qui œuvra pour l'hygiène.
Il démontra l'utilité du lavage des mains avant d'effectuer un accouchement ; le lavage
des mains diminuait le nombre des décès causés par la fièvre puerpérale des femmes, après
l'accouchement.

– L'enfant rêve de merveille. La vie devrait être une fête. Mais dès l'école on lui apprend à ne pas vivre. La société fabrique des morts-vivants. Si les hommes réfléchissaient, rien n'irait plus. Malgré l'école, l'adolescent cherche encore ce qu'il pourrait admirer, en quoi il pourrait croire. Que lui propose-t-on ? De l'utile et du raisonnable. On n'est pas honnête avec lui. Avant d'être enchaîné au système, il rêve encore un temps d'un patron qui ne serait pas l'homme qui ordonne mais celui qui inspire. Il finit par oublier. »

Caressant de la main sa mitraillette, il ajouta : « Vous savez, même dans une guerre totale, les hommes ne meurent pas beaucoup. Des unités entières sont presque exterminées, mais sur l'ensemble de la nation, la proportion est faible, dix pour cent, au maximum. Cela suffit à animer tout le peuple. Ceux qui mourront, comme ceux qui survivent, se sentent vivre pour la première fois. Le soldat en guerre est le contraire d'un condamné à mort. Chaque minute est la dernière. Il ne le croit pas vraiment, mais cette menace permanente suffit pour le faire vibrer d'espoir. Il fait l'expérience du bonheur. Il faut avoir traversé la boue pour connaître la joie de toucher une pierre quand on patauge. Finies les pompes funèbres pour cacher la charogne sous des montagnes de fleurs. Si nous voyons marcher devant nous un soldat tenant dans ses deux mains sa mâchoire broyée, nous pensons tout à coup à Berlin, où on ne trouve plus de voitures en sortant du théâtre, nous pensons à Mozart, et on se dit qu'on a bien de la chance de s'en être tiré une fois de plus. On ne sait toujours pas pourquoi on vit, mais qu'importe puisque cette vie peut vous être retirée d'une minute à l'autre… Et on a soif de chaque goulée de cette vie insensée. Qu'une lumière s'allume au loin, quelle importance en temps de paix, mais au combat on guette passionnément ce clin d'œil de la mort, et on s'aplatit vite sur la bonne terre, en l'écoutant siffler. Et il arrive que la guerre vous laisse dormir un peu. Alors, c'est un enchantement : la tête se pose mollement sur un oreiller, même si ce n'est que le pied d'un camarade mort.

– Pourtant ne dit-on pas : « Tu ne tueras point ».

– L'homme est bizarre : tuez un quidam, on vous tue ; tuez-en cent, on vous décore ; tuez-en cent mille, on vous couronne, à moins que vous ne soyez déjà roi ; tuez-les tous, on vous appelle Dieu et Père. À la guerre, on songe moins à tuer qu'à n'être pas tué ; c'est un duel avec une mort anonyme, invisible, toujours présente et il faut marcher, traverser la fournaise. On n'ose plus avancer, la peur au ventre, les jambes molles, puis soudain, on s'arrache à la terre, on s'arrache à la peur, on plonge en avant et on passe. Si on dort cette nuit, on fera un beau rêve ! »

87
Rose-Marie

Ma montre marquait huit heures et quart quand j'entendis siffler le réveil. Le soleil était haut déjà. Finch s'encadra dans la porte de l'étable : *Los, auf, ihr müden Fizer !* (Allons, debout, roupilleurs fatigués.) Son ton était mélancolique. Il devait être contagieux car la compagnie se traîna, sans son entrain habituel, devant la porte de l'étable. Lorsqu'enfin elle fut rassemblée dans la cour de ferme, il nous fit chanter l'hymne national ct ensuite, l'hymne nazi. « Qu'est-ce qui lui prend ? » s'étonna mon voisin à mi-voix. C'était, en effet, tout à fait inhabituel. La séance continua avec *Drei Lilien*, et la bonne humeur revint. Cependant, l'air grave de l'adjudant-chef m'intriguait. « Rompez les rangs », dit-il, après un silence tendu. Les rangs se disloquèrent, comme à regret. On eût dit que les hommes attendaient que leur adjudant-chef les rappelle. Il n'en fit rien. Je le suivis des yeux. Les mains derrière le dos, il se dirigeait vers la cuisine où Rumpelmever soufflait déjà sur la braise. « Pour midi, vous ferez des épinards », dit-il, l'air de rien. Le cuisinier le regarda, incrédule. « Vous voyez ces orties ? Je vais vous envoyer quatre hommes pour qu'ils coupent les jeunes pousses. Cuit, ça ressemble à s'y méprendre à des épinards. » Le ton grave contrastait avec la légèreté du propos. Se tournant vers moi, il me dit : « Voyez comme les gens s'adaptent vite à la paix. » Effectivement, assis sur leurs talons, des soldats jouaient aux cartes. Quelques isolés, mollement adossés à un arbre, lisaient.

« Nous devrions être en train de poser nos mines. Mais ce matin, je n'ai pas de courage. Qu'importe… » Il passa près de moi et, faisant allusion à notre discussion de la veille, il ajouta : « La nuit porte conseil ; on verra demain » Après le repas, Finch donna à ses hommes une explication embarrassée :

« À la guerre, il faut parfois savoir se reposer. Faites une bonne sieste ; demain ça ira mieux. Vous pouvez vous promener. Toutefois ne sortez pas d'un rayon de cinq cents mètres. Ce n'est pas parce que nous manquons d'un peu de viande que vous êtes autorisé à chasser le chevreuil, assez abondant par ici. Évidemment, si vous rencontrez sur votre chemin une de ces pauvres bêtes blessées, il n'y a rien à dire, il peut être charitable de l'achever… »

Je revins à la clairière où Finch m'avait surpris. Un sentier en partait, s'enfonçant dans la forêt. Je le suivis. Deux cents mètres plus loin, je vis une jeune femme : elle achevait de nouer une corde autour d'un énorme fagot et s'apprêtait à le charger sur ses frêles épaules. Elle me tournait le dos. Quand je lui dis doucement pour ne pas l'effaroucher : « Je peux vous aider ? », elle rougit et détourna son regard. « Non, non, répondit-elle précipitamment, non merci ! » Sans l'écouter, je jetai le fagot sur mon dos et continuai d'autorité le sentier. Comme elle marchait à mes côtés, je l'observais du coin de l'œil. Nos regards se croisèrent, mais elle détourna à nouveau ses yeux. Elle habitait une grande ferme qui était à l'abandon. Quelques poules faméliques caquetaient dans la cour. Je lorgnai la soue à cochons. « Il y a longtemps qu'il n'y en a plus », me lança-t-elle. Quand je me fus débarrassé de mon fardeau dans le bûcher, elle me remercia et me fit un petit sourire charmant, mais inquiet. Elle me tendit cependant la main et dit en rougissant : « Voulez-vous un verre de vin ? » Pendant qu'elle allait au cellier chercher la bouteille, j'examinai la vaste pièce : une grande cheminée ; une table où auraient pu s'asseoir douze personnes ; un énorme bahut, un lit, une antique pendule, un vieux fauteuil et quelques tabourets. Sur la cheminée, dans un cadre rococo, des paysans endimanchés se tenaient la main en fixant l'objectif d'un air craintif. « Ce sont vos parents ? » lui dis-je lorsqu'elle revint. Elle fit oui de la tête et ajouta : « Mon père est sur le front de l'Est ; mes deux frères aussi,

et tous les ouvriers de la ferme. Avant la guerre, on était douze ici. »
Avant la guerre, pensai-je, elle ne devait avoir pas plus de dix ans…
Elle repartit chercher des verres et, quand elle revint, elle ne me
proposa pas de m'asseoir, mais m'invita à trinquer. Elle me dévisagea un long moment et posa brusquement son verre sur la table. Cet
empressement me surprit et je la regardai. Ses petits pieds étaient
joints sur les dalles. Ses bras pendaient indécis le long de son corps
de ne point trouver où s'accouder. Ce vin était un filtre. Elle s'était
avancée et sa nuque était maintenant tout près de moi. Je respirais
à pleins poumons ses cheveux. Je voulais m'y perdre. Soudain,
elle leva la tête et dans ses yeux verts je crus percevoir comme une
attente. Je la serrai amoureusement dans mes bras. J'étais ému et
perdu. J'avais la gorge nouée. Elle pressa sa tête contre ma poitrine.
Je sentais son souffle saccadé et chaud.

« C'est bon de n'être plus seule, murmura-t-elle simplement.

– Pourquoi, es-tu seule ici ?

– Ma mère part tous les après-midi travailler à Lübeck et ne
revient qu'au matin. »

Des projets fous se bousculèrent dans ma tête ; j'avais une
alliée ; personne ne pourrait se douter que…

« À quoi penses-tu ?

– À rien… Comment t'appelles-tu ?

– Rose-Marie. »

Sa bouche m'attirait comme un aimant. Je murmurais son nom
plusieurs fois en l'embrassant. Je regardais ses yeux, son front, ses
lèvres, et lui demandais de bien vouloir s'asseoir doucement sur mes
genoux. J'embrassais longuement la paume de ses mains. « Comment peux-tu embrasser mes mains, elles sont si rêches ! » Elle se
leva et arpenta la pièce nerveusement.

« Depuis que ma petite sœur est morte, me dit-elle, ma mère voit
la saleté partout. Je passe mon temps à frotter et à lessiver. Avec ma
petite sœur, je dormais peu, mais elle était ma vie. Son berceau touchait mon lit. Dès qu'elle criait, je me levais et la promenais dans la
chambre, en chantonnant, jusqu'à ce qu'elle se rendorme dans mes
bras. Viens voir », me dit-elle en me tendant la main.

Aussitôt, elle m'entraîna vers un cagibi dont elle ouvrit la porte comme s'il s'agissait d'un trésor. « Ma mère voulait le brûler, mais je l'ai caché là… » Elle se pencha sur le berceau vide. Elle pleurait. Je la pressai contre moi. Elle me devenait chère ; je m'en sentais responsable ; je pensais aux hordes d'Américains qui allaient bientôt déferler. Je ne me faisais plus d'illusions sur notre opération antichar. À la guerre, on ne peut dire « à demain ». Ce fut pourtant ce que je lui dis après l'avoir embrassé tendrement. Elle me reprocha gentiment mon mutisme ; elle-même se taisait. Nous nous comprenions si bien que nous pouvions déjà accepter nos silences. Je me sentais à présent étranger à ma compagnie. Dans cet univers brutal et bestial, Rose-Marie était-elle le sourire et la paix ?

88
Avant la chute

Le lendemain, Finch nous fit un discours bref et énergique où il expliquait que notre intervention lui apparaissait comme un suicide. « Vous creuserez deux larges fosses, du genre fosses à betteraves, vous entasserez dans l'une les T Minen[57] et vous alignerez dans l'autre les bazookas. Vous recouvrirez le tout de deux mètres de terre. Il ne faut pas que l'ennemi puisse les récupérer. Même chose pour les grenades. Je garderai mon revolver et six fusils. Vous briserez les cent trente autres contre les arbres. Par la suite, vous enterrerez les munitions. » J'avais la tête ailleurs. Je pensai à Rose-Marie. Il devenait urgent de fuir avec elle. Mais où et comment ? « Vous commencerez par les fusils, pour vous mettre en train. » Finch ne semblait pas en forme. Il ne devait guère avoir dormi. Il avait les traits durcis et creusés, et de grands cernes lui donnaient l'air malade. Il fallait un certain courage pour prendre cette décision. « Apportez-moi un fusil. » Personne ne bougea. L'air sombre, il alla prendre un fusil des mains d'un soldat. Il fit trois pas, jusqu'à un tronc, hésita un instant, regarda le tronc, baissa les yeux sur le fusil. Le silence était glaçant avant cet acte sacrilège. Il saisit le fusil par le canon, fit un grand moulinet et le frappa violemment contre l'arbre. La crosse vola en éclats et le canon se plia presque à angle droit. Puis il marcha d'un pas saccadé et rapide vers la forêt. La compagnie était restée alignée sur la place. Personne n'osait bouger. Près d'un quart d'heure plus tard, il réapparut. Quelqu'un cria : « *Achtung* », et les

---

57 Mine anti-char.

hommes se mirent au garde-à-vous. « C'est bien », dit-il d'un ton las. Puis il passa en revue sa compagnie, homme par homme, rectifiant la tenue des fusils. « Le fusil est la fiancée du soldat, vous allez vous en séparer. Je sais que c'est difficile. Venez l'un après l'autre jeter votre arme ici. Premier rang ! » Le premier soldat s'avança. Le visage fermé, il marcha vers Finch, hésita un instant et jeta à regret son fusil. Finch lui tendit la main, mais le soldat ne la prit pas. Finch haussa les épaules, puis, se ravisant, le rappela. Comme il arrivait à sa hauteur, il lui décocha un formidable coup de poing à la mâchoire, puis se pencha sur le soldat écroulé pour lui offrir sa main. Ce dernier la prit en se protégeant instinctivement la figure de l'autre main. À compter de cet instant, plus personne ne refusa la main de Finch. Les fusils, les bazoukas et les grenades furent ensevelis sous des brouettes de terre.

Dans l'après-midi, je m'échappais et courus jusqu'à la ferme pour retrouver mon amie. Elle était au bord des larmes. « Je croyais que tu ne viendrais plus ! Toute la matinée, j'ai entendu des coups sourds dans la forêt ; que faisiez-vous donc ? » Je la consolais de mon mieux et ne répondis pas. Malgré ses protestations, je la quittais vite en l'assurant que je ferais mon possible pour passer l'après-midi et une partie de la soirée du lendemain avec elle. J'avais dit cela pour la rassurer, mais ne savais pas du tout comment je tiendrais ma promesse.

En me dépêchant de rejoindre le camp, une idée germa. Je venais de faire un sérum antitétanique à un soldat qui s'était blessé en brisant son fusil. Je n'aurais qu'à déclarer à Finch que j'avais un besoin urgent d'ampoules et que je devais en chercher à l'hôpital de Lübeck. J'y gagnerais l'après-midi. Je pensais lui dire cela vers une heure de sorte qu'il ne m'envoie pas dès le matin, ce qui ne ferait pas mon affaire. La matinée du lendemain se traîna. Les hommes étaient désœuvrés. Finch, hagard et sombre, faisait les cent pas en fixant le sol. À l'heure du repas, je lui expliquai la chose. J'y mis sans doute trop d'insistance, puisqu'il me regarda d'un air narquois : *Strrkrampf... Was ist das für ein Krampf !*[58] (Le tétanos,

---

58 La traduction littérale de krampf est : tétanos. « Krampf », en allemand, peut signifier crampe mais aussi blague. Il s'agit donc là d'un jeu de mot.

qu'est-ce que cette blague !) Devant mon air navré, il me donna tout de même mon ordre de mission.

Dès mon arrivée à la ferme, Rose-Marie me fit visiter les moindres recoins, sauf sa chambre. « Pourquoi tu ne me la montres pas ? » dis-je, d'un air faussement contrarié. Elle ne me répondit pas, hésita un instant, puis brusquement m'entraîna à l'étage. Dans sa chambre, elle avait son air inquiet du tout début. Elle refusa que je l'embrasse, m'interdisant même de m'asseoir sur son lit. Elle voulait que l'on redescende tout de suite en bas. Elle se tenait debout dans l'encadrement de la porte, tournant une boucle de ses cheveux autour de son doigt, les cils baissés, les lèvres serrées, ne sachant que faire. Finalement elle descendit l'escalier me laissant seul un long moment. Alors que je me demandais si les choses allaient en rester là, elle réapparut quelques instants plus tard à l'instant même où j'envisageais peut-être de m'en aller. Elle s'assit à l'autre bout du lit sans rien dire, toute droite, les mains croisées derrière le dos.

Il n'y eut pas de lutte mais un lent et tendre apprivoisement ; chacun s'efforçait de ne pas décevoir l'autre. Quand je lui dis que je l'aimerais toujours, elle douta de ma sincérité et son visage s'assombrit. Peu de temps après, elle insista pour que je reste. « J'ai peur de te perdre si tu retournes là-bas. Je te donnerais des vêtements civils et te cacherais dans la grange. Ça ne sera plus long maintenant, tu verras. Nous nous verrons tous les jours, tu pourrais même rester ici. Ma mère ne monte jamais dans ma chambre. Tu ne t'ennuieras pas en m'attendant, pendant que je serais avec ma mère. Regarde tous les beaux livres que j'ai !... » Sa proposition commençait à m'intéresser, mais je sentais le besoin d'y réfléchir. Je ne sais pourquoi mais quelque chose me poussait à passer une dernière nuit avec mes compagnons. Mais surtout, je désirais revoir Finch une dernière fois. Ce sont des choses qu'on n'explique pas à une femme amoureuse. Je voulais et ne voulais pas ; je parlementais ; j'argumentais à tort et à travers lorsque je m'aperçus qu'elle s'était endormie. Elle était allongée toute nue sur un volumineux édredon rouge. Sa pudeur avait fondu.

89
Deutschland über alles

À mon retour, je trouvais le camp plongé dans l'obscurité. Rien d'étonnant à cela : Finch interdisait la moindre lumière. Il y avait cette surprenante quiétude ; pas cette agitation habituelle précédant le repas du soir. Assis sur une souche, l'air absent, Finch regardait au loin. Lorsqu'il me vit, il eut l'air étonné de me voir comme s'il ne m'attendait plus ; il se désintéressa vite de ma présence et retomba dans sa stupeur. Je lui fis cependant mon rapport : l'hôpital ne pouvant me servir, je devais revenir le lendemain. J'avais préparé des réponses aux objections qu'il ne manquerait pas de faire. Mais je ne m'attendais pas à ce mur… Les yeux dans le vague, il fit le geste de chasser une mouche. Je me dirigeais vers Rumpelmeyer qui fourrageait dans une casserole, seul point animé, dans ce château de la Belle au Bois dormant. « Qu'est-ce qui se passe ici ?

– *Weisst du nicht dass der Bluthund tot ist ?* (Ne sais-tu pas que le chien sanguinaire est mort ?) Je m'éloignais, frappé, plus par la nouvelle que par le ton outrageant. Mort ! Celui auquel tout un peuple s'était voué, corps et âme, pendant douze ans, dans une fidélité suicidaire ? Mort ! Celui qui avait bouleversé le destin de tant de nations ? Encore une bonne nouvelle qui ne me faisait pas rire… Je me dirigeais vers un groupe de soldats accroupis auprès d'un petit poste de campagne. Ils attendaient, dans un silence recueilli, le communiqué officiel. Progressivement, des ombres convergeaient vers nous. Bientôt, toute la compagnie se trouva réunie. Finch au dernier rang. Rumpelmayer, un peu à l'écart, avait enlevé son tablier. La marche funèbre de la 3ᵉ symphonie de Beethoven fit passer un frisson sur les têtes penchées en avant. Le speaker annonça le grand amiral Karl Dönitz[59]. Une voix grêle et inconnue s'éleva : « Wehrmacht allemande, mes camarades. Le Führer est tombé. Fidèle à sa grande idée de sauver l'Occident du bolchevisme, il a engagé sa vie et a trouvé la mort. Avec lui s'en est allé un des plus grands héros de l'histoire allemande. Avec un profond respect et dans un deuil immense, nous inclinons sur lui nos drapeaux. Le Führer m'a désigné comme son successeur. Mon premier devoir est de sauver les Allemands de l'anéantissement par l'ennemi bolchevique en marche. C'est seulement à cette fin que continue le combat. »

La consternation se lisait maintenant sur les visages. Le *Deutdchland über alles* résonnait dans la nuit comme une marche funèbre. Finch s'écarta du groupe, définitivement abattu. Les hommes ne dormirent guère, cette nuit-là. Dans l'ombre et les chuchotements, la légende s'élaborait déjà. Sans prendre congé de personne, je quittais ma compagnie tout de suite après le repas de midi. Je m'attendais à être interpellé par mon adjudant-chef, mais il me suivit du regard, l'œil vide, sans réagir… Cet homme me manquerait. C'est idiot, mais j'aurais voulu lui dire au revoir. Je sentais combien je lui étais attaché et faillis renoncer à Rose-Marie. Je m'éloignais, tête basse. Rose-Marie m'attendait. Elle me laissa à peine le temps de déposer mon sac et m'entraîna vers sa chambre. Joyeuse, elle me montra le coin qu'elle m'avait préparé. Une table, des livres, une pipe et le pot de tabac de son père. Près du lit, un bouquet de primevères. Enfin, sur la chaise, soigneusement plié, un habit du dimanche qui m'était destiné. Elle insista pour que je l'essaie tout de suite. Quand j'eus ôté ma veste militaire, elle se jeta dans mes bras. L'essayage pouvait bien attendre…

Il fait nuit noire quand nous nous réveillons. « J'ai faim », me dit-elle, en se serrant contre moi. Entre deux baisers, nous évoquons en paressant le bon repas que nous allons faire. Soudain, elle saute du lit et sort précipitamment de la chambre. Affublé de la robe de

---

59 Karl Dönitz, est un Großadmiral allemand. Après avoir mis sur pied la flotte sous-marine allemande, Adolf Hitler le désigne par testament comme son successeur à la tête du Troisième Reich. Karl Dönitz est honoré du titre de grand-amiral …

chambre de son père, je la rejoins en bas. C'était la première fois que nous mangions ensemble. J'avais beau me dire que j'étais heureux et que tout allait bien, je me sentais mal à l'aise dans ces habits, amoureusement retouchés.

Une colline, couverte d'aubépines, domine le camp. C'est la troisième fois que nous nous y rendons avec Rose-Marie. Nous sommes étendus dans un buisson de bruyère en fleurs. De loin, j'observe avec nostalgie le va-et-vient de mes camarades. Finch, debout près de l'étable, semble regarder dans notre direction en tirant sur sa bouffarde. Évidemment, il ne peut nous voir. Près de moi, Rose-Marie s'est faite toute petite et ne bouge pas. Une voiture décapotable entre dans la cour à vive allure, et s'arrête brutalement à deux pas de Finch. Un officier en descend et lui braque aussitôt un revolver sur la tempe : un Russe, je le vois à ses larges épaulettes. Des secondes passent où ils parlementent. Le Russe finit par rengainer son arme. Finch sort son sifflet et donne le signal du rassemblement. Prenant un peu de recul, il parcourt des yeux les rangs de ses soldats. Je revois la place que j'occupais. Je regrette de ne rien entendre du bref discours qu'il leur tient. Je vois que le Russe s'impatiente. C'est alors qu'un chant monte dans la vallée. Je regarde Rose-Marie. Elle esquisse un sourire. Je ne peux lui répondre. J'ai la gorge nouée. Jamais je n'entendrai plus *Drei Lilien*. Quelque chose se retourne en moi et me déchire littéralement le cœur. Je les vois, mes camarades, s'éloigner, en ordre parfait, en colonne par quatre. Pourquoi sont-ils aujourd'hui encadrés par quelques soldats russes, l'arme au poing ? La tête de la petite troupe s'enfonce dans la forêt. Pendant des secondes encore, le vent de d'Est m'apporte des bribes de notre chant, puis tout se tait. *Geht alles vorüber*[60], conclut Rose-Marie, philosophe. Je me sens sale, et ses baisers ne parviendront pas à me laver. Elle m'aimait et je ne m'aimais pas. Je savais que ce dégoût de moi-même allait me chasser en avant, loin de ce témoin de ma désertion. Pourtant, le dernier râle de l'agonie aurait dû me remplir de joie : il faisait de moi, un vainqueur, un *Français*. Malgré cela, Rose-Marie redoublait d'attentions. De mon côté je m'effor-

---

60 Littéralement : il (le chant) passe au-dessus de tout.

çais de m'extasier devant les napperons qu'elle brodait. Je ne faisais que mimer les gestes de l'amour. Plus j'étais absent, plus elle s'épanouissait. Folle qui berce son ami mort, elle me chantait des romances…

90
La vérité

Un matin, je fus éveillé par des sanglots. Rose-Marie était agenouillée sur le carrelage. Son corps était traversé de spasmes. Je voulus l'embrasser pour la calmer. Elle me repoussa. Puis, tandis que j'allais renoncer, elle s'abandonna. Ce soir-là, après avoir partagé un repas dans le silence, elle se planta devant moi et dit gravement : « Tu vas me quitter. Je sais que tu ne m'aimes plus… » Je protestai de mon mieux, mais elle secoua la tête et me mit la main sur la bouche, en me faisant un pauvre sourire.

« L'armistice a été signé hier. Te voilà redevenu français. Le bonheur de la victoire t'attend là-bas. Va-t'en ! Laisse-moi… J'ai été bête. (Elle se mordait les lèvres pour ne pas pleurer) Je sais que tu m'oublieras », ajouta-t-elle.

J'avais une grande envie de l'embrasser. Je voulais aussi lui dire que je l'emmènerai. Tout cela était faux. Je la serrai dans mes bras et la couvris de baisers. Elle me répondit avec une sorte de frénésie. En l'embrassant, une voix désespérée criait en moi : « Mais dis-lui la vérité, parle-lui, sans la blesser. Mais parle-lui donc ! » Mais je ne dis rien. Par instants, une lueur d'espoir illuminait ses yeux humides. Le lendemain, elle me glissa au bras un brassard qu'elle avait confectionné pendant que je dormais, en taillant dans ses robes : la bleue, la blanche, la rouge. Je n'avais rien décidé ; c'est elle qui me remettait mon passeport et mon billet de retour. Silencieusement, elle me poussa jusqu'à la porte et détourna la tête lorsque je voulus l'embrasser. Avant de disparaître, je me retournai une dernière fois. Elle avait le visage fermé et me regardait partir en se tenant toute droite et immobile devant sa porte. Après avoir parcouru un kilomètre, tandis que j'apercevais au loin l'église de Ratzebourg, j'entendis courir derrière moi. Je me retournai et eu la surprise de voir la silhouette de Rose-Marie. Elle se jeta littéralement dans mes bras. « Je n'ai pas pu m'empêcher », m'avoua-t-elle dans un sanglot.

91
Les affaires sont les affaires...

Je ne sais d'où cette insouciance m'était venue ; j'avais emprunté le grand escalier de l'hôtel de ville en montant joyeusement les marches quatre à quatre. En principe, je venais pour me faire recenser en tant que... Français. Mais quelques instants plus tard, j'étais devant le major Dean et déclarais être médecin. Était-ce la sympathie, ou simplement un certain flegme britannique ? Le major ne pipa mot. Il ne me demanda pas mes papiers et m'observa d'un air pensif à travers la fumée de son cigare. Après m'avoir examiné de ses petits yeux gris, il semblait enchanté d'avoir à sa disposition un médecin, et me proposa sans hésiter le poste. Ressemblais-je à un médecin français qui se met au service de la couronne ?

« Vous tombez bien, me dit-il d'entrée de jeu, nous avons un grand besoin de médecins. Nous avons près d'un million de personnes déplacées. Elles ont été refoulées de tous les coins de l'Europe en suivant la retraite des Allemands, et se trouvent aujourd'hui massées ici, dans l'arrondissement de Lübeck-Ratzebourg. Chaque jour, une cinquantaine de femmes accouchent, à terme, ou plus souvent avant terme, sans compter une cinquantaine de vieillards qui meurent de privation et d'épuisement. Et parfois de suralimentation brusquée. Et ne parlons pas des nourrissons... Ceux qui résistent sont vraiment blindés. Sans parler des égouts qui débordent à chaque instant. Comme la plupart de ces malheureux couchent par terre, je vous laisse imaginer la suite... »

Pour donner le change, j'acquiesçai d'un air grave.

« Vous me signalerez tous les contagieux. Une épidémie serait pire qu'un tapis de bombes dans ces conditions d'hygiène déplorable. Il s'agit de tenir quelques semaines. Après cela, la Croix Rouge arrivera en force et prendra le relais, m'a-t-on promis. Enfin, eux aussi sont débordés. Je ne dormirai tranquille que quand tous ces gens auront pu être rapatriés chez eux. Eh bien, me dit-il pour conclure, je vous souhaite du courage. Et surtout, n'oubliez pas l'urgence : les contagieux… Je vais vous faire un papier que vous présenterez aux M.P.[61] qui vous interpelleront. » Je refusai poliment le cigare offert. Un instant, le major Dean hésita, tint sa plume en l'air et me dit : « Vous avez une voiture ? » Ma réponse négative lui fit hocher la tête, et il continua sa rédaction. Après avoir signé et tamponné le document, il me suggéra : « Une auto vous serait sans doute utile… Vous en voulez une ?

– Oui, major », dis-je sans réfléchir.

Il ouvrit son tiroir de droite et me tendit des clés. Il ajouta une note au laissez-passer.

« Je ne vous donne pas de bons d'essence ; vous n'aurez qu'à présenter ce papier et on vous en fournira. Nous venons de la réquisitionner il y a à peine une heure ; c'était la voiture du maire de Lübeck. Un salaud. Allons, bonne chance ! »

Le brassard que m'avait confectionné Rose-Marie avait fait bonne impression. Le major y ajouta celui de la Croix Rouge.

Non, c'est vraiment trop beau pour moi, me dis-je en voyant la superbe auto noire, toute neuve, à quatre portes, une Hanomag, type Kurier ; une belle limousine, une voiture de maître ! Je pris place sur le siège du conducteur pour faire le point : jamais je n'avais fait d'accouchement, sauf des simulations sur mannequin et, pour tout arranger, je ne savais absolument pas conduire ! « Comment faire ? » me demandai-je en suivant distraitement les évolutions nonchalantes d'un grand blondin qui traversait le garage en balançant au bout de son bras un seau, à l'intérieur duquel flottait une éponge dans une eau noirâtre. Et si c'était ma chance ? En quelle langue l'interpeller ? J'essayai le français. Un sourire d'impuissance

---

61 Military police.

me révéla ses dents de cheval : un Hollandais ! Je savais que certains comprenaient la langue de Gœthe. Je décidai de m'adresser à lui en allemand : « J'ai besoin d'un chauffeur pour cette voiture. » Aussitôt ses yeux brillèrent d'intérêt.

« Je suis un bon chauffeur, un excellent mécanicien aussi. Je suis votre homme !

— Je vous nourrirai, mais je ne puis vous donner de gages, du moins pour le moment. »

J'ignorais ce qu'allait me rapporter ma nouvelle fonction. Le major Dean ne m'avait rien dit à ce sujet. « D'accord », me dit le mécanicien tout joyeux. Il déposa son seau, enleva sa salopette, passa une veste et, après m'avoir ouvert la portière respectueusement, se glissa au volant fièrement et démarra. Décidément, les formalités étaient réduites au minimum en ce moment. Plus tard, lorsque nous prenons de l'essence, là aussi ça marche comme sur des roulettes : le caporal fait le plein, je signe un bon et ne débourse pas un seul centime (que je n'ai de toute façon pas). Tout est si simple. Il doit y avoir un os quelque part. Je demande à Gert de nous arrêter sur le bas-côté et d'ouvrir le coffre pour vérifier s'il y a une trousse à outils. Je trouve qu'il en met du temps ! Je descends pour voir. Face à l'arrière béant, Gert est planté la bouche ouverte et les yeux ronds comme des soucoupes. On dirait un nourrisson affamé devant un sein gonflé. Aucun outil : tout l'espace est pris par un sac. Je n'en ai jamais vu d'aussi grand. Il est bourré, mais de quoi ? Je referme en hâte et dis à Gert de nous conduire à quelques kilomètres, dans la forêt de Ratzburg, loin des regards. Je suis impatient de savoir, mais je reste prudent.

Dans cette clairière isolée, j'ai la surprise de ma vie : du sac ouvert s'échappe une avalanche de petits grains vert pomme : du café vert ! Il y en a sûrement plus de cent kilos. Une véritable for-tune. « Gert, je crois que je vais pouvoir vous payer des gages », murmurai-je, tout en me disant que la population allemande privée de café pendant six ans, serait prête à payer n'importe quoi pour s'en procurer… Le maire de Lübeck s'était sans doute hâté d'emballer ce qu'il possédait de plus négociable avant de tenter de prendre la fuite. On voyait, à côté du sac, une pile de cornets vide. Le maire avait tout prévu. J'en remplis un avec l'intention d'en faire cadeau à Rose-Marie. Je recommandai à Gert de m'attendre sagement mais, par prudence, je pris la clé sur le tableau de bord. Je m'enfonçai dans la forêt pour rejoindre la ferme qui se trouvait à proximité. Tout était fermé et Rose-Marie n'était nulle part. Déçu, j'attendis pendant une bonne demi-heure. Je décidai finalement de laisser le paquet de café contre la porte avec un mot. Mais qu'écrire dessus ? « Avec tout mon amour » ou « Au revoir et à bientôt » ? J'hésitai longtemps. Dérisoire tout ça… Je laissai là le paquet anonyme, et m'éloignai tristement. Quand je pense que deux heures plus tôt je la serrais amoureusement dans mes bras.

Lorsque je revins près de la voiture, Gert, une peau de chamois à la main, astiquait consciencieusement les chromes. Du plus loin qu'il me vit, il me lança : « Il faudra le vendre au moins 20 *Deutsche Marks* les cent grammes, Monsieur. » J'échafaudais des plans sur la comète : je me demandais si je ne devais pas officiellement loger chez Rose-Marie. Le café serait plus en sécurité à la ferme. Gert viendrait chaque matin me chercher en voiture pour faire mes visites, et la mère de Rose-Marie ne pourrait que se féliciter d'avoir un hôte si bien placé. À cette perspective, une bouffée de joie m'inonda… Pourtant je sentais bien que quelque chose clochait, et je renonçai à cette possibilité. Avant toute chose, il était urgent que je me trouve un logement.

92
French doctor

Gert me trouva un trois-pièces chez un vieux couple, dont les deux enfants avaient été dévorés par le front de l'Est. Il m'aida à hisser mon trésor dans l'appartement. Frau Klug, la logeuse, ouvrit de grands yeux, mais n'osa pas me poser de questions. Elle deviendrait, par la suite, ma première cliente. Au tarif où elle me payait mon café, j'aurais pu vivre chez elle nourri et logé pendant dix ans. Le soir même, je communiquai mon adresse au major Dean. Le résultat ne se fit pas attendre : tandis que je fumais une cigarette anglaise en dégustant mon vrai café du matin – le premier, depuis des années – ma logeuse frappa à ma porte. Elle devançait un enfant d'une dizaine d'années, à l'épaisse tignasse noire et crépue. Sans dire un mot, celui-ci me tendit un papier écrit au crayon qui invitait le *french doctor* à suivre l'enfant de toute urgence. Je me sentais dans mes petits souliers. Je pris la trousse que j'avais reçue du major Dean au gosse, et le questionnai pour savoir de quoi souffrait le malade. En allemand, en anglais, en français, je répétai ma question avec autant de succès que si j'avais parlé à un sourd-muet. Mes efforts pour me faire comprendre finirent par l'amuser, et je vis aussitôt mon prestige fondre d'un coup. J'aurais bien aimé savoir ce qui m'attendait pour tenter de me remémorer, chemin faisant, les bases de la médecine. Cette préoccupation devait me donner un air inquiet, peu compatible avec le sang froid qu'on s'attend à trouver habituellement chez un médecin car, pris d'une soudaine angoisse, je m'en mordais les lèvres nerveusement. Il fallait, à tout prix, éviter de perdre la face devant l'entourage du malade, et devant le malade lui-même. Le gamin fut émerveillé en découvrant la belle voiture, mais lorsque Gert (il avait entre-temps dégoté une authentique casquette de chauffeur) m'ouvrit respectueusement la portière, il demeura un long moment interdit, la bouche ouverte. Cette comédie corrigeait visiblement, l'impression minable produite tout à l'heure. Lorsque nous fûmes arrivés aux abords d'une espèce de bidonville, l'enfant nous désigna une baraque branlante, comme en possèdent les cantonniers pour ranger leurs outils. Une lampe-tempête pendait au plafond bas, diffusant une lumière blafarde dans la cambuse. Des exhalaisons de vomi, d'urine et de soupe aux choux rendaient l'air irrespirable. Comme je n'y voyais rien, je demandai à Gert de chasser les curieux qui s'étaient agglutinés devant la porte d'entrée et qui masquaient la lumière, puis de l'ouvrir en grand pour faire pénétrer le beau soleil de printemps et aérer la pièce. Le diagnostic ne fut pas difficile : la malade gisait dans un coin sur quelques sacs de jute. Je m'accroupis ; son ventre énorme me masquait son visage. Une ancêtre décharnée était assise à ses côtés. Elle avait de longs cheveux blanc filasse qui touchaient presque le sol. « Elle va mourir, elle va mourir… », répétait-elle en embrassant fiévreusement les mains de la parturiente.[62] L'enfant s'était jeté à genoux près de sa tête en sanglotant : « Maman… Maman… » Quant à moi, cela me rassura de voir que ce n'était pas une primipare[63]. Je les écartai vivement du geste et de la voix, et appliquai mon stéthoscope sur le cœur de la jeune femme. La vieille arrêta ses gloussements en me voyant froncer les sourcils. Le cœur était bon. Rapide, mais bon. Elle avait tout de même pensé à préparer de l'eau chaude qui frémissait dans un coin de la pièce : une grosse bassine, posée en équilibre précaire sur un petit réchaud à pétrole. J'arrachai les cartons qui masquaient la fenêtre. Un flot de lumière pénétra enfin dans la pièce. On put refermer la porte. Tandis que je me brossai longuement les mains au savon antiseptique, je me remémorais mes connaissances, tout en

---

62 Femme qui accouche.
63 Une femme est primigeste lorsque sa première grossesse est en cours, et primipare lorsqu'elle accouche pour la première fois.

jetant autour de moi un regard sévère, impénétrable et d'une apparente dignité. « Sachez attendre, disait mon professeur d'obstétrique à Fribourg. L'accouchement n'est pas une maladie. C'est physiologique. Il faut surveiller, mais attendre. » Attendre… Pas facile, avec cette vieille qui me tirait par la manche en me suppliant dans son jargon de faire quelque chose. Six ou sept fois déjà, la femme avait poussé un petit cri suivi d'un long gémissement. Cette fréquence des contractions m'indiquait qu'elle était en plein travail. Le toucher me montrait un col presque entièrement dilaté, de sorte que je pouvais tâter une fontanelle qui prouvait une tête engagée dans la meilleure position possible. Le plus difficile était fait. Les contractions devinrent de plus en plus rapides et prolongées. C'était le moment de la calmer. Je lui expliquai comment respirer largement entre les douleurs. J'étais épaté d'avoir repéré du premier coup, avec mon stéthoscope, le tic-tac très rapide du cœur fœtal. J'avais eu le soin de faire préparer les serviettes, et même une petite couchette pour le bébé. Entre les contractions de plus en plus rapprochées, la femme me souriait. Elle n'avait plus cet air d'affolement et de détresse. Elle avait confiance. À dilatation complète, la poche des eaux se rompit. C'était le signal. Presque tout de suite après, l'expulsion commença. Des cheveux crépus et noirs apparurent à la vulve. J'appuyai sur cette tête pour l'empêcher de sortir trop brutalement et, de mon index droit, j'accrochai le menton à travers le périnée. Je fis signe à la femme de cesser de pousser, d'ouvrir grand la bouche et de respirer vite, comme un petit chien. La tête pivota lentement autour du pubis. De la main gauche, j'empaumai la partie occipitale du crâne ; millimètre par millimètre, je contrôlai le dégagement de la face. La tête apparut toute entière ; je la tirai doucement vers le bas, pour faire venir une épaule, puis l'autre sortit presque toute seule. Le reste de l'enfant glissa comme un poisson hors du ventre de la mère. Je le pris par les pieds la tête en bas. Quelques secondes passèrent en silence. Je me demandai avec angoisse si j'allais être obligé de réanimer le nouveau-né. Puis mon doute s'effaça lorsque j'entendis un cri vigoureux. Sa figure devint rouge comme une tomate fripée et il souffla à toute vitesse. L'accouchement avait tout au plus duré un quart d'heure. Tandis que poussai un long soupir de soulagement, la mère me fit un sourire reconnaissant. Après avoir coupé le cordon entre deux pinces, je lui présentai le nouveau-né. J'avais eu de la chance : tout s'était déroulé presque sans mon intervention.

93
Défunte trilogie

La médecine générale est un monde de pièges. Ne serais-je pas plus tranquille si j'avais des livres ? Sans perdre un instant, je dis à Gert de me conduire à Lübeck où j'achetais plusieurs manuels. Je m'y plongeais le reste de la journée. Rétrospectivement, je pris alors conscience des risques que j'avais fait prendre à la mère et son enfant. Perplexe, je constatais que d'avancer au radar me donnait une certaine assurance, mais que celle-ci, désormais, me serait refusée. Je comprenais que ces livres n'auraient d'autre effet que de faire trembler ma main en me révélant l'abîme vertigineux de mon ignorance. Je décidais d'en faire un usage parcimonieux (par exemple après une visite) pour vérifier le cas échéant si mon diagnostic était valable. Les plus grands médecins ne sont pas à l'abri d'un pépin. Moi, je devais les éviter à tout prix. La moindre erreur risquait de donner lieu à des contrôles. J'aurais aimé que ma réputation fût assise sur mes résultats, mais je savais que l'estime que l'on m'accordait était due au « paraître » ; ce n'était pas mon savoir-faire qui en imposait : c'était la voiture et le chauffeur. Un jour, je fus l'objet d'un accueil méfiant, lorsque je m'étais rendue à une consultation à pied. Cette malencontreuse visite m'avait convaincu de ne plus parcourir cent mètres sans ma belle auto. Il s'agissait d'être prudent ; de ne pas prendre de risques. Mais les patients étaient beaucoup trop nombreux. Au mieux, je ne pouvais que répondre à un millième de la demande potentielle. C'est pourquoi je décidais de me faire discret ; mieux valait une activité de demi-retraite. Pour cette raison, je m'éclipsais un après-midi sur deux pour me détendre et nager dans le lac, proche de Ratzeburg, avant de terminer la nuit à Lübeck.

À l'issue d'une nuit passablement arrosée, alors que je sortais d'un bar à l'aube, je perçus comme un bruit d'abeilles. Était-ce dû à la quantité d'alcool que j'avais absorbée ou à l'âme des morts grouillant dans les décombres ? Errant dans les rues, je découvrais tout un peuple à genoux ; un peuple à quatre pattes, empilant des briques en murailles larges et hautes. Humble et muette, la vie reprenait. Demain, les bétonnières sortiraient des forêts. Lentement, le martyr se muait en passion. Quelle fougue animait donc chaque jour jeunes et vieux ? Au faîte d'un pan de mur qu'elle semblait protéger, une baignoire grotesque pendait au bout de ses tuyaux. Il flottait une banderole en loques, triste vestige du parti national-socialiste, où l'on pouvait encore lire : *Ein Volk, ein Reich, ein Führe* (un peuple, un Reich, un Führer), défunte trilogie. Triomphant, le soleil immortel se levait…

94
L'imposteur

Un jour, vers midi, j'eus la visite d'un petit homme replet : le docteur Bloch. Il ôta sa toque de velours noir qu'il posa délicatement sur une chaise. Découvrant sa boule striée de veinules bleues, il me tendit une main moite. « Excusez-moi, cher confrère, je n'ai pu vous faire passer ma carte, je n'en ai pas encore, n'est-ce pas… Pour qu'il n'y ait pas d'erreur sur ma qualité, je vous prierai de jeter un œil sur ceci, n'est-ce pas… » Il me tendit un papier, identique au mien signé de la main du major Dean.

« Notre métier est le plus beau qui soit, qu'en pensez-vous ? Mais j'ai trop de patients, n'est-ce pas… J'en ai trop, voyez-vous, beaucoup trop, n'est-ce pas…

– Moi aussi », dis-je sur mes gardes.

Ignorant ma remarque, il poursuivit :

« Quelle responsabilité nous avons là. Mais, entre confrères, il faut s'entraider, n'est-ce pas ? » Il commençait à m'agacer sérieusement avec ce *n'est-ce pas* à répétition !

« Eh bien, voilà l'affaire que je vous propose : je cherche un associé. Vous êtes jeune et dynamique. Il vous plaira sûrement que je vous cède, pour ainsi dire, tous mes nouveaux patients. Ne me remerciez pas ! Il faut s'entraider. Qu'en pensez-vous ? Bien entendu, je vous laisserai un bon pourcentage sur vos honoraires.

– Je ne perçois jamais d'honoraires », dis-je sèchement.

Il eut l'air choqué. Il plissa ses yeux, qu'il avait petits, et s'approcha à quelques centimètres de mon visage.

« Enfin… entre confrères ! Ce serait fâcheux si on ne parvenait pas à s'arranger, ajouta-t-il avec une nuance de menace.

– Avez-vous déjà signalé au major Dean des cas de maladies contagieuses ?

– Grand Dieu, non !

Pour ma part, j'en avais fait isoler une vingtaine ; ce sujet n'intéressait pas le docteur Bloch ; il était tout à son affaire et n'aimait visiblement pas qu'on le questionne.

« Eh bien, moi, j'ai eu plusieurs cas, notamment une scarlatine au cou proconsulaire remarquable, et une diphtérie avec une belle langue framboisée… » Pince-sans-rire, je venais d'intervertir volontairement les symptômes bien connus pour tester ses connaissances. Le docteur Bloch ne broncha pas, et avec sérieux répéta machinalement mes mots, hochant la tête, comme pour se les fixer en mémoire. Ma religion était faite, mais je voulus pousser à l'absurde :

« Il faut s'entraider, dites-vous. N'est-ce pas cher confrère ? Vous avez raison. Justement vous tombez bien : j'ai un cas difficile, et je suis sûr que votre grande expérience m'éclaircira certainement… », et je lui dégoisai une avalanche de mots savants ; un kaléidoscope où je mêlais à plaisir l'anatomie, la physiologie, l'astronomie, la paléontologie, l'égyptologie et la pathologie, en terminant chaque tirade par une question précise. Le pauvre docteur Bloch faisait peine à voir. Ne parvenant pas à s'en tirer en recombinant prudemment mes mots, il prétexta que toutes ces questions auxquelles il ne parvenait pas à répondre touchaient aux plus grands mystères de la vie.   ·

« Mais c'est théorique tout ça, vous savez, dit-il dépité. Croyez-en ma vieille expérience : dans la pratique médicale, il convient, avant tout, de simplifier. Qu'en pensez-vous ? Ajouta-t-il avec un sourire niais.

– Eh bien, pour simplifier, je vous dirai en un mot comme en mille : vous êtes un imposteur ! Un danger public. Vous n'avez pas la moindre notion de médecine, et vous avez l'audace de me faire des propositions louches ! Je devrais vous dénoncer au major Dean. Débarrassez-moi le plancher en vitesse ! »

L'air déconfit, Bloch ne se fit pas prier et disparut sans dire un mot. En vérité, ce qui me foutait en rogne n'était pas une vertueuse indignation, c'était le fait de constater que le papier du major Dean (que j'avais fini par considérer comme un diplôme de médecin) ne valait rien en somme, puisque le major l'attribuait même à des êtres visiblement aussi incapables que ce guignol ! Quelques jours plus tard, j'appris qu'il s'était fait arrêter, non pour incapacité médicale, mais parce que, bijoutier de son état, il avait tenté de reconstituer son stock en pillant systématiquement ses clients.

Deux soirs par semaine, on fait la queue devant ma porte pour m'acheter du café. Lorsque j'extrais une mesure (l'équivalent d'un petit verre à moutarde) de mon sac rempli de grains verts, le silence est total et la famille regarde ce nectar, l'œil captivé. Il arrive qu'un ou deux grains s'échappent et roulent sous le mobilier. Un frisson parcourt l'assistance, jusqu'à ce que le père, n'y tenant plus, se mette à plat ventre, enfonce son bras ou sa tête, ou les deux, sous un meuble, et ramène triomphant au creux de sa main les grains sertis comme des perles, dans un nid de poussière laineuse. Après l'avoir nettoyé, il le remet dans sa boîte en soupirant : *Für jedes Körnechen ist es Schade* (il serait dommage d'en perdre le plus petit grain).

95
Le mépris

J'essayais de compenser mon dégoût pour ce négoce en faisant de petits cadeaux de café à mes clients. À tout prendre, ces petits grains me donnaient une vraie aisance. Je m'équipai peu à peu : costumes, linge, fines bouteilles. Mon portefeuille gonflait, le magot d'or vert diminuait à peine. Et puis ce capital ne me permettait-il pas de refuser généreusement tout honoraire ? Je ne manquais de rien… Pendant cinq ans, ma seule préoccupation avait été de sauver ma peau ; c'était légitime dans une guerre dangereuse qui ne me concernait que par ses menaces. Ça laissait cependant un sale goût dans la bouche. La guerre était finie, et au lieu de rentrer chez moi, j'en étais encore à pratiquer des combines de survie, alors qu'en réalité ma situation n'avait rien de misérable ; je nageais dans l'opulence. D'ailleurs, ce mépris de moi-même ne me venait que de loin en loin, lorsque par exemple je digérais mal un copieux repas. Finalement, j'étais presque content de mon sort. Le gisement paraissait inépuisable ; le trésor presque intact. Je m'habituais même aux odeurs de cette poubelle de l'Europe. Sur des kilomètres, débordant largement les limites de la petite ville, les campements s'étalaient à perte de vue. La police américaine essayait, sans grand succès, de contrôler cette fourmilière. Ça et là émergeaient, entre les cartons grossièrement assemblés en guise d'habitacle, des familles hagardes. Certains poteaux portant le numéro des différents districts étaient arrachés et servaient soit à étayer une baraque, soit comme combustible pour faire bouillir une misérable pitance. La nuit, cette odeur douceâtre, écœurante, mêlée de charogne et de crasse, persistait. Mais, étrangement, le spectacle perdait toute laideur sous le ciel étoilé. Le jour, c'était le désert. Tout le monde se terrait, mettant en pratique l'expression populaire *qui dort dîne*. À défaut de vodka, quelques Polonais, ivres morts d'alcool à brûler, erraient comme des zombis aux abords des ruines. D'autres faisaient de dangereuses razzias dans les fermes et bourgs voisins. Jusqu'à une heure avancée de la nuit, personne ne dormait plus. L'air tiède de juin venu de la Baltique, mêlé à cette forte et enivrante odeur du varech, nous poussait à chanter. Sous les étoiles, des feux groupaient plusieurs maisons de carton et les guitares donnaient un air de festin aux pommes volées, cuites sous la cendre. Mais il fallait faire attention où l'on mettait les pieds. Il convenait de raser les baraques pour être sûr de ne pas marcher dedans. Lorsque je m'approchais d'un feu, parfois on me reconnaissait et les chants s'arrêtaient brusquement. Alors on se poussait pour me faire une place, et on m'invitait à goûter au plat. Il arrivait que ce fût une côte de porc. Elle était toujours très dure, sans doute parce que la malheureuse bête s'était longtemps débattue.

96
Katlinka

Avec Katlinka, notre rencontre fut simple et rapide. Elle se déroula le jour où je fus contraint d'enlever une chemise gorgée de crasse pour ausculter une patiente – une Estonienne de plus de quatre-vingts ans – qui, affolée, se leva de son grabat en criant que je tentais de la violer. Cette jeune femme, Katlinka, accourut enturbannée d'une serviette d'où s'échappait une boucle brune où perlaient encore des gouttes d'eau. Elle me fixa d'un regard noir de ses yeux qu'elle avait en amande. Je crus qu'elle allait me lacérer la figure de ses ongles, mais non : sans transition, elle partit d'un rire nerveux et cristallin en prenant conscience du grotesque de la situation. « Il faut d'urgence que je vous parle de votre grand-mère », dis-je en prenant sa main pour l'entraîner à l'extérieur, derrière la cabane. Adossée à une planche, ses bras minces derrière la nuque, elle me regardait d'un air railleur débiter de minutieux conseils pour le bien-être de sa grand-mère. Bien qu'elle n'écoutât que d'une oreille distraite mes propos, la passion – exagérée – qui m'animait parvint par contagion à rosir son joli visage.

« Vous aimez la danse ? ».

« Oh oui, beaucoup », me répondit-elle en pointant d'une façon si charmante une langue rose entre ses incisives. Et le soir même, nous dansions. Serrée contre moi, elle se laissait bercer en valsant, abandonnant sa tête sur ma poitrine.

« Je suis sûre que, demain, tu en feras danser une autre », dit-elle la moue boudeuse en levant des yeux suppliants dans l'inquiétude de ma réponse.

Je protestais énergiquement et tentais de la rassurer. Son rire explosa. Elle était comme ça, Katlinka : elle jouait, et au moment où je plongeais dans cet abîme à son secours, elle s'en amusait. Elle était rayonnante de bonheur. Elle me confiait parfois des choses si fantastiques et qui touchaient à des sphères si mystérieuses et si poétiques, que je me faisais prendre à chaque fois. D'ailleurs, en vérité, elle ne jouait pas : elle voyait des spectres autour d'elle. Kat ne résistait jamais à l'appât d'un vrai café arrosé d'un authentique cognac français.

« Tu veux m'ausculter ? » murmura-t-elle, cachant sa confusion au creux de mon épaule, tandis que je déboutonnais sournoisement sa chemise brodée.

Cette nuit-là, nous nous donnâmes l'un à l'autre passionnément, comme si nous sentions que c'était la dernière.

97
Le major Dean

Dès que le pont aérien entre Lübeck et les capitales de l'Europe fut ouvert, le major Dean me demanda de surveiller le rapatriement des malades. Tous les lundis, j'allais le matin les pointer sur ma liste quand on les embarquait dans l'avion. Envieux, je suivais des yeux le *Dakota* avant qu'il se perde à l'ouest, vers Rome, Belgrade ou Paris. Cette vision me hantait le reste de la journée. « Un infirmier ne suffit pas, affirmai-je au Major Dean : un *médecin convoyeur* s'impose, s'il faut, par exemple, pratiquer d'urgence une transfusion. » Il me regarda, étonné :

« Sauf en de très rares occasions, nous n'avons pas prévu de *médecin convoyeur* pour les malades rapatriés. Tout ce que je peux faire, si vous y tenez, c'est d'avancer votre départ. Je le regretterais, parce que vous êtes utile ici.

— Je ne veux pas partir, major. Je veux seulement faire un aller-retour.

— Je ne comprends pas : on ne vous laissera même pas sortir du Bourget. »

À vrai dire, je ne comprenais pas moi-même. M'évader pour 24 heures, loin de ce chaos ? Mettre le pied en France, ne serait-ce que quelques heures ? Le major Dean résistait, parce qu'il pensait que je voulais m'éclipser. J'aurais pu simplement lui dire que je n'y songeai pas, que j'étais à l'aise dans ma fonction, ce qui était vrai, mais il m'était impossible de mentionner les racines de mon attachement à Ratzeburg-Lübeck : Katlinka… et Rose-Marie. Finalement, je parlementais si bien que le major Dean me remit mon ordre de mission de *médecin convoyeur*. À l'aérodrome, ce fut une toute autre histoire : sur le tarmac, je m'égosillai pour couvrir le bruit assourdissant du va-et-vient des avions. « Qu'est-ce que vous dites ? Aucun convoyeur n'est prévu pour ce transport. Nous sommes complets. Le major Dean n'a pas autorité pour décider une surcharge. » Les choses finirent par s'arranger : un des rapatriés était mort et comme on n'emportait pas de cadavres, je pris la place du mort… Oubliant mon baptême de l'air, j'écrasais mon front au hublot. Le temps était très clair et je découvrais la triste réalité qui défilait sous nos yeux. Les villes mortes ressemblaient à des taches plates rongées de lèpre. Une mince traînée brunâtre s'étirait de gauche à droite et après, les villes ne ressemblaient plus à des ulcères gris mais à de fines mosaïques. « Ça y est, on a passé le Rhin, nous sommes en France, criai-je en secouant l'épaule de mon voisin. Regardez !

– Et alors, c'est là qu'on va, non, bougonna-t-il en se tournant.

Et moi qui croyais que l'avion tout entier se mettrait à chanter la Marseillaise… Ce n'est pas un chant pour soliste. À l'arrivée, je voulus embrasser la terre de France, mais ce geste, si longtemps espéré, me parut tout à coup incongru. Je voulus serrer la main d'un policier français, mais il me dit : « Pressons, pressons » en me poussant vigoureusement vers une masse d'un millier de personnes, agglutinées dans un angle de l'aéroport. Cette foule s'écoulait lentement par des portes marquées de A à Z, percées dans une immense tente kaki. Je m'informais auprès de mon plus proche voisin : « Service d'épouillage et de rapatriement », dit-il, laconique, entre ses dents.

– Hé, il y a maldonne, je ne suis pas rapatrié !

Indifférent, il haussa les épaules et s'éloigna.

Qu'il est difficile de se dégager d'un essaim qui vous serre de tous côtés ! Il fallait retourner à l'avion en vitesse ; dès qu'ils m'apercevaient, sans rien écouter, des sous-officiers obtus me chassaient vers la masse qui pénétrait inexorablement à travers ces maudites portes. J'allais être happé par la porte H, lorsque j'aperçus à dix mètres un képi d'officier. Jouant des bras et des coudes, je me hâtais vers lui en agitant mes papiers. « Vous êtes en France ; le major Dean est anglais, il n'a pas autorité ici, vous n'avez qu'à suivre la file comme tout le monde ! » Gonflant l'importance de ma mission à Ratzeburg, sans parler bien entendu, de la vie que j'y menais, j'insistais. « Je doute que vous ayez une chance, me répondit-il, votre Dakota ne prend que du fret au retour. Il n'y a d'ailleurs presque jamais de convoyeur dans ces transports, et quand il y en a, ils ne font que l'aller... Débrouillez-vous. Je ne veux pas le savoir... » Je n'en demandais pas plus. J'aidais à charger les caisses et me dissimulais derrière l'une d'elles.

Gert ne m'attendait pas à l'aéroport de Lübeck, et j'allais de surprise en surprise : la voiture n'était pas garée dans la rue de Ratzeburg, ma porte était ouverte et l'appartement totalement vidé de ses meubles et, pour clore le tableau : mon café et toutes mes affaires avaient disparu ! La minuscule chambre d'hôtel, que j'avais été bien heureux de trouver, sentait fort l'iodoforme. J'étais châtré. « Vous ne m'aviez pas parlé d'un chauffeur, dit le major Dean en fronçant les sourcils. Je vais le faire rechercher. Mais avec cette pagaille, il y a peu de chances... Toutes vos affaires, dites-vous ?... Même votre trousse ?... Que comptez-vous faire maintenant ?

— Je voudrais être rapatrié, dis-je piteusement.

— Bon, je vous ferais signe ; mais les listes d'attente sont longues. »

98
Le retour

Finalement, je ne pus partir que quinze jours plus tard à bord d'un vieux *Junker*, brinquebalant et vibrant de toute sa tôle, pour arriver au Bourget le 10 juillet à midi. Après l'épouillage, je fus renvoyé de bureau en bureau. Mes déclarations ne devaient correspondre à aucun des schémas prévus, puisque les employés s'agaçaient et m'adressaient à d'autres collègues. Cela tourna bientôt à l'interrogatoire. Mon nom à consonance allemande n'arrangeait rien. Plus le temps passait, plus je devenais suspect. J'avais beau m'expliquer, ces messieurs du deuxième bureau s'en foutaient royalement et me dévisageaient d'un air suspicieux. Ils décidèrent finalement de m'embarquer. Je passais cette première nuit au poste et, le lendemain, l'interrogatoire recommença de plus bel. Ils cherchaient un criminel de guerre, un tortionnaire d'un camp qui correspondait apparemment, trait pour trait à ma physionomie. Ils ne m'avaient fouillé qu'une fois, mais superficiellement. Le carnet des amours de Marie-Jo que j'avais dissimulé dans une doublure de ma veste, leur avait échappé : j'eus soudain l'idée de leur signaler, et, quelques instants plus tard, ils se le passèrent, de main en main en ricanant.

« Qu'est-ce que tu en penses ?

– Oh, une histoire de fesses, répondit un petit binoclard bossu à l'air rusé.

Cela ne prouvait pas grand-chose, sauf peut-être que j'étais français, ce dont ils avaient toujours douté. Ils s'étaient lassés de m'interroger, et trouvèrent ce prétexte valable, pour en finir.

À Paris, j'eus tout juste le dernier métro. Ma sœur ne m'attendait pas et il était une heure du matin. Je n'avais pas d'argent français et me réfugiais sous l'escalier, dans le hall de son immeuble, pour piquer un somme. C'était peu confortable et les effluves de pisse de chat ne faisaient rien pour arranger les choses. Je passais le reste de la nuit à somnoler et à attendre que le jour se lève. Mon beau-frère, que je ne connaissais pratiquement pas, m'ouvrit la porte, tout endormi. Ma sœur Madeleine me versa un bol de café au lait en me bombardant de questions. Je tombais de sommeil, et le lui dis. Le lendemain, je partis retrouver mon père, à Ribeauvillé.

Ma sœur l'avait prévenue de mon arrivée, et il avait déjà tout combiné. « Assez perdu de temps, me dit-il sans m'embrasser. Il y a deux mois que la guerre est finie ; où est-ce que tu as encore traîné pendant tout ce temps ? Demain, tu iras t'inscrire à Strasbourg. Il y a des semestres accélérés, dans ton cas. Il va falloir que tu te mettes au travail d'arrache-pied (c'était une de ses expressions favorites), il ne s'agit plus de flâner. Il est urgent de rattraper dare-dare toutes ces années où tu n'as rien foutu. Et maintenant, file au lit ! On reparlera de tout ça demain matin. »

Moi, j'avais une tout autre idée de programme…

« Mais Papa, c'est la veille du 14 juillet. Il y a une immense fête, un feu d'artifice monstre, tout le monde dansera, toute la nuit, dans la rue. Je veux y aller.

– Il n'en est pas question, tu entends, pas question !

– Mais enfin, cela fait cinq longues années que j'attends ce 14 juillet d'après-guerre. Je ne veux pas rater ça !

– Malheureux, à peine arrivé, tu ne songes de nouveau qu'à te distraire !

– J'ai 25 ans. Je suis majeur et je veux voir ce feu d'artifice !

– Baisse d'un ton, veux-tu ?… Je te l'interdis absolument. Ces bals populaires sont bons pour le petit peuple qui n'a pas d'autre distraction. Tu dois penser à te mettre au travail, dès demain.

– C'est la paix… le premier 14 juillet de paix, et je viens juste de…

– Non.

– Mais…

–Je te permets éventuellement de faire une partie de Halma avec tante Anne-Marie qui ne trouve pas le sommeil, dit-il, tout en verrouillant la porte de l'appartement. Mais puisque c'est comme ça, au lit, tout de suite ! »

Tante Anne-Marie, alertée pas les éclats de voix de son mari, entra dans la pièce en chemise de nuit.

« Écoute ce que dit ton père, dit-elle sentencieuse.

– Bonsoir, dis-je sèchement, en me gardant bien de l'embrasser.

Une fois dans ma chambre j'entendis en bas mon père maugréer quelques instants, puis plus rien. À la réflexion, je n'étais pas surpris : il ne changerait jamais. Il me traitait encore en gamin. Je voulais que cela cesse une bonne fois pour toutes… En attendant, je n'avais qu'une idée en tête : aller à la fête. Sauter d'un premier étage ne me faisait pas peur. À l'instant où mes pieds touchèrent le sol, au moment même de l'impact, ma décision fut prise : jamais plus mon père n'exercerait cette autorité ; ce despotisme à mon égard. Je pensai à Mirabeau, à son « Histoire secrète de la cour de Berlin, ou correspondance d'un voyageur français » : … *Tous les actes de despotisme ne sont que des combats dans l'obscurité entre gens qui cependant craignent les coups ; car l'homme tend au bonheur et ne veut qu'être tranquille.* Oui, je voulais ma part de bonheur ; je voulais être tranquille ! Quoi qu'il advienne, je lui résisterai, me dis-je en foulant à pas pressés le sol du pays de la liberté. Depuis trois jours, j'avais attendu ce choc. Je commençais à désespérer. J'étais passé de l'avion, dans une salle de police, puis dans un train, puis dans un autre, sans éprouver à un seul moment que je débarquais.

Épilogue

La nuit était moite et étoilée. Au loin, la kermesse m'envoyait ses flonflons. Une fusée surgit brusquement des toits, et naïvement j'eus le sentiment qu'elle m'était adressée ; qu'elle saluait mon retour. Elle illustrait d'une certaine façon ce que je ressentais pour la première fois depuis toutes ces années de guerre : cette sensation de totale liberté. Le cœur léger, je me dirigeais vers la fête sur ces pavés ronds qui me faisaient parfois trébucher. À grandes enjambées, j'empruntais une rue en direction du cimetière qui dominait la ville. Je pensais que c'était le meilleur endroit pour assister au feu d'artifice, mais juste avant d'arriver en haut, dans une ruelle étroite et sombre, j'entendis une voix sourde grogner et un volet se fermer bruyamment. Je ne sais pourquoi, mais ceci m'incita à rebrousser chemin, et je redescendis presque en courant vers le centre. En même temps, je n'avais qu'une hâte : me mêler à la foule que j'imaginais joyeuse. Sur mon chemin, mes pieds se prenaient dans une multitude de serpentins qui jonchaient le pavé. Le char avait dû passer par là. Je ramassais un œillet qui pouvait encore servir et le piquais à ma boutonnière. Mais j'arrivais trop tard : la fête était finie. Autour de la fontaine enguirlandée de lampions, les tables étaient éparpillées. Ils étaient tous là à siroter en silence leur petit vin blanc. Un accordéoniste obèse, à l'air pensif et vautré sur une chaise, lissait sa moustache sous les bajoues plutôt que de jouer. Plus loin, un orchestre reprit mollement une polka. Je m'avançai pour observer un couple qui venait de s'aventurer sur la piste de danse, mais qui se rassit presque aussitôt au milieu des chaises vides. Mais où étaient-ils donc ? me demandai-je en grignotant des frites froides et en vidant un fond de bouteille. L'alcool ne parvint pas à me mettre en joie. Titubant, je me remis en marche et parcouru la ville en tous sens, ne rencontrant que plâtrées de choucroute et cruchons de vin abandonnés. Un instant, je croisai un chien qui fouillait fébrilement une poubelle. Les os devaient sans doute être tout au fond, car sa truffe humide ne rencontrait que feuilles de salade et fleurs fanées. Je me sentis tout à coup terriblement seul et d'humeur maussade. Pourtant, quelques minutes plus tard, j'eus l'heureuse surprise de voir que quelques personnes s'étaient remises à danser sous les lampions. Apparemment, ce que j'avais vu comme une fin de fête, n'était qu'une pause mangeaille. Jeunes et moins jeunes, les couples se formaient et se lançaient joyeusement sur la piste de danse. Tout le monde riait de bon cœur. Jamais, pendant toutes ces années, je ne m'étais senti aussi coincé depuis que la férule paternelle s'était de nouveau abattue sur moi. L'image de mon père m'obsédait tellement que j'avais l'impression de voir ses gros yeux fixes qui luisaient à travers les confettis. J'en avais assez de la fête, mais je voulais tenir encore jusqu'à l'aube. La nuit était si douce, et j'étais pourtant si morose ! Dans un estaminet, je croquais ma énième saucisse et vidais une autre bouteille, la deuxième. Je ne voyais même pas double. Je remontais à nouveau sur les hauteurs de la ville en m'enfonçant cette fois dans les ruelles sombres comme dans un sépulcre. La musique de la fête semblait encore plus gaie vue de loin. Je décidais d'arroser ça… Le patron pencha la bouteille et fit légèrement déborder mon verre. Je regardais, l'œil morne, le nectar s'écouler sur le zinc. « On va fermer », me dit-il en baillant. Je fis un tour d'horizon : l'accordéon était rangé dans sa housse ; on avait retourné les chaises sur les tables ; les lampions électriques venaient de s'éteindre. Alors, désabusé, je bus cul sec, lançais négligemment quelques pièces sur le bar, et pris la sortie en titubant. Le demi-deuil de l'aurore découvrait peu à peu les épluchures de la fête. Il ne me restait plus que de monter jusqu'au plus bas des trois châteaux pour assister au lever du soleil. Tant bien que mal, je parvins à m'asseoir sur une borne. Mes paupières pesaient, je sentis que j'allais m'endormir si je ne bougeais pas. Alors je pris l'étroite rue déserte en rebondissant parfois sur les murs des maisons. Cette fois, pas de doute : j'étais totalement ivre. J'appelais un chat qui détala aussitôt et se faufila sous un porche. Cela devait faire quatre fois que je passais sous la tour des bouchers ! Enfin, je vis une lumière à la fenêtre d'un bistrot. J'entrais en ratant la marche et parvins in extremis à me rattraper au bar pour ne pas tomber. Je restais debout, titubant, m'agrippant au comptoir en m'efforçant de garder les yeux ouverts. « Le café ne sera prêt que dans une demi-heure », m'informa le patron en me dévisageant d'un air suspicieux. Je levais les pieds alternativement pour le laisser balayer. En attendant, je me consolais avec un croissant rassis que je trempais dans un verre de vin que le patron m'avait servi à regret. Sept heures et demie finirent par arriver. J'allais devoir affronter un père bien reposé.

« Crétin d'ivrogne ! » commença-t-il, dès que je franchis la porte. Ce mot eut l'effet de me réveiller. Sur le moment, je crois même avoir sursauté. Mais je n'écoutais pas la suite et filais dans ma chambre. Il me poursuivit sans trop de mal, vu mon état ; il tenait à les placer, ses insultes ! Puis il en vint aux comparaisons. « Quand je pense que ton ami Franck va être docteur dans six mois ! » Il énonça ensuite les mesures qu'il prendrait pour me visser, cette fois au maximum. Enfin, j'eus le droit à sa leçon de morale : « Tu trouves normal ton comportement ? » Comme je ne répondais pas, il s'en alla petit-déjeuner. Plus tard, lorsque je rentrais dans la salle à manger, il feint de ne pas être étonné de me voir une valise à la main, et n'essaya pas de me retenir. Il se leva, s'essuya délicatement les lèvres, m'embrassa de sa bouche qui sentait l'Eau de Botot et le café au lait, puis retourna s'asseoir comme si de rien n'était..

Fin

Évènements historiques
qui jalonnent le récit

1923

Hitler tire un coup de révolver au plafond, saute sur l'estrade, proclame la révolution nationale et la déchéance du gouvernement du Reich, puis se nomme lui-même chef du nouveau gouvernement. C'était du bluff et on lui tira dessus. Seize jeunes ou vieux fous qui marchaient à ses côtés furent tués. Lui se démit l'épaule en se jetant à terre. En 1926, le deuxième tome de *Mein Kampf* parait, il gueule à chaque page : *Deutschland erwache!* (Allemagne réveille-toi !)

Le 14 septembre 1930

Coup de théâtre, tremblement de terre : le résultat du scrutin signifie la fin de la République de Weimar et annonce l'agonie de l'État. Le national-socialisme passe brusquement de la dernière place à la deuxième. L'histoire des partis ne connaît pas de percée comparable. Le nombre de ses sièges au Parlement est soudain décuplé. Le rideau se déchire. La démocratie est abattue.

Dans la nuit du 18 au 19 septembre 1931

Angelika Raubal dite Geli, la nièce et le grand amour de Hitler, se suicide en se tirant une balle dans le cœur avec l'arme de son oncle et au domicile de celui-ci. C'est en tout cas la version officielle et, bien qu'elle porte de nombreuses ecchymoses au visage – il n'y a pas d'autopsie, pas de photographies de la scène du drame – l'enquête sur sa mort est close rapidement. Les rumeurs les plus folles circulent alors : « Elle était enceinte de Hitler ! » ; « Elle était mortellement jalouse d'Eva Braun ! » ; « Elle s'est suicidée par dépit ! » ; « Elle aurait été rongée par sa soumission à son oncle » ; « Elle aurait été assassinée par Himmler pour la cause du parti, ou par Hitler, fou de rage qu'elle veuille le quitter... » Hitler, en pleine tournée électorale, arrête tout et renonce un temps à la politique : il ne voit plus personne et reste prostré pendant des jours. Durant des années, il en resta accablé.

Mars 1932

Hitler se présente à la présidence contre Hindenburg, met le maréchal en ballottage, mais il est finalement battu. Puis, le 23 mars 1933, élu chancelier depuis janvier, il obtient, la veille de son anniversaire, les pleins pouvoirs, par 444 voix contre 94. On lui abandonne tout. Aucun chancelier n'a jamais joui d'une telle puissance.

30 juin 1934

Assuré du soutien de la Gestapo, de la Schutzstaffel (SS) et de la police allemande, Hitler se rend à Munich. Il fait incarcérer des membres de la SA, organisation paramilitaire qui a joué un grand rôle dans sa prise de pouvoir. Cependant, elle devient bientôt trop gênante pour ce dernier. En effet, Hitler a besoin de l'appui des partis conservateurs et de l'armée pour consolider son régime. Or, la SA[64] et l'armée sont en conflit. Cette dernière méprise les SA pour leurs méthodes barbares (violences de rue, assassinats). D'autre part, le chef des SA, Ernst Röhm, souhaite la mise en place d'une nouvelle armée allemande dont la SA serait le noyau. Il souhaite également poursuivre la révolution du national-socialisme en appliquant de grandes réformes sociales ; il estime que Hitler a trahi ses engagements. Après un temps d'hésitation (Röhm est un ami proche de Hitler), Hitler décide qu'il est temps de supprimer Röhm et de neutraliser la SA. Armé d'un pistolet, il arrête personnellement Ernst Röhm et d'autres membres de la SA. Les prisonniers sont envoyés à Munich, dans la prison de Stadelheim, puis fusillés. Ailleurs en Allemagne, d'autres assassinats sont commis par la SS : c'est la nuit des Longs Couteaux.

---

64 La SA, apparait en 1921 où elle sert de service d'ordre dans les réunions du parti nazi. Ils tirent leur nom de sections militaires qui ont d'abord été utilisées comme troupes d'assaut spécial contre les forces armées françaises et britanniques à la fin de la Première Guerre mondiale.

Le 2 juillet 1934

Ernst Röhm est abattu dans sa cellule. Hitler n'a que faire d'un second : il veut régner seul. Jusqu'ici, malgré la ferveur déployée et l'agitation organisée, Hitler n'était jamais sorti de l'ombre de la République.

1937

La guerre d'Espagne fait rage. Hitler essaie ses Stukas sur Guernica. Pourtant la guerre ne fait pas bouger les cours de la Bourse. « Qu'ils se débrouillent », dit le père de Jean-Jacques Ortlieb avec mépris. Lorsqu'on en vient à évoquer les congés payés ; la semaine de quarante heures, sa réaction est sans équivoque : « La semaine de quarante heures ? Et quoi encore ? Ils veulent notre peau ! Mais où allons-nous ? C'est une catastrophe d'avoir un Blum au pouvoir ! » C'est aussi l'année du premier bac. Jean-Jacques Ortlieb est occupé à comparer Corneille à Racine…

10 mai 1938

Premier jour du Blitz[65].

14 et le 15 juin 1940

C'est la débâcle. L'armée française, qualifiée quelques mois auparavant de *première armée du monde*, fut laminée en six semaines par la guerre éclair des divisions blindées allemandes.

18 juin 1940

Hitler tempère les exigences de Mussolini. Quatre jours avant, les Allemands occupaient Paris. On s'attendait à voir arriver une horde d'envahisseurs, violant, pillant, dévastant. On assista à l'entrée, pleine de tact et de courtoisie, d'une armée en tenu de gala.

---

65 Le « Blitz », est le terme allemand qui signifie « éclair ». Le soir du 10 mai 1940, le roi George VI invite Winston Churchill à former le gouvernement britannique. Quelques heures plus tôt, Hitler a rompu le front de l'Ouest et lancé ses armées sur les Pays-Bas, la Belgique et la France... Le Blitz, c'est la campagne de bombardement stratégique menée par la Luftwaffe, l'aviation allemande, contre le Royaume-Uni du 7 septembre 1940 au 21 mai 1941. C'est l'opération la plus connue de la bataille d'Angleterre.

3 juillet 1940

La Royal Navy massacre en 18 minutes la flotte française, qu'elle surprend à l'ancre dans la rade nord-africaine de Mers-el-Kébir, dont elle ne peut bouger, emportant avec elle 1 297 morts et 350 blessés chez les marins français. Ce guet-apens fera réfléchir bien des Français et *nourrira légitimement leur fureur*. Dans toute la presse, à dater de ce jour, le mot ennemi, cesse de désigner l'Allemand pour s'appliquer à l'Anglais.

23 octobre 1940

Les Français sont surpris mais point si mécontents de voir le maréchal Pétain serrer la main de Hitler à Montoire et, lorsque moins de deux mois plus tard, le 13 décembre, Pétain congédie Laval et le fait emprisonner, les Allemands ne s'y trompent pas. Laval collaborait trop bien ; et le Maréchal, à l'égard des Français, entend sauver les apparences... Hitler exige la libération immédiate de Laval et sa réconciliation avec Pétain. Mais il n'a plus confiance. Il menace la France. Il exige de plus en plus, et le Maréchal cède, pas à pas...

Pour les Allemands, le 13 décembre efface Montoire. Pas pour les Français. Les gens de Vichy, pour rester en place et se faire pardonner, sont amenés à collaborer bien plus qu'avant parce que, progressivement, Hitler serre la vis. Mais les Français, qui n'ont guère remarqué le 13 décembre, en restèrent toujours à Montoire et commencèrent à vivre la collaboration avec toutes ses variantes, de la passion idéologique à l'opportunisme et au goût du profit. L'enthousiasme collectif embrasait la population du Reich. Son souffle chaud allumait quelques jeunes âmes dans les pays conquis. Celles-là ne songeaient qu'à brûler les vieux ouvrages du temps passé. Plus nombreux, ils auraient fait une fournaise de la paisible forêt d'Occident...

Mi-mars 1941

Personne ne se doutait encore de la gigantesque invasion de la Russie à laquelle Hitler travaillait fébrilement en secret depuis plus de six mois. L'attaque surprise avait été fixée pour le 20 mai. Il voulait la terminer dans l'année. Il aurait pu le réussir son écrasement de la Russie, en partant à cette date. Il comptait sans son turbulent ami italien. Le Führer avait vexé la vanité de Mussolini par ses victoires, et, sans prévenir Hitler, le Duce voulut aussi montrer sa force et attaqua la Grèce, l'Albanie et l'Afrique du Nord. Partout il rencontra d'amères défaites. Hitler accueillait ces désastres d'humeur égale et envoyait ses divisions redresser la situation. En douze jours, Rommel fut obligé de reprendre la Cyrénaïque, perdue par les Italiens. Hitler arrachait une à une la victoire dans tous ces pays. Mais cela lui prit quand même un temps précieux. Les six semaines qu'il consacra à réparer les bourdes dictées à Mussolini par son amour-propre blessé pouvaient être fatidiques : elles le furent. L'opération Barberousse dut être reportée au 22 juin. En décembre, les divisions allemandes furent paralysées par moins 50° dans la banlieue de Moscou. L'agonie du 3e Reich dura encore trois ans et demi.

26 septembre 1941

C'est dans la boue que se termine la victoire d'Ukraine, mais c'est cependant un triomphe personnel de Hitler. L'ultime. Pour la dernière fois, c'est contre l'opposition de tous ses généraux qu'il a couvert de gloire ses drapeaux. Jamais la Wehrmacht n'a fait, d'un coup de filet, tant de prisonniers : 665 000. Beaucoup mourront de faim : on ne peut nourrir tant de captifs dans un pays qu'eux-mêmes ont ravagé. Ils voulaient marcher droit sur Moscou, les généraux, fascinés comme Napoléon par le nom de la ville, tout en prêtant le flanc à une armée d'un million d'hommes. Hitler est resté dans la vérité stratégique en détruisant d'abord la menace. Il vient de leur donner une leçon de prudence après tant de leçons d'audace.

7 décembre 1941

Les Japonais se précipitaient sur le paradis hawaïen, et écrasaient Pearl Harbour. La base avait été prévenue par l'essaim de taches noires apparues sur l'écran radar. Mais il fait si beau ce dimanche matin, que l'officier de garde hausse les épaules et dit : « Forget it ». Les 143 avions ont tout le temps d'arriver, sans être inquiétés par le moindre coup de DCA. Les bâtiments en rade sont coulés ou incendiés. Satisfaits de leur succès, les Japonais attaquent le lendemain les Philippines et la Malaisie. Le Sénat américain, hier encore hostile à la guerre, la vote à l'unanimité.

11 décembre 1941

Hitler prononce un discours devant le Reichstag ou il déclare la guerre aux États-Unis : « Députés, hommes du Reichstag allemand ! Une année remplie d'évènements uniques dans l'histoire mondiale s'achève, une année de décisions capitales va s'ouvrir. En cette heure grave, je m'adresse à vous, députés du Reichstag, qui représentez ici la nation allemande. Mais le peuple allemand tout entier devra écouter mes paroles, prendre connaissance de cet aperçu et des décisions que nous imposent le présent et l'avenir. Après que mon offre de paix de 1940 eut été repoussée une fois de plus par le Premier ministre britannique d'alors ou par la clique qui le soutenait ou le dominait, il était devenu évident que cette guerre devait être menée jusqu'au bout, avec les armes, contre toute raison et toute nécessité. Vous me connaissez, mes chers camarades du parti, vous savez que j'ai toujours été ennemi des demi-solutions et des solutions de faiblesse. Puisque la Providence a voulu que le peuple allemand traversât cette épreuve, je lui suis reconnaissant de m'avoir désigné pour conduire cette lutte historique qui, dans les cinq ou dix siècles à venir, déterminera non seulement l'histoire de l'Allemagne, mais encore celle de l'Europe et même du monde entier. (.../...) Le peuple allemand et ses soldats ne travaillent et ne combattent pas seulement pour leur époque, mais aussi pour les générations futures et leurs descendants les plus lointains. Le Créateur nous a chargés d'une révision historique de la plus grande portée, que nous avons désormais le devoir d'accomplir. L'armistice que nous avons eu la possibilité de conclure à l'ouest peu après l'achèvement de la campagne de Norvège a obligé tout d'abord les chefs de l'Allemagne à assurer militairement les territoires d'importance politique, stratégique et économique conquis. (.../...) Que nos adversaires ne s'y méprennent pas, dans les deux mille années de l'histoire allemande que nous connaissons, notre peuple n'a jamais été plus résolu ni plus uni que maintenant. Le maître du monde nous a permis de réaliser de si grandes choses ces dernières années que nous devons nous incliner avec reconnaissance devant la Providence qui nous permet d'être les membres d'un si grand peuple. Nous la remercions de pouvoir nous inscrire avec honneur parmi les anciennes et futures générations du peuple allemand, dans le livre immortel de l'histoire allemande. »

Tant qu'il reste parmi nous et qu'il peut nous donner la force de son esprit, rien ne peut nous arriver, écrira Goebbels, dans son journal. Cette confiance fanatique, était-ce un somnambulisme ou la marche sublime dont est bien incapable l'homme qui ne croit à rien ?

15 décembre 1941

Une semaine après Pearl Harbour, quarante-trois pays sont en guerre, car Hitler a immédiatement déclaré la guerre à l'Amérique. Pourtant le Japon n'a pas songé un instant à attaquer son voisin russe. Ces Russes qui commencent à donner bien du souci au Führer. Car l'heure de Pearl Harbour est aussi l'heure de la retraite de Russie : le 6 et le 7, les Russes passent à la controffensive. Cette fois, Joseph Goebbels prononce un discours pour stimuler l'ardeur guerrière du peuple allemand. L'ambiance est exaltée dans le palais des sports de Berlin. Elle devient proprement hystérique au moment de l'épilogue. Goebbels lance à son auditoire, un auditoire soigneusement trié sur le volet, cette question fameuse :

« Voulez-vous la guerre totale ? Une guerre sans pitié où il n'y aura ni vainqueurs ni vaincus. Rien que des survivants et des anéantis ? »

La foule fanatisée répond par un des plus fous moments de transe jamais organisés par le régime : « oui », d'une seule clameur. Ces hommes libres, en ce jour de Noël 1941, voulaient s'entre tuer jusqu'au dernier. Hitler n'avait pas voulu non plus leur donner d'habits d'hiver, à ses soldats. Même pas de gants, lui qui se faisait de l'impossible un devoir. Ils n'ont rien compris, les généraux qui lui réclamaient des moufles. Hitler l'avait préparée sa campagne de Russie. Toutefois, il avait voulu voler au secours de Mussolini. C'est là qu'il l'avait perdue, sa guerre. Le 2 juin, il restait encore six mois. Il avait compté sur sept. En décembre, il leur avait demandé de s'accrocher au sol à ses soldats.

Non plus pour vaincre, il la savait perdue sa guerre, mais pour laisser à son arme miracle le temps de mûrir. Oui, Hitler rêvait d'un désastre qui anéantirait la planète en même temps que ses rêves. L'usine souterraine où l'on préparait *la bombe de Hitler*, l'arme d'Apocalypse (une bombe si puissante qu'elle détruirait toute vie humaine dans un rayon de trois à quatre kilomètres du point d'impact, explique le Führer en août 1944 à Ion Antonescu, chef de l'État roumain), fut détruite. Cette bombe atomique, les hommes ne l'ont pas voulue. Les Russes étaient passés à l'offensive sur l'ensemble des fronts du centre et du sud. Ils avaient repris Kharkov, Smolensk, Kiev et Orel. La ligne des fortifications allemandes sur la grande courbe du Dniepr avait été percée en trois endroits. Pendant le premier hiver russe, Hitler a perdu près d'un million d'hommes, le quart de l'effectif.

8 février 1942

Hitler eut la chance de perdre Fritz Todt[66], tué dans un accident d'avion, puisqu'il le remplaça par Speer qui réalisa la prouesse de doubler la production de l'industrie de guerre allemande. Pendant les six premiers mois de 42, dans la bataille de l'Atlantique, les U-Boote allemands coulèrent plus de 3 millions de tonnes de pétroliers américains. La bataille de Stalingrad commença par une série d'éclatantes victoires. Dans une suite de sanglants coups de boutoirs, les Allemands délogent tous les défenseurs de la ville.

27 mai 1942

Heydrich a été mortellement blessé dans un attentat commis à Prague par des résistants tchèques, Josef Gabcik et Jan Kubis.

4 juin 1942

Heydrich succombe à ses blessures. Son cercueil traverse Prague en grand cortège à la lumière des torches.

9 juin 1942

Heydrich est transporté à Berlin en vue de funérailles grandioses. Mais

---

66 Général et technicien allemand, Fritz Todt est alors ministre du Reich pour l'Armement et les Munitions. Il dirige, entre 1941 et 1942, l'équipement des arrières du front russe.

les journaux n'avaient pas cru bon de mentionner que la nuit qui suivit l'attentat, 36 000 appartements de la capitale sont visités par la Gestapo. Chaque jour, on affiche sur les murs les listes des noms de ceux qui ont été arrêtés, puis exécutés. Enfin, le 10 juin, le village de Lidice, un paisible village à une vingtaine de kilomètres de Prague, soupçonné d'avoir abrité les parachutistes, est encerclé par les hommes de la Schutzpolizei, une unité SS originaire de la ville natale de Heydrich. 263 adultes, dont 71 femmes, sont massacrés. 198 autres sont déportés à Ravensbrück, et 98 enfants dispersés dans des orphelinats (16 seulement survivront à l'épreuve. Huit d'entre eux « aptes à la germanisation » seront épargnés et adoptés par des familles SS).

Août 1942

Churchill, pour faire quelque chose, envoie un mini-débarquement suicide d'une division à Dieppe. Hitler alerté retira immédiatement de l'Est deux divisions SS blindées : la 1re Panzerdivision SS Leibstandarte SS Adolf Hitler[67], et la Panzergrenadier-division Großdeutschland[68]. Hitler surveillait la Norvège où, pensait-il, les Alliés débarqueraient d'abord. Il contrôla si bien la route de Mourmansk par où les Alliés amenaient du matériel de guerre aux Soviets que Churchill suspendit les convois.

1ᵉʳ septembre 1942

La 6ᵉ armée de von Paulus arrive aux portes de Stalingrad. Hitler donne d'abord la priorité à von Paulus puisqu'il enlève à von Kleist plusieurs divisions pour les envoyer à Stalingrad. Résultat : von Kleist reste bloqué à cinq cents kilomètres des champs pétrolifères de Bakou. Puis, jugeant la chute de Stalingrad imminente, il fait revenir ces divisions dans le Caucase. Lorsqu'il les renvoie enfin à Stalingrad, il est trop tard : les Russes s'y sont solidement retranchés. Cependant, cela avait bien commencé, en mai 1942. L'offensive russe avait été écrasée à Kharkov, provoquant la déroute de 3 armées. Sébastopol avait été prise, mais le siège avait duré six mois.

---

67 Division blindée de la Waffen-SS, souvent désignée par le sigle LSSAH.
68 Division d'infanterie mécanisée d'élite de l'armée de terre allemande.

On a beau jeu aujourd'hui de critiquer la stratégie et la tactique de Hitler. Mais il avait fort à faire.

Moscou le 25 octobre 1942

Staline réclame à cor et à cri l'ouverture d'un nouveau front, tandis que Hitler reçoit un message de von Paulus lui annonçant que Stalingrad tomberait avant le 10 novembre.

19 novembre 1942

En même temps que le deuxième hiver russe, les Soviets passent à la controffensive. Les cinq corps d'armées allemands, soit 37 divisions, sont encerclés. Les armées ont des réserves de vivres pour six jours. Mais l'anneau est mince, on peut encore s'échapper, laisser Stalingrad et attaquer en masse entre Don et Volga.

Le 22 novembre, von Paulus le télégraphie à Hitler, qui dit non. Il ne la condamne pas à l'extermination, la 6e armée ; il promet de la dégager en temps voulu ; d'envoyer Erich von Manstein ; Goering assurerait le ravitaillement par avion. Mais le blocus aérien de plus en plus sévère fait tomber la ration de cent grammes de pain par jour. La situation est intenable. Il n'y a plus ni vivres ni munitions.

21 décembre 1942

Hitler dit encore : non. Et l'agonie commence. Elle durera quarante jours. Hitler se réjouissait sans doute de l'anéantissement de l'armée de von Paulus. Il saurait déguiser cette catastrophe en victoire. Non, il ne fallait pas qu'ils s'échappent. L'essentiel était qu'ils ne parlent pas. Ils auraient semé le doute dans le pays. À la lecture des lettres des soldats, Hitler avait compris que ces fantassins s'étaient rendus coupables du crime majeur : ils avaient perdu la foi. Alors, qu'ils disparaissent ! Huit jours avant la capitulation, il avait fait von Paulus maréchal du Reich. L'effet moral de Stalingrad sur l'armée reste cependant considérable. Malgré les encouragements prodigués, Hitler perd Kourak le 8 février, Rostov le 14 et le 12 mars Wyasma. C'est un contresens de vouloir juger Hitler sur ses erreurs tactiques. Il méprisait la tactique : « N'importe qui, disait-il, saurait faire ce petit travail de commandement opérationnel. Le travail de commandement en chef est d'instruire l'armée dans l'idéal national-socialiste, et je ne connais aucun général qui soit capable de le faire comme je veux que cela soit fait. Pour cette raison, j'ai décidé de prendre moi-même le commandement des armées. »

La haute stratégie est impitoyable. Hitler y excellait. S'il avait eu pitié de la 6e armée, le doute se serait répandu comme une peste et il n'y aurait pas eu un troisième et un quatrième hiver russe. Ni, sans doute, dix ans plus tard, de miracle économique allemand !

Hiver russe 1942

Hitler avait pris personnellement le commandement sur le front de l'Est. Il transporta son Q.G. du repaire du Loup, en Prusse Orientale, à Vinnitsa, en Ukraine. Car c'est le Sud qui l'intéressait maintenant. En Ukraine, il était tout près du nouveau théâtre des opérations. N'ayant pu s'emparer de Moscou, il décida d'affamer la Russie en lui coupant les vivres, et de l'autre main, de l'asphyxier en fermant à Stalingrad la Volga, trachée de la Russie. Cela faisait deux fronts distants de plus de cinq cents kilomètres. Comment choisir ? Ces objectifs étaient vitaux, tous les deux, eh bien, Hitler les mèneraient ensemble. Il allait être obligé de priver Rommel de plusieurs divisions ; ce qui mettait en danger le terrain durement gagné par celui-ci et préparerait El-Alamein, qui ne précédait que de cinq mois la perte totale de l'Afrique du Nord. Ses premières cibles étaient la vallée de la Volga et le Caucase. Cette conquête priverait les Russes de leur ravitaillement en produits agricoles, industriels et en matières minérales. Cela représentait notamment 30 millions de tonnes de pétrole par an. Ils serviraient désormais aux tanks et aux avions allemands. Il fallait, avant tout, nettoyer la Crimée pour assurer le flanc droit allemand, puis prendre Rostov pour ouvrir la voie vers le Caucase. Après l'hiver 41- 42, il congédiait trente-cinq généraux divisionnaires – c'est-à-dire pratiquement son entourage – et prenait personnellement toutes les décisions. Il eut tort d'interdire l'équipement d'hiver. Il eut mille fois raison de commander que la Wehrmacht ne recule pas d'un pas. Le repli stratégique de 500 kilomètres, préconisé par les généraux, aurait semé la panique et la déroute. Il conservait le plus grand sang-froid pour affronter des problèmes toujours nouveaux. Son calendrier était optimiste : le 24 juillet Stalingrad, puis en remontant par-derrière,

Juillet 1943

Chute de Mussolini (25 juillet) et capitulation des armées germano-italiennes. Le peuple ne tira pas un coup de fusil pour empêcher qu'on emprisonne son Duce. Hitler occupa immédiatement les trois quarts nord de l'Italie et évita la catastrophe. Le 12 septembre, par un coup de main audacieux, il fit libérer son ami, et l'installa à la tête de la nouvelle république fasciste. Mais Mussolini n'était plus que l'ombre de lui-même. Jamais publicité ne fut faite, ni par radio Londres ni par les Allemands, sur l'art de consommer du bombardement des grandes villes par les Alliés. Deux premières vagues de bombes explosives éventraient la fourmilière, puis on lâchait sur ces plaies béantes plusieurs couches de phosphore, qui coulaient en nappes de flammes, jusqu'au fond des abris. Des essaims de torches vivantes en sortaient et se jetaient dans la rivière. Les malheureux s'agrippaient de deux doigts au bord car, dès qu'ils sortaient un bras, il prenait feu. Épuisés, ils suffoquaient et finissaient par se laisser couler. La bataille de l'Atlantique gagnée par les U-Boote en 1942, fut perdue. L'offensive allemande de l'été fut repoussée. Les Russes reprirent Smolensk et Kiev et divisèrent la Crimée. Par un étrange mimétisme, les désastres qui s'abattaient sur le corps physique de l'Allemagne – 22 000 tonnes de bombes sur Berlin, de mi-novembre 43 à mi-février 44 – semblaient affecter l'organisme du Führer. Dès lors, il fut agité de tremblements de plus en plus violents, dans le bras et la jambe gauche, qui l'obligeaient à caler son pied et à tenir sa main gauche dans sa main droite pour dissimuler son handicap. Alors que la plupart des dignitaires, flairant la fin, cherchaient la sortie, Hitler, à chaque revers, sentait croître sa foi en lui-même. Si physiquement il s'était voûté et semblait s'affaiblir peu à peu, jamais sa puissance de suggestion n'avait été aussi grande. Son énergie se multipliait sous l'effet des catastrophes.

Mai 1944

Les Russes ont reconquis tout leur territoire. La foi des Allemands n'en est nullement entamée, au contraire : jamais ils n'ont été plus fanatiques. Objectivement, il n'y a plus d'espoir. Or, par-dessus le scepticisme des généraux, l'union charismatique du Führer et de son peuple est des plus ferventes.

Juillet 1944

L'Allemagne, obligée de lutter sur deux fronts, à l'est et à l'ouest, est pilonnée par l'aviation alliée. Elle est au bord du désastre. Seul Hitler ne veut pas l'admettre. Croyant encore possible de retourner la situation en sa faveur, il ordonne la grande contre-offensive des Ardennes, mais ses troupes s'épuisent dans la terrible bataille de Bastogne sans parvenir à percer les lignes américaines. Tandis que la marche en avant des Alliés reprend à l'ouest, les Russes déferlent à l'est. Prise entre deux feux, l'Allemagne agonise. Les Russes venaient de prendre Belgrade. Les soldats allemands se battaient désespérément en Hongrie pour tenir la ligne du Danube. Budapest était menacé. Les libérateurs étaient à moins de 240 km. La supériorité matérielle, massive et écrasante des Anglo-Américains et des Russes rendait désormais la victoire de l'Allemagne impossible. L'abîme entre Hitler et ses généraux se creusait de plus en plus. Ils obéissaient, mais à contrecœur. Günther von Kluge et Walter Model, entre autres, se suicidèrent, mais pas pour les mêmes raisons.

15 août 1944

Hitler s'écrie : « Si von Kluge n'a pas réussi à couper le corridor américain par Avranches et Mortain, c'est parce qu'il ne voulait pas réussir. » Il a évidemment raison dans sa logique mystique. Lui à qui l'écrasement de la Yougoslavie n'a coûté que 151 soldats, lui qui a longtemps dirigé les opérations avec succès, loin de la bataille, n'a cure de la supériorité massive des Alliés. Les plans de bataille parvenaient aux généraux du lointain quartier général de Hitler, précisés dans leurs moindres détails. Le rôle de ces exécutants était de transmettre le feu sacré de la tête aux membres. Mais les plombs avaient sauté. Les généraux étaient K.-O. Le misérable bon sens de ces professionnels avait tué leur idéal.

18 août 1944

Kluge, convoqué à Berlin pour s'expliquer devant le Führer, se suicide dans la voiture qui le conduit à Metz en absorbant une ampoule de cyanure. Il laisse une lettre à Hitler. Dans cette lettre, il se justifie de l'échec en Normandie et appelle le Führer à mettre fin à la guerre :
« … Mon Führer, mettez un terme à cette guerre. Le peuple allemand a déjà tant souffert qu'il est temps d'arrêter ces horreurs… »[69]

25 août 1944

Paris est libéré. Hitler ordonne de renforcer la ligne de Siegfried et déclare : « S'il le faut, nous combattrons sur le Rhin. » Fin août, la Wehrmacht était une armée brisée, en déroute. Fin septembre, elle s'était ressaisie. Rassemblée à l'ouest du Rhin, le long des frontières allemandes, elle avait pu former à nouveau un front continu que les Alliés essaieront vainement d'enfoncer pendant tout l'hiver. L'Armée rouge était au seuil de la Prusse orientale. Speer parvint en septembre à tripler la production d'avions de chasse (3 031 unités), mais il ne restait plus que pour cinq semaines de réserve de carburant.

18 octobre 1944

Hitler appelait sous les drapeaux tous les hommes valides de 16 à 60 ans. Ce n'est pas pour ces recrues-là qu'il préparait en secret depuis fin septembre ce qui devait être sa dernière grande offensive et dont il espérait un redressement de la situation. Anvers étant le principal port d'approvisionnement des Alliés, l'objectif était la prise d'Anvers par une poussée à travers les Ardennes, au-delà de la Meuse. Coupant en deux les forces d'Eisenhower, il piègerait l'armée anglaise dans l'angle formé par la Meuse et le Rhin, lorsqu'ils tourneraient vers l'ouest en direction de la mer. Ce serait un deuxième Dunkerque, dont l'armée anglaise, cette fois, ne pourrait échapper. Alors, ce front commun des Russes et des Anglo-Américains, construit sur des bases artificielles, s'écroulerait

---

69 Dietrich von Choltiz, *op. cit. p. 225.*

dans un tumulte gigantesque. L'idée de l'offensive des Ardennes était excellente. Les généraux Alliés furent complètement désarçonnés. Mais les blindés allemands tombèrent en panne d'essence à 1 500 mètres d'un entrepôt américain, contenant douze millions de litres. La capture de cet entrepôt aurait pu changer la face des choses. Pour son peuple, Hitler était fou, mais de cette folie dont saint-Augustin taxait le Seigneur. Tous deux criaient victoire quand tout s'écroulait. Pour son peuple, les paroles du Führer étaient messianiques. Lui seul savait transformer la dépression en ivresse ; lui seul portait l'homme au-delà de lui-même. Il était parvenu à faire croire à son peuple que l'épopée qu'il lui faisait traverser avait un sens, et que ce sens était la lutte du bien contre le mal. De l'esprit contre la matière… Les Allemands avaient commencé par parcourir dans une fièvre missionnaire toute l'Europe. Ils étaient maintenant mutilés de cette mission, réduits à subir les assauts de l'ennemi sur leur existence même. Dans l'univers mystique dans lequel ils vivaient, cela s'appelle le martyre.

21 avril 1945

Model s'affronte avec Hitler, lorsque celui-ci refuse qu'il batte en retraite sur le Rhin. Conscient qu'il sera jugé comme criminel de guerre, il capitule et se suicide. Son suicide aura moins été une question d'honneur ou de crainte de vengeance soviétique, mais plutôt son incapacité à supporter la défaite finale. Le refus de capituler que Hitler ne cessait de proclamer depuis le premier jour de la guerre semblait désormais absurde aux généraux. Paradoxalement, il ne l'était pas pour le soldat. Maintenant que Hitler ne parlait presque plus à son peuple, il devenait évident que le mariage entre peuple et Führer était à la vie à la mort. Si l'on considère Hitler comme chef d'État, on le juge comme tel, on critique ses fautes et ses crimes comme on ferait d'un homme politique et on commet un contresens. Il se croyait l'envoyé de la providence mais, ce qui est beaucoup plus important, le peuple était persuadé que Dieu l'avait envoyé pour le sauver et que tout ce qu'il touchait était béni… Un proverbe allemand dit : « Plus la misère est grande, plus Dieu est proche »[70]. Quoi d'étonnant alors que l'image de leur Dieu chante d'autant plus fort dans leurs âmes que le malheur s'abat plus lourdement sur leurs corps. Ces mots, qui s'étalent sur les banderoles, recouvrant comme des suaires les ruines de Berlin : « Nous saluons le premier ouvrier d'Allemagne : Adolf Hitler », nous paraît ironique. Ils l'étaient aussi peu que l'est pour les chrétiens le triomphe de la croix.

Il y eut plus de morts dans les neuf derniers mois de la guerre que dans les cinquante-neuf mois précédents. Cette hécatombe finit par la mort de Hitler. Peu de jours avant son suicide, il avait déclaré : « Si la guerre est perdue, le peuple l'est aussi. Ce destin est inéluctable. Il n'est pas nécessaire de ménager les conditions dont a besoin un peuple pour sa survie primitive. Au contraire, il vaut mieux les détruire ; nous détruire nous-mêmes. » Albert Speer réussit à éviter ces destructions, et on assista alors à cette survie primitive qui faisait tant horreur au Führer. Il semblait que l'Allemagne perdait tout à coup son visage ; que les cellules composant cette face vécussent désormais chacune d'une vie autonome, et que l'image se liquéfiait. On eut dit que la puanteur de la décomposition remplaçait l'odeur du divin. Les cellules grouillantes de ce grand corps informe entrèrent dans un sommeil sans rêves. Les survivants déchus perdirent le souvenir, comme si cet humus en niant son passé avait voulu se rendre digeste au vainqueur. Demandez à une mère comment sont morts ses fils, elle répond qu'ils servaient dans l'intendance et n'ont pas combattu. Hitler mort, personne ne réalisa la fin. Lampe qu'on éteint, la conscience quitta le peuple après que son âme l'eût quitté. Sortant de l'orbite qu'il a creusé, le ver dit : « Je ne connais pas cet homme ». Aujourd'hui qu'elle est morte, on peut bien affirmer que l'Allemagne était folle.

---

70 En réalité, il s'agit d'un proverbe danois : « Plus la nécessité est grande, plus Dieu est proche. »

Remerciements

Mathieu Ortlieb tient à exprimer du fond du cœur sa gratitude
à l'égard de Thomas Plazy qui corrigea – de son crayon rouge
affûté – l'ensemble du livre avec sa rigueur coutumière ;
Tristan Ortlieb pour avoir reporté de multiples corrections
sur le texte ; Henri Jauffret pour m'avoir communiqué
des photos d'archives familiales.
Et enfin, Christine Gasarian, pour sa présence
et ses encouragements, sa patience infinie et sa mise en page
qui a contribué à peaufiner l'ensemble de cet ouvrage.

www.ingramcontent.com/pod-product-compliance
Lightning Source LLC
LaVergne TN
LVHW091656190726
843493LV00001B/20